Q&A
不登校問題の理解と解決

海野和夫=著
Unno Kazuo

日本評論社

まえがき

　1998年4月から2015年3月までの17年間、福島民報（福島県の地方紙）の教育相談に関するコラム欄「ふれあい相談」の回答者をつとめました。この間の「質問と回答」の事例は460回余を数え、対象は乳児から引き籠もりの社会人まで、質問の内容は子育てと教育に関するあらゆる問題が網羅されておりました。特に数多かったのは不登校といじめの問題でした。

　このたび、180回近くに及んだ不登校問題の質問事例を150回に集約して書籍として刊行することにしました。新聞の掲載なので文字数の制限がありました。より分かり易くするために加筆し、また回答とは別に私のもう一言として「付言」を加えました。

　本書は、当然のことながら、質問にないことにはふれておりません。しかし、たくさんの数の質問事例でしたので、不登校問題に関するほとんどの内容が包含されています。本書には、この問題の正しい理解を図り、細目多岐にわたる問題を解明する手がかりや方法を得るための私の知恵を差し出してあります。

　17年間の掲載でありました。不登校の様態は時の流れとともに変遷しています。本書は年齢や発達段階、問題の所在に応じた不登校問題の理解と解明のしかたを明瞭にするために、新聞掲載の時系列でなく、質問事例の内容を類型化して編集しました。また、各学校に在籍する子どもは、学校の種別によって、幼児、児童、生徒、学生と呼ばれますが、統一してすべて「子ども」と表記しました。但し、必要に応じて、「子ども（男子生徒）」とも書き記しました。

　不登校に陥り自力では解決できず無力のままの子どもたちのもつ悲哀や絶望感、本来なら学校にいるはずの子どもが毎日家にいる、教室の机椅子がいつも空いたまま、どんなに見慣れても、切なく、空虚でやるせないつらさに親も教師も身を焦がされ続けているのがこの問題の特性です。そして、家族と学校が

もっともつらいことは、東京電力福島第一原子力発電所の事故と同様に、この問題がいつ収束するのか、その目途が立たないことにあります。

不登校問題に対する私の姿勢は「もう一度学校へ」です。38年間、公立学校に勤務して、学校は行くべきところ、価値あるところ、と認識しています。現代社会において、自己実現を果たし人生を意義あるように生きるには学校を経ないで実現するのはなかなかに困難です。数多くの不登校の子どもたちに接し同じくそれに何十倍するごく普通に登校する子どもたちの教育に携わってきたことからの私の確信です。

学校教育に対して種々の批判があるのは十分承知です。しかしながら、日本人であれば誰もが学校教育の恩恵を受けて生きています。学校をよりよくするための批判や提言は必要ですが、それらは個々の不登校問題の解決には直接的には無関係です。その意味で本書には、学校は行くべきところ、価値あるところという以外の学校像の記述はありません。

不登校問題は、当初、学校恐怖症（school phobia）として学校教育に登場しました。1970年代の初めに私が最初に出会った不登校がそれでした。朝、学校の近くに来ると異常な恐怖を示しました。以後、不登校が増加の一途を辿り、学校を欠席する理由が必ずしも恐怖を訴えることでなくなってきたことから登校拒否（school refusal）の名がつきました。時を経て、学校を欠席する理由が登校の拒否に限らず多岐にわたってきたので、不登校（non-attendance at school）となり、現在に至っています。本書では「不登校」という名称に統一して使用します。私の職歴においては、これらのすべてに関与してきました。

各人がさまざまな努力を重ねながらも社会現象として不登校は増え続けています。しかし不登校の発生を抑止するわが国の子育て文化の再生やこの問題を根本的に解決するための提言は少なく、社会運動とされることもありません。この問題は子ども虐待のことと併せて当分続きます。

不登校問題の余り知られていない現実は、不登校であった子どもたちの半数以上が、不登校のその後、自らの不登校を後悔していることです。不登校は発生を抑止し、もし発生したら速やかな解決を図らなければならない問題です。

本書がそのための一石となれば幸いです。

　学校教育に籍を置くかたわら、ある年齢から子どもとその家族、及び学校の先生方の教育相談に携わってきました。振り返れば、これまで出会った不登校の子どもとその家族、そして学校の先生方の実人数は１千人近くを数えます。これらの人たちから学んだことは、不登校本人の覚悟と修行、親とその家族、そして学校の先生方の自らに課す相応の責任感と真摯な努力なくしてこの問題の解決は困難という現実です。質問者にかなりきびしく回答している事例が相当数あります。問題解決のためには、当たり前のことですが、当事者こそがもっとも真剣に学び努力しなければならない、という信念からの回答であるからです。

　不登校問題を克服した子どもは「僕（私）は学校へ行く」と心を決めて行動し、親とその家族、学校の先生方は「私（自分）が解決する」というかたい決意のもとに目標達成の様相を思い浮かべ、解決のしかたを考え出し、しっかりと実行した人たちです。劇的な解決は稀にしか訪れません。小さな一歩の累積とほんの少しの変化の連続がこの問題を解決に導きます。

　「もう一度学校へ」を実現した子どもには「安心感、試練を克服する能力の獲得という幸福」、不登校問題を解決した親と家族には「安堵、家族の蘇り、再生のよろこび」があります。また自らの懐にあった不登校の子どもが再登校を果たしたときの学校の先生方のうれしさは一入であり、「使命を果たした満足感とより高尚な教育力の修得という達成感」を得るのは確かです。

　子どもの再起のよろこびと蘇るであろう家族の幸せ、学校の先生方の達成感の享受のために、本書がいくらかなりとも貢献できたらうれしく思います。

2016 年 3 月　吾妻山の麓にて

　　　　　　　　　　　　　　　　　　　　　　　　　　　　　海 野 和 夫

まえがき　iii

[第1章] 不登校問題の正しい理解

Ⅰ　不登校の定義、発生モデル、発生メカニズム、経過　002
1　不登校とは何か　002
2　不登校かどうかの判断の拠りどころ（基準）は何か　003
3　不登校問題の本質とは何か　005
4　不登校の発生モデルとはどんなことか　006
5　不登校発生の脆弱性とはどんなことか　008
6　不登校の発生メカニズムとはどんなことか　009
7　不登校発生の誘因（きっかけ）とは何か　010
8　不登校は発生から回復まで、どのような経過を辿るのか　012
9　不登校の子どもの心理は何か　013
10　不登校の経過、前駆期と開始・進行期には何が起きているか　015
11　不登校の経過、混乱・引き籠もり期の心理は何か　016
12　不登校の回復期の兆し、そのときのかかわりをどうするか　018
13　不登校にしない子育てのあり方とは何か　019

Ⅱ　不登校問題、かかわりの方向、目標設定、具体的な方策　021
1　長引く不登校、かかわりの方向は何か　021
2　不登校問題、解決の手がかりは何か　022
3　不登校問題、発生の責任はどこにあるのか　024
4　不登校問題の解決を阻んでいる悪循環とは何か　025
5　不登校問題、悪循環を止める手だては何か　027
6　不登校問題を解決するカウンセリングの方法は、どんなか　028
7　不登校問題解決のための目標設定はどのように行うか　029
8　不登校問題解決のための目標設定を困難にする理由は何か　031
9　再登校のための小さな達成可能な目標とはどんなことか　032
10　不登校問題、家族システムに問題の指摘、何から始めるか　034
11　不登校問題、親がしてはいけないことは何か　035
12　不登校問題の終了（ゴール）とは何か、いずこにあるのか　037
13　不登校からの引き籠もり、その出口はどこか　038
14　長期の不登校、果たして解決するか　039

[第2章] 不登校に係る諸問題の質問事例と解明のしかた

Ⅰ 不登校の判断、学校や教師の問題、再登校と二次的問題　044
1 不登校か、怠学か、その判断の基準は何か　044
2 転校して不登校、学校がつくる不登校もあるのではないか　045
3 不登校、学校に見捨てられたという思い、どうすべきか　047
4 不登校、再登校のために配慮すべきことは何か　048
5 不登校の友だちを訪ねてもよいか　050
6 保健室登校の友だちを教室に誘いたい、よいか　051
7 保健室登校の友だちを教室に迎えたい、気をつけることは何か　052
8 学級の子どもたちが不登校を羨む発言、どう対処すべきか　054
9 不登校問題、この問題を学ばない先生でよいか　055
10 不登校による二次的問題を乗り越えるには、どうすればよいか　057

Ⅱ 不登校に係る子どもと家族の問題の質問事例と解明のしかた　059
1 人見知りが激しい息子、将来の不登校が気がかり、大丈夫か　059
2 惨めになるわが子の不登校、何をどうすべきか　060
3 不登校、親の責任を痛感、育て方をどう変えるか　062
4 不登校、しつけをどうするか、それが再登校につながるか　063
5 不登校が心配、親離れ子離れをしたい、どうすればできるか　065
6 わが子が不登校、母子家庭だからか　066
7 不登校家族の寝室、どう配慮すればよいか　067

[第3章] 幼稚園・保育所児、小学生に関する質問事例と解明のしかた

Ⅰ 幼稚園・保育所児に関する質問事例と解明のしかた　072
1 朝登園時、母親にしがみついて離れず、どう対処するか　072
2 保育所で車を降りず、将来の不登校が気がかり、どう対処するか　073

Ⅱ 小学生に関する質問事例と解明のしかた　076
1 １人で登下校できず、不登校が心配、どうするか　076
2 欠席の理由探し、不登校になったのか　077
3 不登校、保健室の入口から動かず、どう対処するか　079

4　不登校半年、登校刺激を与えてよいか　080
　　5　不登校、古い毛布を離さず、どう対処したらよいか　082
　　6　不登校、赤ちゃん返り、どう対処するか　083
　　7　夏休みの宿題を果たせず学校を欠席、それで不登校か　084
　　8　小学校入学式後からほとんど登校せず、これからどうすべきか　086
　　9　朝、吐き、不登校化、どうするか　087
　10　朝起きず、不登校化、どう対応すべきか　089
　11　前日、学校の準備をしても登校できない、解決するか　090
　12　不登校、トゥレット障害の指摘、どう対処すればよいか　092
　13　腹痛を訴え、学校に行きたがらない素振り、どうすべきか　093
　14　不登校、「生きてこなければよかった」と語る、何をすればよいか　094
　15　教室でいじめられ、不登校に、どうすべきか　096
　16　平気で遊び歩く不登校、どうすべきか　097
　17　仲間外れにされ不登校、どうすべきか　099
　18　学童保育の子どもの不登校、どう対処するか　100

[第4章] 中学生に関する質問事例と解明のしかた

Ⅰ　一般的な質問事例と解明のしかた　104

　　1　中学校入学後、行ったり行かなかったり、もう不登校か　104
　　2　1年間の欠席、不登校でないと言い張る、どうするか　105
　　3　長い不登校、今は当然と家にいる、どうすればよいか　107
　　4　不登校の動機、その言動に戸惑い、解決のしかたはあるのか　108
　　5　不登校、明日は行くと語る、でも行かず、どうすればよいか　110
　　6　強くなりたいと体の鍛錬、でも不登校、これからどうなるのか　111
　　7　不登校、転校希望、どうすべきか　112
　　8　長く不登校状態、でも気が向けば登校、どう扱うか　114
　　9　不登校の解決のために夏休みを活用する、どんな計画がよいか　115
　10　不登校、ゲームやスマホ漬けの毎日、親ができることは何か　117
　11　不登校、共依存の指摘、何をすればよいか　118
　12　保健室登校、教室に向かわせたい、どうすればよいか　119
　13　教室が嫌いと主張、理由不明、精神的な病気か　121
　14　不登校、学校嫌い、進路の当てもない、どうすればよいか　122

II 不登校問題、特有の随伴症状を示す質問事例と解明のしかた　125
1. 両足が麻痺（転換ヒステリー）しての不登校、よくなるか　125
2. 登校途中に引き返し、不登校状態、どうすればよいか　126
3. 人前で手が震え、顔が赤くなる（赤面恐怖）、このまま不登校か　128
4. 不登校、ひたすら難しいことを避ける（回避性障害）、どうするか　129
5. ますます悪くなる不登校、どうするか　131
6. 再登校が不登校に逆戻り、過剰適応にどう対応するか　132
7. 強迫行為から不登校、何から始めるか　133
8. 睡眠障害で不登校、どう対処したらよいか　135

III 大震災等による避難、不登校の質問事例と解明のしかた　137
1. 避難し、苦労して辿り着いた学校で不登校、どうしたらよいか　137
2. 避難の小学校でいじめられ不登校に、中学校でも、どうすべきか　138
3. 長い不登校、災害時、一押ししてもよいか　140
4. 避難した当地の中学校で不登校、どうすればよいか　141

［第5章］高校生に関する質問事例と解明のしかた

I 一般的な質問事例と解明のしかた　144
1. 不登校の攻撃性、どう対処するか　144
2. 不登校からの解放、自立の条件とは何か　145
3. 高校に入学後すぐ退学希望、不登校状態、どうすべきか　147
4. 新年度早々転校希望、不登校へ、どう始末をつけるか　148
5. 体調不良で欠席し不登校状態、パソコン三昧、どう対処するか　150
6. 不登校で昼夜逆転、引き籠もりに対してすべきことは何か　151
7. 孤独感がたまらない、学校を休むことになる、どうしたらよいか　152
8. 「遊ばず、学ばず、働かず」に対し、何をすべきか　154
9. 不登校から高校中退、何もせず、どう対応したらよいか　155
10. 不登校問題、父はわが子をどう導くか　157
11. 大震災と原発事故で避難、途切れがちな登校、どうすべきか　158

II 不登校問題、特有の随伴症状を示す質問事例と解明のしかた　160
1. 退学希望、不登校状態、社会不安障害の診断、どう取り組むか　160
2. 摂食障害、それから不登校、休学寸前、どう対応するか　161

3　不登校、自己愛性人格障害の診断、どうすべきか　163
4　不登校、顔を直したら(醜形恐怖)学校へ行く、どう対処するか　164
5　大量に食べ肥満(過食症)、そして不登校、解決する手だては何か　166
6　心身症の診断、服薬、それから不登校へ、どう対応するか　167
7　家庭内暴力、不登校状態、どうすればよいか　168
8　仮面うつ病の診断、登校させてよいか　170

[第6章] 小・中学校、高等学校教員からの質問事例と解明のしかた

Ⅰ　不登校宣言、保護者の問題等への対応　174
1　不登校宣言、どう対処するか　174
2　不登校の子をもつ保護者への対応に苦慮、どうするか　175
3　登校を止められ困惑、それでも登校、どう対応すべきか　177
4　卒業間近の不登校、皆と一緒に卒業させたい、どうするか　178
5　週1日の怠学欠席が全欠席に、善導の手だては何か　180

Ⅱ　不登校問題、特有の随伴症状を示す質問事例と解明のしかた　182
1　広汎性発達障害と診断された不登校、どう対処するか　182
2　不登校、母子のあつれき、黒字ノートは有効か　183
3　選択性緘黙、不登校状態、どう対処するか　185
4　視線を気にして(視線恐怖)不登校に、どうかかわるか　186
5　妄想を訴え不登校に、どのようなかかわりが適切か　188

Ⅲ　心理療法の実際に関する質問事例とその用法　190
1　再登校を目指す、積極的傾聴はその手だてになるか　190
2　行動療法による不登校問題へのかかわりは、どう行うか　191
3　長期欠席、じっと母親の顔を見ている、適する心理療法は何か　193
4　不登校、行動療法、系統的脱感作の方法を用いた援助はどう行うか　194
5　不登校問題、短期療法での援助で解決は可能か　196
6　不登校の回復期、教室に導くのにミラクル・クエスチョンは有効か　197
7　高校休学中、時々登校、自己像の変容にリフレーミングは有効か　198
8　動き出さない引き籠もり、ナレイティブ・セラピーは有効か　200
9　不登校家族との実りのない会話に困惑、どう対処すべきか　201

Ⅳ　学校の指導援助の体制に関する質問事例と解明のしかた　204
1. 原発事故、避難先の小学校での不登校、どう対応するか　204
2. 不登校の家庭訪問、母親が質問に答える、どうするか　205
3. 不登校問題にかかわる教師の基本的な心構えは何か　207
4. 不登校、保健室登校の対応のあり方で工夫することは何か　208
5. 不登校問題、家庭訪問の心得は何か　209
6. 不登校状態、学習室から動かない子どもにどう対処するか　211
7. 不登校の学習と評価に疑問、配慮が必要でないか　212
8. 不登校問題に対応する学校の体制をどうつくるか　214
9. 学校における不登校の予防策、どう構築するか　216

[第7章] 不登校の予後、告白

Ⅰ　中学校卒業生の予後、告白　220
1. 無業者である息子の将来、手つかず、どうすればよいか　220
2. 中学校卒業生の高校での不登校、どう対処すべきか　221
3. 私は元不登校で"中卒"、学校だけが人生か　223
4. 中学校在籍中から卒業後もフリースクールに通学、どうなるか　224
5. 元不登校、大学を卒業、就職、ほっとし、感謝する　226
6. 高校に進学せず、自分の進むべき道、見つかるか　227

Ⅱ　高校の休学、中退、予後、告白　229
1. 高校中退、夢は語るが何もしない娘、親がすべきことは何か　229
2. 不登校、転校を主張する高校生の娘、どうすべきか　230
3. 高校休学、もっぱらテレビゲーム、将来はどうなるのか　232
4. 自己万能感の強い引き籠もり、無業者、これからどうなるか　233
5. 高校中退、引き籠もり、外に連れ出す手だては何か　235
6. 元不登校の本音、不登校を後悔、同じ境遇の人たちに伝える　236

参考文献　239

あとがき　241

［第1章］不登校問題の正しい理解

I　不登校の定義、発生モデル、発生メカニズム、経過

1　不登校とは何か

Q　同居する中学2年の孫娘が学校に行かなくなりました。毎朝、頭が痛い、腹が痛いと泣き言を言いますので叱りつけていますが、梃子でも動きません。嫁に聞きますと「不登校らしい」と困惑顔でうな垂れています。学級担任が「学校に行きたくても行けない状態」と話して行きましたが、私にはとうてい理解できません。一昔前は誰もが皆、当然のこととして学校に行っていました。不登校とはいったい何か、分かり易くご説明願います。(祖父)

心理的要因による学校の欠席、わが国の子育て文化の病と理解する

A　わが国では1970年代から「心理的要因」による学校の欠席が世に知られるようになりました。かつての学校の欠席理由は、病気、事故(家庭の事情など)、経済的理由、忌引き(出席停止)に限定されていましたが、70年代から心理的理由が加わっています。これは「何らかの心理的、情緒的、身体的あるいは社会的要因・背景により、登校しない、或いはしたくてもできない状況」(文部科学省)と定義されています。即ち、精神疾患によらない、非行や虞犯(犯罪を犯す恐れがある)でない、怠学でない、出席停止でない、経済的理由でない欠席です。一昔前に学校を終えた方には理解できない現象であろうと想像します。経済の高度成長と時を同じくして出現した、わが国の「文化の病」(河合隼雄)です。私は「子育て文化の病」と解釈しています。

　不登校は1980年代から急速に増え始め、現在では全国津々浦々、男女の別なく、親の職業や経済力にも関係なく発生しています。中学生は30人に1人はいると言われており、小学生はそれより少なく、高校の長期欠席は休学か進

路変更（退学）になりますから統計上には明らかではありませんが、心理的理由による相当数の休学者や進路変更者がいると思われます。

　また学校に行く気がない（行きたくないも含む）、もう学校へは行かない、と宣言する子どもたちも増加の一途を辿っています。さらに社会一般の人たちの学校に対する価値意識がすっかり変容してしまっています。社会がこぞって子育て文化の再生または変容を目指さない限り、当分この問題が収束することはないだろうと考えます。深刻な問題です。

　子育て文化の病の病因は、端的に述べれば、社会の学校に対する価値観の変換、学校の教育力の低下、家族機能の衰弱、子どもの社会化の未成熟または発達停滞です。心理的要因は、依存（分離不安）、対人不安または恐怖（同年齢の集団に不安や恐れを感じる）、そして自己像の薄弱（自我の未成熟や否定的な自己像）です。子どもによって心に占めるこれら割合は異なりますが、どの不登校にも必ず包含されています。分かり易くならず、申し訳ありません。

【付言】「ある時代、ある社会には特有の社会的性格がある」（エーリッヒ・フロム『自由からの逃走』）。現代日本の特有の社会的性格は不登校を生み出す子育て文化の病です。昨今の子ども虐待の問題も同じです。

2　不登校かどうかの判断の拠りどころ（基準）は何か

Q　中学3年の学級担任です。子ども（男子生徒）の1人が学校を休み始めました。家庭訪問をして本人に理由を問い質し、保護者に欠席理由を尋ねても特に「これぞ」という理由が見当たりません。学級内の人間関係に配慮してきましたし、いじめの有無を調べましたが思い当たることはありません。病気などの明確な理由がなく学校を休むのですから、不登校であろうとは思いますが、その判断の拠りどころ（基準）は何なのでしょうか。（中学校教員）

不登校宣言の有無が拠りどころ（基準）、その有無と内容を確かめる

A　子どもが学校を欠席する理由には、①病気、②事故（家事都合、旅行など）、③保護者の無理解や経済的理由（出席簿上は事故欠席）、④非行や怠学（出席簿上は事故欠席）、⑤心理的理由（現在、出席簿上は病気欠席）、⑥その他（忌引き、出席停止など）などがあります。不登校は心理的理由による欠席です。出席簿上は病気欠席の扱いです。

次の事項が心理的理由の訴えです。

ア、学校に行きたくても行けない

イ、学校に行きたくても今は行かない

ウ、学校に行きたくない、または行けない

エ、学校には行かない（行く気がない）

オ、その他

これらは本人に確かめます。どのような不登校でも、本人に尋ねますとほとんどがこのいずれかに意志表示をします。これが不登校宣言です。この有無が不登校であるかどうかの判断の拠りどころ（基準）です。またその訴えの内容によって不登校の深度を判断します。上記「ア」から「エ」に行くに従って深度が深まり問題解決が困難になります。非行や怠学での欠席は登校を促しますと一応、「行きたくない」、「勉強したくない」、「つまんない」とは言いますが、きびしく強制されますと一時的には登校します。また社交が必要と感じたときも登校します。明瞭な不登校宣言はありません。

それから、一昔前の不登校には、必ずと言ってよいほど、頭痛、腹痛、だるい、吐き気、吐く、下痢、便秘、夜眠れない、本態性高血圧、起立性調節障害などの身体症状が随伴していました。それが不登校か否かの判断の目安になっていましたが、昨今、この訴えは減少気味です。

その代わり、朝起きられないまたは起きないといった訴え以外に特に身体症状を示すこともなく学校行事や部活動には参加し外出も自在ですが、「すくみ反応」があって教室（同年齢の集団）に入れない不登校が増えています。すくみ反応は対人恐怖の亜型です。私は、現代型の不登校と呼んでいます。

【付言】一昔前の不登校は苦しい表情で必ず家にいました。現代型は学校のこと以外は会話も円滑で外出も自由です。それで解決は簡単だろうと思われますが、すくむに対する手当は相当に困難です。

3　不登校問題の本質とは何か

Q 毎年、不登校の子どもの学級担任をしています。いつも不登校問題を抜本的に解決したいと願って子どもや保護者とかかわっています。どのような子どもがどのような育ち方で不登校に至るのか、不登校の発生を防ぐにはどうすればよいのか、悩み続けています。不登校問題の本質を理解した対応をすれば、問題解決が容易になるだろうと考えています。不登校問題に注ぐ私たち教員のエネルギーは莫大です。知恵をお貸し願います。（中学校教員）

子どもの社会化（集団参加能力）の発達停滞が不登校問題の本質と理解する

A 不登校の子どもたちへの対応は教員であれば当然の役割ですが、注ぐエネルギーと費やす時間が膨大であることは十分承知です。先生方のご努力に敬意を表します。

　不登校の心理的な様態は、下図「不登校の様態」の通りです。
・ウチ：家族（よくふれ合う親しい人たち）
・ソト：学校（ほどほどに親しい同年齢の人たち、教員、教室、校舎）
・セケン：一般社会（一時的にふれ合うか、親しくないそこかしこの人たち）

不登校の様態

　不登校は、ウチとセケンの人たちにはふれ合うことに不安や恐れは感じませんが、ソトの人たちや所属する環境に不安や恐怖を感じる様態です。但し、統合失調症の前駆症状である対人恐怖とは区別します。これは誕生からの生育の過程で身につく不登校の発生脆弱性という様態で、不登校の素因とも言えます。これに誘因（きっかけ）が加わりますと不登校が発生します。

人間の発達には身体発達と精神発達の二つの側面があります。「精神発達には知識の習得と自己（自我）の形成発達の二つの目標がある。自己の形成には個性化と社会化の二つの側面があり、その発達は未分化の状態からはっきりした統一した状態に発展する」（正木正『道徳教育の研究』）のです。そして、「個性化とは個人が個人らしくなり自分を愛おしむ心を育てることであり、社会化とは社会に合わせた自分を形成し他人や社会を愛おしむ心を形成すること」（岩下豊彦『社会心理学』）と言われています。

　不登校は特に社会化の未発達もしくは停滞、及び個と集団を愛おしむ心の不全の問題です。そしてこの問題を生み出しているのは「両親と子どもとの感情の交渉関係、即ち家庭の人間形成力にある」（正木正、承前）のが不十分であるからです。これが不登校問題の本質です。

【付言】「自己の形成は賞めたり賞められたりする事態によって行われる」（正木正、承前）。つまり親と子の感情交流の成立は「ほめる」という愛着行動や好ましい感情交流が必須の要件です。問題解決の方向でもあります。

4　不登校の発生モデルとはどんなことか

Q 大規模の中学校に勤務しています。各学年に10名ほど、全学年で30名を超える不登校がいます。卒業したかと思うと、また出会います。対応につらさを感じるときがあります。いったい不登校はどのようにして発生するのか、いろいろな資料や著書を拝見してもよく理解できません。不登校発生のモデルが分かればもっと適切な対応ができるし、予防的な対応も可能になるのではないかと考えます。これはどんなことなのでしょうか。（中学校教員）

不登校の発生モデルは発生脆弱性の獲得によることと理解する

A ご苦心ですね。いっそうのご努力を期待します。以下は、私が考える不登校登校の発生モデルです。ごく簡単ですが、これ以上の理解は不要であると考えます。それらしい理論を学んでも、それが必ずしも教育現場の不登

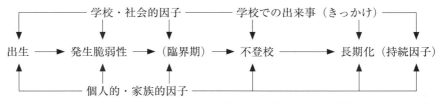

佐藤光源「統合失調症脆弱性モデル」を改変）

校問題の解決には結びつかないのが実際であるからです。

　個人の出生後、生来の気質（素質）に加え、主たる養育者の影響下に身につく個人的因子（事情）と家族の運営のしかたや家族システムなどの家族的因子、その時代特有の社会的性格である子育て文化の病に罹患している学校・社会的因子によって不登校の発生脆弱性が獲得されます。生育の過程で、それに気づかれなかったり種々の要因によって促進され発生の臨界期に達したときに、不登校の誘因となる学校での出来事（きっかけ）に遭遇すると不登校が発生します。不登校を長期化するのが持続因子で、親や家族また学校が何もしないこと、間違った対応、子どもの疾病利得などがそれに当たります。

　発生脆弱性とはある問題（不登校）を発生させる個々人の事情を意味します。不登校は、簡明に述べれば、発生脆弱性をもつ子どもが所属する集団に参加できない、またはしない問題です。この本質は年齢相応の社会化（socialization）の発達停滞か不全の問題です。発生脆弱性は個人の気質（素質）と学校や家庭がもつ心理・社会的要因との交互作用によって構成された学校生活への適応能力の問題でもあります。感情論理（喜怒哀楽に伴う表情、言語、情動、行動などが複雑多様）がこの問題の特性です。従って問題解決が非常に困難です。

【付言】不登校には第2の問題というべき偏見または蔑視というラベリングがなされることがあります。また卒業10年後に教師が話題にして迷惑をかけたことがあります。教師には良識と将来に渡る守秘義務が課せられています。

5 不登校発生の脆弱性とはどんなことか

Q 長い教員生活です。毎年欠かさず不登校の子どもを担任し、その数は実人数で30名を超えています。校務の合間に家庭訪問を繰り返しています。一番のよろこびは不登校の再登校の日です。その日はともに苦労している同僚と近くの温泉に行き祝杯を挙げます。また、この欄（福島民報「ふれあい相談」）の不登校問題の記事に共感し参考にしています。ところで、先日の「発生脆弱性」について、もう少し詳しくご説明願います（中学校教員）。

発生脆弱性は不登校発生の諸要因の総体、と理解する

A ご苦労様です。発生脆弱性とは、個人的・家族的因子と学校・社会的因子がその子どもの誕生から不登校発生のそのときまでに複合して重なり合って不登校発生の臨界期に至らせる諸要因の総体を称します。

個人的因子は、性格傾向、生活習慣、育てられ方に対する反応の特性（くせもしくはしかた）、そして愛着体験の質と量如何です。性格傾向は、かなりの内向性（人見知りと連関）、抑うつ傾向、神経質、強い受容欲求、思い込みの激しさ、自己決定ができない依存性、拒否されることへの恐れ、困難の回避、耐性不足、自信のなさなどです。一定期間の過剰順応（極度のよい子）が生育歴によくあります。弱い自力更生能力、集団参加能力の未発達または停滞、疾病利得も含まれます。低い自尊感情や変化への意欲の乏しさも特徴です。

家族的因子は、学校に対する価値観の薄弱、家族システムの機能不全、父親の父性の欠如、母親の支配力の増大と過干渉、親の精神的未成熟、夫婦の不和、そして家族相互の感情交流や愛着体験の絶対量の乏しさです。愛着体験の如何の状況は気づかれない隠された不登校問題の一つです。

学校の因子は、確固たる学校教育の自信と実践の喪失、最高の道徳を追求する姿勢の薄弱さ、凝集性に乏しく協同的でない競争的集団の形成、教師個々や教師集団の使命感や教育力の不確実性、子どもを理解する能力の未熟さ、子ども集団の連帯感や切磋琢磨力の未発達などです。

社会的因子は、学校に対する尊敬度の減退、学校教育への関心の低さ、子育て文化の変容、家族制度の不全傾向、学校の役割の軽視、人間性の育成より目先の受験重視の教育、ＳＮＳ（メディア媒体）の弊害に対する無策などです。

　たまたまこれらの要件に侵される状況にあり、学校できっかけになる出来事に遭遇しますと不登校が発生します。発生脆弱性は誕生以来の負（マイナス）の複合因子の総体です。負のエネルギーは強力です。ですからこの問題は簡単には解決しないのです。ただ言えることは主に個人的・家族的因子の問題点をほんの少し変えると問題が解決に近づきます。経験則からの結論です。

【付言】家族の肯定的な感情交流の絶対量の不足、父性の欠如、母性の変質、溺愛や過支配、拒否、二重拘束の養育が不登校を生み出します。不登校は誕生時からの感情交流の不十分さによるある種の適応障害です。

6　不登校の発生メカニズムとはどんなことか

Q　この欄（ふれあい相談）に示された不登校発生モデルと発生脆弱性について理解できました。それでは、どのようなメカニズムで不登校は発生するのでしょうか。モデルでいう個々人の事情なるものを具体的に説明して欲しいと思います。さまざまな参考書に「不登校はどの子にも起こり得る」と書かれていますが、不登校発生の脆弱性を身につけることなく育てば不登校になることはないと理解してよろしいのでしょうか。（中学校教員）

不登校は、素因（主に発生脆弱性）に誘因（きっかけ）が加わり発生する

A　その通りです。不登校の子どもとその家族には申し訳ない表現になりますが、発生脆弱性を身につけずに育てば不登校に陥ることはないのです。メカニズムと言えるかどうか不明ですが、不登校は下の図に示すようにして発生します。簡単な図ですが、この理解が大切です。

素因　＋　誘因　→　不登校

　素因　＋　誘因　→　不登校　＋　持続要因　→　不登校の持続

　誘因　→　不登校　（誘因が素因にもなること）

　素因とは発生脆弱性を意味します。その中でも特に個人的因子が関連しています。本人の性格傾向、生活体験、耐性（がまん強さ）、個性化のレベル、精神的成熟度（精神年齢を含む）、社会化の深度（レベル）などです。とくに性格は内向性、主観的、見捨てられ不安、情緒不安定を特質としています。
　素因に誘因が加わりますと不登校が発生します。誘因とは、ほとんどが学校での出来事です。授業での不適応、成績低下、いじめられ、友人関係のトラブル、部活動での不適応などで、数多くあります。また転校や保護者の単身赴任、家族の死なども稀に含まれます。
　不登校の発生後に持続要因が加わりますと不登校が長期化します。それは、間違った対応、何もしないこと、長欠感情、疾病利得、学業不振と学力低下、悪循環の継続、解決への意識の乏しさや努力不足、等々です。
　誘因がそのまま不登校になる事例もあります。残酷ないじめ、教師の体罰、強烈無比な恥や失敗体験、親（家族）の経済的困窮や犯罪行為などです。

【付言】発生脆弱性でもっとも注目しなければならないことは本人の性格傾向です。精神の不安定、主観的傾向、内向性が特徴です。ＹＧ性格検査の「Ｅタイプ」がこれに当たります。不登校はほとんどがＥタイプかその亜型です。

7　不登校発生の誘因（きっかけ）とは何か

Q　担任する中学２年の子ども（女子生徒）が登校しなくなりました。本人の言い分とクラスの生徒たちの話を総合しますと、仲間外れになったのがきっかけのようです。３人仲間の２人から「はじかれた」ということです。長期化すると困りますので、私が仲介して何度も話し合いを続け、本人が納得

して再登校にこぎ着けました。再び同じことが起きないようしたいと思います。きっかけとなることを教えていただければ幸いです。（中学校教員）

ほとんどが学校の問題、問題となる誘因（きっかけ）は教師が防止する

A　不登校になるきっかけを誘因と称します。不登校の開始時には誘因の解決を図ることで高い比率で再登校が実現します。平素の教育活動の質の問題でもあります。不登校の当初に、本人の言い分を聞き、また周囲から情報を収集しますと誘因がはっきりと理解できます。当然のことながら、早期の誘因への対応は本格的な不登校の発生はもとより、発生後の長期化を防ぎます。

　誘因はほとんどが学校とそれに関連する問題です。勿論例外はありますが誘因となる事柄を以下に列挙します（家族の問題は省きます）。

- 成績低下（優等生の挫折、要求水準に満たない学業成績、劣等感、など）
- 学業不振（勉強嫌い、成績に対する叱責や恥の体験、授業中の失敗、など）
- 学習への興味関心の変容（学習意欲の低下、学力不足、落ち零れ体験、○○教科が苦手、先生が嫌い、勉強が手に着かない・する気になれない、勉強ができない自分は普通でない、授業中の辱め、など）
- 学校給食への不適応（皆で食べるのが嫌だ、偏食傾向、食物アレルギーへの無理解、教師や級友の食べ方への嫌悪、給食費の未払い、など）
- 転校（馴染めない、過大評価や過小評価、放置、援助不足、無視、など）
- 友人関係の問題（参加できない恐怖、集団の悪さ、告げ口や悪口の言い合い、仲直りの不備、嘘で固めたつき合い、関係念慮、友人に対する過剰な劣等感、見栄の破綻、嘘の発覚、休み時間の孤立感、グループ活動への嫌悪感、部活動での挫折、など）
- 学級担任の問題（えこひいき、相性の悪さ、見放され感、叱責過多、など）
- 教師とのトラブル（かかわり不足または無関心、ほったらかし、いじめの見て見ぬふり、叱責の激しさ、暴力、礼儀の欠如、脅迫、過剰な説諭、差別、無理解、中傷、プライド破壊、など）
- いじめられ（無視・暴力・物隠しなどの被害、惨めな体験、怯えや恐怖感、恥辱や敗北感、自己嫌悪、など）

問題になる誘因は教師がしっかりと防止します。学級経営の基本です。

【付言】不登校は誘因として「関係念慮」のことを語ります。「○○さんたちが僕（私）の噂をしている」などと、客観的にあるはずのない出来事を何でも自分と関係づける訴えです。精神疾患との関連もあり、扱いは要注意です。

8　不登校は発生から回復まで、どのような経過を辿るのか

Q 中学校で毎年不登校の子どもの学級担任をしています。早期発見、早期対応を心がけていますが、ほとんどが長引いています。不登校にはある一定の兆しと経過があることに気づいています。その時々に応じたかかわりの方法を知ることによって、早めの解決が図られると思われます。不登校の状態はそれぞれですので一概には述べられないかも知れませんが、経過の区切りとその解説をしていただきたく思います。（中学校教員）

登校可能ラインがあることを知り、経過に即した対応のしかたがある

A ご苦労を察します。なるべく早期の解決を祈ります。不登校の兆しや経過はさまざまですので、一般論で説明します。

　不登校の経過は、小・中学校、高校共通に、①前駆期、②開始・進行期、③混乱・引き籠もり期、④回復期、⑤再登校期、と辿るのが一般的です。いずれの時期にも「登校（集団参加）可能ライン」があります。それぞれの時期をすべてその順に通過しなくても、それぞれの時期に本人の自覚と努力、周囲の対応次第で登校（集団参加）を可能にするライン（レベル）があるということです。それぞれの時期に適切にかかわり支援すれば、次の時期に至らなくても再登校が実現するということです。この認識が重要です。

　前駆期とは、不定愁訴（体調不良の訴え）、行きたくない素振り、行こうか行くまいか、行けるかと葛藤する時期です。この時期の対応は、学校生活が気分よく過ごせるように配慮し、真剣に本人の話を聞き取ることが大事です。教室では俯き加減、声が弱々しくなります。独りでいることも目立ちます。

開始・進行期には、頭痛、吐き気、吐く、腹痛、発熱、血圧上昇などの身体症状を訴え、「学校に行きたくても行けない」といった不登校宣言を発します。適切な対応がなければ本格的に休み始めます。罪悪感や自責の念などに配慮して精神の安定を図り、目標設定から具体的な行動化を図る対策を講じます。

　混乱と引き籠もりの時期を明確に区別することは困難ですが、概ねこの順序で現れます。登校刺激に粗暴な言動を示したりする事例もあります。また自分の部屋に引き籠もり、食事を自室の前に運ばせたり、入浴や下着の交換をしないままに過ごす子どももいます。さらに長欠感情にとらわれ登校の意欲に欠ける時期でもあります。そのような混乱にあっても、親や家族、学校の先生方には、不登校状態を登校（集団参加）可能ラインに引き上げるべく登校意欲の喚起や達成目標と具体的な行動計画を設定する対応が求められます。何もしない、或いは間違った対応（偽解決）がありますと長期化します。

　回復期と再登校期は混乱・引き籠もり期の適切な対応があって訪れます。

【付言】不登校問題が簡単に解決しないのは周知の事実です。それは、目標なしの対応であったり到達できない目標を設定したりで、この問題を変化させる適切な方法をもたないからです。無策の関与は未解決や停滞を持続させます。

9　不登校の子どもの心理は何か

Q　この欄（ふれあい相談）の読者です。毎年不登校の子どもたちの担任をしています。その都度、不登校の子どもの心の状態は違います。理解できるまでかなりの時間を要し、適切に対応できなくて子どもや親（保護者）にすまないと思うときがあります。不登校の子どもたちの心の状態を教えていただければ幸いです。不登校の経過の各段階それぞれで心に抱いていることがあるはずです。それらをかかわりの参考にします。（中学校教員）

負（マイナス）の心理の告白に終始、不登校状態の閉塞感に「思い詰め」がある

A 不登校の子どもの心の状態はおおよそ次のようになるようです。
○不登校の開始前・前駆期・開始期の発言

学校に行きたくても行けない、学校に行きたいが行かない、行きたくない、学校はいやだ、学校生活がつらい、学校なんてどうでもいい、学級が嫌い、教室にいるのがつらい、学校に行けない駄目な人間、友だちに追い込まれた、先生が嫌い、先生の顔や態度がいやだ、教室の静かさがたまらない、など

○不登校開始期の心理

自分は駄目な人間という「劣等感」と低い「自尊感情」、学校を休むことの「罪悪感」、人に会う「不安感や恐れ」、人（特に級友）に対する「嫌悪感」、人（特に親と教師）に対する「不信感」、級友が噂をしたり悪口を言っているという「関係念慮」、勉強が遅れるという「焦燥感」、何もできない・したくないという「無力感」、何もせず虚しい毎日を過ごす「空虚感」、未来に対する「あきらめ」、何でもできるという「有能感」、できると思っていたが実際は何もできないという「有能感破壊の恐怖」、自分を制御できない「怒り」と「つらさ」、これがいつまで続くのかという「虚無感」、など

○不登校の期間中の心情

他人の目が気になる、いらいらする、ものに当たりたくなる、口論やけんかがしたくなる、悔やんだり情けなく思う、やる気が起きない、ぼんやりして集中できない、孤独や寂しさを感じる、焦りや不安を感じる、明日のことは考えられない、これでいいのか、僕（私）は何者か、僕（私）の行く末は、など

○不登校後の思い

不登校のおかげで今がある、人生訓を学んだ、皆に詫びる、思い出しても真っ暗、後悔の一言、口惜しい、無念、僕（私）を不登校にしたのは誰だ、など

ごく一部を除いて負（マイナス）の心理の告白ばかりです。不登校の子どもには、不登校状態の閉塞感に「思い詰め」があり、狭い視点に執着し否定的な自己暗示をかけているのは明白です。早期の救出が必要です。

【付言】不登校の前駆期、開始・進行期の心理は時間の経過とともに変化しま

す。3か月、半年と経過しますと、そのときの心理は消失し二次的な困難に見舞われます。長期化するとまた変わります。長期化を阻む対応が重要です。

10　不登校の経過、前駆期と開始・進行期には何が起きているか

Q 中学2年の学級担任になりました。クラス替えになり、私のクラスに不登校の子ども（女子生徒）が1人配属になりました。それ以上増やさない学級経営を行う覚悟です。それには不登校の前触れ、或いは兆しに気づき、早めの対応が必要であると考えています。学校に行けなくなりそうな具体的な事柄と、もしかしたら不登校かと感じられるときのことについてご教示願います。毎日クラス全員が顔を揃えるのが心からの願いです。（中学校教員）

不定愁訴があり、不登校宣言がそれに続く、その都度早期に対処する

A 教員としての良心を感じます。願いが成就することを祈ります。
不登校には辿って行く経過があります。「もしや」と感じるのが前駆期、即ち学校に行かなくなりそうな状況のときに当たります。学校での兆候は、俯き加減、伏し目がちに過ごす、目の光が弱まる、遅刻・早退・欠席が間欠的に表れる（特に月曜日や連休明け）、保健室に頻繁に行く、学校給食を残す、保健体育の授業に参加し難くなる、休み時間一人でいる、授業中発言しなくなる、学業成績が下がる、などです。まとめて言えば、顔つきや行動が弱々しくなり、級友とのかかわりや集団での行動に億劫がる様子を示すようになります。

家庭では、頭痛、腹痛、気分が悪い、吐き気、吐く、発熱、頻尿、下痢、便秘、倦怠感、血圧上昇、朝起きない、夜眠れない、顔面蒼白などの身体症状の訴えがあります。行動面では、朝起きられない、パジャマを脱がない、制服を着ない、朝不必要な行為を繰り返す、トイレに何回も入り独占する、学校に行きたくない素振り、登校を渋る、何回も鞄の中を確認する、前日学校の準備をゆっくりする、玄関先に座り込む、固まって動かないなどが明瞭になります。

不登校が明白になるのは、子どもが「学校に行けない」、「行かない」と宣言するときからです。これが不登校宣言です。このときの語り方や内容によって

不登校問題の深度（どのくらい深刻か）が推測できます。来たり来なかったりのときから、対応がなかったり適切でないと、ほとんど欠席になります。

　家庭での身体症状は前駆期とほぼ同じですが、子どもによっては示す症状が変化します。行動面では、朝目を覚まさない、目を開けても起きない、布団から出ない、学用品の準備をしたりしなかったり、トイレに執着する、教科書や制服などに見向きもしなくなる、食欲不振などが特色です。

　しかし、最近の不登校はこれらの兆候が明白に表出されなくなっているのが実際です。学校は行くべきところ、大切なところと真剣に思わなく、でも行こうとするとすくむという反応が生じて行かないという事態です。学級では、協同的な集団の形成、もし不登校が生じた場合の早期の適切な対処が責務です。

【付言】不登校問題は、学校でも1人でなく複数か集団、家族との連携協力も当然のこととして、皆で心を一つにして寄ってたかってかかわりますと早期の再登校が実現します。「3人寄れば…」の文殊の知恵と実行力は真実です。

11　不登校の経過、混乱・引き籠もり期の心理は何か

Q 息子は中学2年の後半から不登校になりました。周辺校と言われる高校に入りましたが、1か月ほどで、「俺に合わない」と言って退学しました。「何もしないで家にいられたら困る」と申しましたら殴られました。以来、「何で生んだ」、「俺の一生をどうしてくれる」と怒りをむき出しにして責められています。注意した父親（夫）も蹴られました。それまでは元気いっぱいで成績優秀でした。どんな気持ち（心理）なのでしょうか。（母親）

怒りに基づく粗暴な言動、沈黙、引き籠もり、無気力化が顕著になる

A お気持ちを察します。でも親の適切かつ真摯な努力が必要です。
　ある家族の事例を紹介します。中学2年とき、生徒会役員に当選し、生徒会活動を始めてからしばらくして担当の先生と衝突し、学校に行かなくなりました。母親によれば「息子の正義感が壊された」のですが、それがたまたま

不登校の誘因（きっかけ）になっただけのようでした。すでにそのころ、不登校の発生脆弱性の臨界期に至っていたということです。

　家の中は大変でした。一言注意でもしようなら、鋸を持ち出して柱を切ったり家の壁に電気掃除機を叩きつけたりで、母親が殴られるのは毎日でした。あるときには「自動車の運転を教えろ」と言われ、「まだ18歳未満だから」と断ったら、半殺しの目に遭いました。食事は家族とともにせず、母親が息子の部屋に運んでいました。暴力から引き籠もりへの移行です。

　もう一つ、女の子の事例です。高校2年のとき、拒食と過食を交互にすることを始め、不登校状態に陥りました。過食のとき、寿司を1度に10人前など求めるものを母親が買って来ないとき、殴る蹴るの暴行を加えました。拒食のときは行き先も告げずに外を出歩きました。それが高校の先生方の努力で精神科を受診し服薬を始めた途端に、今度は2階の自室に引き籠もりました。母親への要求はたくさんあり1日に何度もメモを降らせ、すぐに対応しないと物壊しや暴力が加わりました。父親のところは徹底的に忌避していました。

　いささか極端な事例の紹介になっていますが、これらが混乱・引き籠もり期の様態です。適切なかかわりがないと、自己制御ができなくなり暴力行為を示し、それが一段落しますと引き籠もります。但し、中学2年生以上、特に高校生レベルで、暴力が目立つ不登校の事例では、1度は必ず、また経過の途中でもたびたび精神疾患があることを疑う必要があります。これらは医療優先の対応が必須の要件です。

　暴力や引き籠もりの出口や不登校のゴールは必ずあります。確かです。それを見つけ、実行するのは親のつとめです。「わが子がどうなればよいのか」と思案を深め、うまく行ったことは続け、効果がないことは止めるが原則です。

【付言】開始・進行期に何もしなかったり、正しい対応をしないと、混乱・引き籠もり期が長く続きます。長期化には悪循環を断つ支援が必要です。誰かが布置（不登校の全体像）を客観視し、正しく事態を把握する必要があります。

12　不登校の回復期の兆し、そのときのかかわりをどうするか

Q 小学校から不登校であった中学2年の娘がだいぶ元気になり、髪を切りたい、参考書を買いたい、〇〇さん（旧友）に会えるか、クラスに誰がいるか、などと言い始めました。この欄（ふれあい相談）で拝見した回復期に近づいてきたと感じています。回復期の兆しとこれからのかかわりについてのご指導をいただければ幸いです。家族構成は両親、父方の祖母、兄と姉、本人の計6人です。風通しのよい家族であると思ってはいますが…。（母親）

余計な世話焼きは禁じ手、また援助のシステムを整える

A 親としての責任を自覚し、よく努力なさいました。もう一息ですね。
　不登校の経過は以前にこの欄に記述した通りです。確かに、今が回復期と理解してよいと思います。それで、子どもをよく観察しますと、回復期にも段階があることに気づきます。自己を真剣に見詰め始める「始動期」、学校や友だちへの関心を示す「帰心期」、家事や勉強に取り組む「準備期」、そして再登校のために具体的に行動する「挑戦期」という段階です。概ねこの順を辿りますからよく観察し想像力を働かせてかかわることが大切です。
　髪を切る、参考書、友だちのことは始動期と帰心期の出来事です。不登校の子どもの多くが何か新しいことを始めるとき、髪を切ります。友だちや先生に会ってもよいと決意をすると額（ひたい）が見えるような髪型にします。また、本人の自己決定を尊重して書店に連れて行ったり、望まれたら本代を与える配慮をします。子どもが動き始めたのをよろこんで、親はしばしば先取りしてあれこれ世話を焼きたがりますが、それは禁じ手です。家族の余計な世話焼きはしばしば後退を余儀なくします。心して慎みます。
　家族のために何かをした、するようになったのが準備期です。家族の誰かの洗濯物をたたんだ、ラーメンを食べるとき胡椒をもってきた、料理の手伝いをした、玄関の掃除をした、本人から親に話しかけてきたなどが、具体的なその姿です。ささやかなことですが、親がこのささやかな行動や心遣いに気づいて

「ありがとう。助かった。えらい。うれしい」とねぎらい、ほめ続けますと次の段階に進みます。回復期に至ったのは家族の中に肯定的な感情交流が拡充してきたからです。よく気をつけてみますと、「はい」という言葉に代表されるように家族がお互いに肯定的に認め合っていることが分かります。

挑戦期には学校の先生方との連携が必然です。子どもの気がかりは教室にどのように受け入れられるか、入ることができるかです。安心安堵の気持ちは担任の先生との親密感の程度にかかっています。繰り返しますが、急がず、でもたゆまずの働きかけの努力が大事です。再登校が実現することを祈ります。

【付言】適切な援助のシステムが整いますと、どの段階でも登校（集団参加）可能ラインの突破が早まります。それは、より確かな両親連合の成立、家族のあたたかさと無条件の協力、学校の先生方などとの連携の一体化です。

13　不登校にしない子育てのあり方とは何か

Q　今春、子どもが幼稚園と小学校に入ります。この欄（ふれあい相談）をよく読んでいます。不登校問題がよく取り上げられています。記事を読みながらどんな子育てをしたら、不登校にならないか、妻とよく話し合っています。子どもを不登校にしない子育てとはどのような子育てなのでしょうか。またついでながらの質問です。わが国の不登校問題はこれからどうなっていくのでしょうか、収束に向かうのでしょうか。（父親）

父性原理と母性原理の調和が確かな家族の運営、真実の愛の認識も大切と心得る

A　わが国に心理的な理由で学校に行けない、または行かない子どもたちが出現しておよそ50年近くになります。文部科学省の発表によれば、小・中学校の不登校は毎年およそ12万人台で推移しています。子どもの数が減少傾向にありますから、発生率は高くなっていると言えると考えます。数が増え続け家族や学校、社会の重大な問題であるはずなのに、家族が、学校が、そして社会が、適切な抑止のしかたや問題解決の方策を具体化しませんので、

これからも相変わらず発生し続けることと思います。残念に思います。その意味で、ご夫婦で不登校にさせない子育てをお考えになることに敬意を表します。

不登校は、ごく単純化して述べれば、子どもの集団参加能力（社会化）の発達停滞か不全の問題です。人間は1人では生きて行けないはずなのに、やむを得ず孤立して生きるのを余儀なくされているのが不登校です。人間関係に傷つくのを恐れたり、面倒な人間関係を避ける現代社会の象徴です。

不登校にしない子育てとは子どもの壁になる父性原理とあたたかな受容に象徴される母性原理が明確な家族の運営をすることです。「僕（私）の父は半端でない、うるさくきびしい。母は僕（私）のことをよく分かっている」と語る子どもは決して不登校になりません。両親の連合体の成立も大切です。

平素の子育てに、不登校という負の要素を念頭に置く必要はありません。機能が充実した家族を目指すのが肝要かと信じます。親の真実の愛、すなわち責任、成長への配慮、絶えざる心身の健康への気遣い、子ども理解、規律、忍耐、尊敬、利他の教え、肯定的な自己意識、相応の自尊感情の育成などが家族運営の折々に親が明瞭に示す家族がそれに当たります。

基本的に不登校はその子どもと家族の問題です。申し訳ない表現ですが、不登校家族に共通するのは家族の運営がどこか未成熟または常識と違うところが顕著という実感です。親と子の絆は子の誕生以来の感情交流によって形成されます。しかも子は親の言葉や行為を窓口として人間と社会を学ぶ存在です。親自身が自分の人生をその意識で創りあげる自覚と努力が大切です。

【付言】父親がどこかへ消えてなくなっている、これが不登校を生む子育て文化の病の病因の一つです。病因の克服には人生観を変え、新たな人生を構築する努力が必要です。母子家庭でも母親には父性原理の発揮が必要です。

II　不登校問題、かかわりの方向、目標設定、具体的な方策

1　長引く不登校、かかわりの方向は何か

Q 小学6年の娘は3年生のころから行ったり行かなかったりの不登校です。医療機関、公的な教育相談機関、フリースクール、スクールカウンセラーなど、あらゆるところに相談に参りました。服薬も効果なく、指導されたことや勧められたことに取り組んでも相変わらずです。本人は何ごともないように時々勉強の真似事をしたり、テレビやDVDに没頭、日々穏やかに暮らしています。長引いています。かかわりの方向をお教え願います。（母親）

子どものよさを引き出し、自己成長力を育てる

A いろいろなところを訪問することを、ドクター・ショッピングや相談所荒しなどと半ば揶揄されますが、困り果てての訪問です。ご同情申し上げます。失礼な表現になりますが、ごく当たり前の家庭を築く、子どもの自尊感情を高める（肯定的な自己像の形成）、これがかかわりの方向です。

「（親は）人間（わが子）のなかから善きものを引き出す努力をしなければならない。人間は人間なんだ」（山本周五郎『ながい坂』。括弧注は私）です。子どもが自分のよさに気づき、これまでよりほんの少し自信をもつようになりますと子ども自身から動き出します。不登校の子どもの多くは何ごともないように暮らしていますが、内面は学校の問題（学業、友人とのあり方、自分のことが語られている、など）に葛藤しています。このことに親が気づき、家族内でよく話し合い、お互いのよきものを引き出す実践が肝要です。

人間は人間ですので、誰でも自己成長力（自己治癒力）をもっています。親は、学校に行かないわが子を決して咎めず、つねに肯定的にかかわることで子

どものよさを引き出します。具体的には、家族相互の感情交流を増やすこと、愛着行動の発信、そして家族の問題を解決するための目標の設定と実現方法の考案です。人は肯定的（プラス）なストロークを貰えると変わりやすくなります。わが子をすなおにねぎらい、ほめることができるかが親の課題です。

　服薬のみでこの問題が解決したことは聞いたことがありません。また専門家と称する人たちに教えられたことの実践のみで解決することも困難です。それは正しくない指示や指導であったり、それらがわが子やわが家のものの考え方や家族の実情にそぐわないことが多いからです。一時的には取り組んでも長続きしないのです。問題の根源を理解した自力更正が対応の原則です。

　それから長引いている問題に過去の反省や詮索は無用です。それによっては何も解決しないのは十分承知のことと思います。自力更生の精神で家族の再生をどうするか、を考え直しますと不登校問題解決のかかわりの方向と方策が明確になります。

【付言】わが家の不登校問題は「親が解決する」と決意し、実行に移した家族の不登校は必ず早期に解決します。親がその気になりますと、さまざまに知恵が浮かんでくるようです。社会資源も積極的に活用します。

2　不登校問題、解決の手がかりは何か

Q　中学3年の息子が不登校です。小学校以来ですからもう5年が過ぎようとしています。その間、病院（内科、小児科、心療内科、精神科）、公設の相談機関、私設の相談所、フリースクール、スクールカウンセラーなど、数多くの人と場所を訪ねました。服薬、さまざまなご指導やご助言、見守っていることの大切さなどを教えていただきましたが未解決です。問題解決の手がかりと方法を教えて欲しく思います。（父親）

偽解決に気づき家族の運営を振り返る、父親と母親が問題解決の当事者になる

A　長期化した不登校によくある事例です。偽解決が続いているのですね。具体的な事情がよく分かりませんので、一般論でお答えします。

　あちらこちらを親が歩き回り、子どもを連れ回すのが偽解決をもたらしている悪循環です。いろいろなところに出向くのは問題解決を他人任せにすることです。親の力で解決するという決意と実行が大切です。

　問題解決の目標は不登校のわが子に「学校に行く」という決意をさせ、実行するようにすることです。言い換えれば、「今を変える」ことにあります。即ち、家族の運営や子どもの現実をほんの少し変えますと、不思議に子どもは「学校に行く」という意志をつくります。家の中で変化は絶えず起きていますが、意識して変化を起こしますと偽解決の改善が図られます。

　以下は変化のための一つの視点です。わが家の運営で父親か母親のどちらか、或いは両方に親としてちょっとおかしなところはありませんか。日ごろ家族のそれぞれが常識的な行動をしていますか。父親の存在感はいかがですか。母親の家族個々に対する発言量はどのくらいですか。夫婦連合は成立していますか。つらいことですが、これらの振り返りを真剣にまた正直に行いますと、家族の運営がはっきりと変化します。小さな変化は大きな変化を呼び起こします。親がこのようなことの振り返りを行うことで、再登校を果たした子どもたちが結構数多くいます。

　不登校の問題の所在は、「僕（私）は駄目な人間」いう心情です。具体的には自信のなさ、集団に参加できない社会化の不全、過剰すぎる遠慮、否定的な自己像、判断の遅さ、過剰反応、仲間の顔を見て話せない気の弱さ、不必要な羞恥心などの否定的な心情です。これらがほんの少し好ましい方向に変化しますと、不登校に特有の依存と対人不安（恐怖）の問題も同時に軽減の運びになるようです。わずか、ちょっぴりの変化を心がけますと問題を解決に導きます。

　そのために今日から家族の運営をどう変えるか、父親は、或いは母親は実際に何をするか、よく話し合い行動化するよう祈ります。

【付言】人をほめることができない理由は、①人をほめる「とき」に気づかな

い、②人をほめる「ところ」が分からない、③人をほめる「言葉」を知らない、④人をほめる気がない、⑤人をほめたくない「私」がいる、からです。

3　不登校問題、発生の責任はどこにあるのか

Q　中学3年の娘は小学校のときから不登校で、長い間学校に行っておりませんでした。それが最近、「高校へ行きたい」と訴えてきました。担任の先生と話し合い、朝10時ころ登校し午後2時ころ帰って来るようになりました。それにしても娘を不登校にし、長い間娘のために何もできなかった自分を羞じ責任を感じています。娘には相済まなく思っています。高校進学も間近です。心底、何とかしたいと願っています。(母親)

親の責任は速やかに再登校を図る手だてを講じること、と弁え実行する

A　お気持ちを察します。不登校はわが子とわが家に不利益を生じさせますから、そうなったら速やかに不登校の陥穽から救い出さなければなりません。わが子に「学校にもう一度行く」という決意をさせ、この問題を収束する、それが親の責任です。繰り返しますが、あれも、これも、それもして、できるだけ早くわが子の不登校問題の解決を図る、それが親の真の責任です。

　ところで、わが子の不登校問題の解決に取り組むとき、ほとんどの親が最初に行うのは原因探しと犯人捜しです。ほどほどにすべきです。原因らしきことが見つかり、犯人の見当がついたとしても、それによって子どもが学校に行くという現実は訪れないのです。原因も犯人もすでに過去の問題です。ここにいわゆる病気とは異なる不登校問題の特性があります。責任の追究は無益です。

　対応の基本は、不登校に関する本を読む、不登校の子をもっていた親の話を聞く、校長(教頭)の指導を受ける、学級担任と連携する、不登校問題の学習会に参加する、スクールカウンセラーに相談する、医療機関や相談機関を訪問する、家族のあり方を考え直す、夫婦で問題を共有する、子どもと徹底的に語り合う、等々です。もっとあると思います。そして、うまく行っていることは続け、効果がないことは止めるが原則です。悪循環への気づきが大事です。

努力をしても再登校が実現しないのは、親の決意や実行力がもう一息であったり、その努力が不登校問題の本質に適合していない、対応のしかたが適切でないからです。創意工夫と努力も親の責任です。
　一言、付け加えます。「私は江州生まれですが、今でも本当に子供を可愛がる商人は、その息子を丁稚の下に叩落としてそこから修行させます。それは棄てるのではなく、実は生かすのです。（中略）。その新生涯は、家族全体が蘇るのです」（西田天香『懺悔の生活』）。これこそ不登校の子をもつ親とその家族が、わが子の再登校を図るときの覚悟であり戒めです。この精神で、対応を考え、実践の努力をすることが親の真の責任であると信じます。親のたくましい信念がこの問題を解決するようです。

【付言】問題解決の責任とは不登校の子どもへの純粋で限りない慈悲と憐憫の情をもつことです。それは、親は当然のこととして、かかわる人たちすべての課題です。身を焼くほどのこの心情が不登校の子どもの心を揺さぶります。

4　不登校問題の解決を阻んでいる悪循環とは何か

Q　毎年不登校の子どもを担任して苦闘しています。始業式に全員登校し、「今年はいない」と安堵する間もなく、連休後ころから欠席する子どもが出てきます。教育的力量の至らなさを反省していますが、それにしてもと思います。いつもなるべく早くもう一度教室へと願いながらかかわっていますが、問題解決を阻んでいる事柄が多すぎるように感じます。かかわりの悪循環とは何か、これを明確にしていただければ幸いです。（中学校教員）

問題解決を阻むこと、それはかかわりの悪循環、それに気づき対応する

A　昨今では中学校の教員であれば、不登校の生徒を担任するのは当然の宿命であると思います。従って教師が不登校問題の解法を理解して対応するのはもう当たり前のことになってきました。問題解決の前提は、お言葉の通り、問題解決を阻んでいる事柄、つまり悪循環の把握です。以下は問題解決を

阻む悪循環の経緯と内容です。
○第1段階
　・親が子どもを脅す、なだめる、すかす、懇願する、先生も登場する
　・登校を強制する、車に乗せようとする、手を引く
　・子どもは拒否する、萎縮する、反発する、引き籠もる
　●結果として「未解決」。悪循環が始まる。
○第2段階
　・相変わらず登校を強制する、懇願する、何もしなくなる、時々叱る、先生（学級担任など）も積極的でなくなる、子どもは好きなことをしている
　・親は悩み、学校と話し合い、本を読み、人に聞き、医療機関や相談機関を訪ねるなど、いろいろなことを試みる。叱る、怒る、いやみを言う、暴力を振るう、突き放す、あきらめる、などもある
　・子どもは努力し、登校を試みる、しかし登校できない、またはしない
　●時間が経過し、結果として問題が「深刻化」。悪循環が継続する。
○第3段階
　・親や先生がまたさらにいろいろな対応策を試みる、或いはあきらめる
　・子どもも努力しようとするが、長欠感情や学力不足などの二次的な問題が発生し、登校できない、またはしない
　・子どもの心理が変容している、行こうとする気持ちが薄れているかなくなっている、親も先生もそれに気づかない、手を出さなくなる
　●問題がより深刻化、適切な対応ができない、または目指さない。結果として長期化する。

【付言】これらの経過を、問題解決を阻む「悪循環」と言いますが、不登校そのものの原因探しや犯人捜しは悪循環を継続するだけです。大切なことは悪循環をもたらしているかかわり方の反省と変換です。知恵と勇気が必要です。

5　不登校問題、悪循環を止める手だては何か

Q 不登校の中学2年の息子がいます。もう2年になります。以前この欄（ふれあい相談）で、不登校の問題解決を阻んでいることに悪循環を継続するかかわりがある、との指摘がありました。不登校の子をもつようになった親であれば、最初はなだめ、すかし、どうにも動かないときには叱るのは当然の対応です。わが家でも悪循環を繰り返しているから問題が解決しないと理解しました。これを止める手だてをお教えいただきたく思います。（父親）

例外を探す、それが良循環、これを伸ばすと問題解決が近づく

A 悪循環の対語は良循環です。悪循環を断ち、良循環を伸ばすとこの問題は解決し易くなります。わが家に不登校が発生したときの親の対応はおっしゃる通りです。そのような親に対して子どもが拒否、萎縮、反発しますと結果として未解決が続きます。このことが家族相互の特定のパターン化されたシリーズに構造化されますと、その家族特有の好ましくない「行動連鎖（sequence）」を引き起こします。叱る→抵抗する→責める→黙るがそれで、結果として不登校の未解決という悪循環が続きます。

問題解決を図る第1段階は、悪循環をもたらしている行動連鎖に気づくことです。親子間の境界が不明確で、両親連合に対抗する親子（ほとんどは母と子）のおかしなつながりが不健康な行動連鎖を生み出しています。両親連合の積極的な構築を促進しますと、悪循環が断たれます。

第2段階は、「例外（exception）」を探し、実行することです。例外とは今までしてこなかった対応です。これには目標設定や具体的な手だての見直しが含まれます。これまで母親がわが子にしてきたことを父親がする、これが例外の一例です。試みて心地よい感情が味わえるとき、良循環が伸びています。望んだ結果が示されるまで例外を探し続け実行します。その意志は十分ですか。

第3段階は家族相互がわが同胞とわが家のよさに気づき、コミュニケーションを盛んにするよう努力することです。そして、「お母さんはいつも家族のた

めに一生懸命」などと絶えず家族の肯定的な意味を強調します。

　不登校問題には適切な手だての創出と実際の行動が必要です。恒常的な家族の行動連鎖の悪循環に気づき、達成目標をどこに置くか、その目標達成に必要で適切な手だては何か、それを課題とすることが問題解決に導きます。

　不登校問題は実は子どもからの親や家族に対する問題提起です。不登校問題が解決した家族には両親連合が成立し、家族成員に親密さ、なごやかさ、安堵感が満ち満ちて、よりよく生きようと願う実存欲求が高まっています。それが幸福という「人生の宝物」です。

【付言】良循環が発生しないのは家族内に相互拘束があるからです。家族成員がお互いに言語、非言語両方のメッセージで行動を拘束し合って、好ましくない「行動連鎖」を引き起こしています。母と子の拘束ごっこが不登校です。

6　不登校問題を解決するカウンセリングの方法とは、どんなか

Q　中学校及び高校の学級担任をしていて、毎年不登校の子どもに出会っています。未熟な対応で子どもたちに申し訳なく思い反省しています。それでお願いです。適切なカウンセリングの方法または手順をお教え願います。見様見真似の体験もなく、心理療法の参考書を見ても、これぞという方法や手順が理解できません。無理なお願いかも知れませんがよろしくお願いします。学んでよい結果を目指そうと考えています。（中学校教員・高校教員）

「Uモデル」を参考に、肯定的含蓄の配慮と布置を読む援助を心がける

A　向学心に敬意を表します。カウンセリングは一部の専門家と称する人たちの特権ではありません。真摯に学び、子どもたちのよりよい成長のために貢献されますよう期待します。そして、臨床事例の蓄積が大切です。

　心理療法には数多くの理論と技法があり、習得には膨大な時間と専門的な学びが必要です。簡単なカウンセリングの手順、「Uモデル」を紹介します。
《「Uモデル」の手順と内容》

①仲間入り（ジョイニング）－傾聴とともに家族に仲間入りをし、家族のもつ習慣や権威を承認する。家族システムを理解する。

②問題の把握―問題の所在の確認と家族が行う習慣的な特性を見つける。

③契約（コントラクト）－問題の解決を図るための契約をする。カウンセリング上の約束も交わす（時折その内容を確かめることが肝要）。

④悪循環と可能性の発見－問題の解決を阻んでいる出来事を明確にし、子どもや家族がもつ人間的な資源を引き出し、解決のための例外を探す。

⑤変化の目標の設定－問題の解決を目指す子どもと家族の達成目標を設定する（自発的で具体的、達成可能な目標であること）。

⑥介入－事例に適合する心理療法で援助する。主として家族療法と短期療法、そして行動療法、事例に応じて認知行動療法でかかわる。概ね折衷法でよい。わずかの変化を目指す、絶えず肯定的に評価し、変化の促進を図る。子どもや親の反応から学ぶ。

⑦終了（変化の確認）－変化を共有し問題解決をよろこぶ。終了する。

カウンセリングで大切なことは、肯定的含蓄（働きかけがつねにプラスであること）の配慮と布置（constellation）を読むこと（家族の人間関係、問題と家族成員との関係などを大局的に捉える）の２つです。これらを見失うと、カウンセリングの方向が混乱します。成功の指標は、対象者（子ども、親とその家族、学校の先生など）が、肯定的で希望のある考え方を習得すること、目標を明確にして行動すること、変化を受容しそれに責任をもつことです。

【付言】カウンセリングは「これをするより、あれをする方がよい」に気づき、自分の力で「あれ」の行動ができるよう援助することです。よく生きる知恵と行動力の共同享受が成立し新しい充実した人生を手に入れます。

7　不登校問題解決のための目標設定はどのように行うか

Q 毎年、不登校の子どもを担任しています。この欄（ふれあい相談）に時々、不登校問題の解決のためには目標設定が必要であると書かれています。私もそう思います。子どもがこれからの目標を自分から言い出したとき

は再登校が間近であるからです。その意味で、私たち教員が上手にそれを引き出すことができたら解決が早まるのではないかと考えます。不登校に対する目標設定の対応の心構えとその方法をお教え願います。（中学校教員）

登校の意志の確認、自発性の尊重、問題枠から結果枠への視点の移行を図る

A　不登校問題の解決は、当事者（子ども及び親、時には教師）が「何を目標にして、何をするか」を考え実行することで図られます。このとき、教師（援助者）は、深い慈悲の心と憐憫の情に満ちることが大切な心構えです。

　目標設定には前提条件があります。それは子どもに「学校に行く」という自発性に基づく意志があることの確認です。親（保護者）も同じです。

　目標設定の質問は、「これからどうなればよいか？」です。「どうするか？」は方法を尋ねる質問です。目標と方法は区別します。「君（あなた）のこれからの目標は何か？」と直接訊くことも適切です。目標とは、不登校の現実という問題枠から、「〜になったら」という結果枠に視点を移すことです。抽象論、〜べき論、すじ論、過大理想の目標は省きます。

　次に「目標（子どもが話した目標）が達成されたらどんなことが起きるか？」と目標達成に取り組んだ結果を想定した質問をします。子どもがそれを自発的に発言し、その内容が具体的で達成可能であったら行動化が可能です。

　それから、「○○（設定した目標）になったら、どう思うか（どんな感じになるか、どんなよいことが起きるか）？」と尋ねます。このとき、「うれしい」、「親や先生がよろこぶ」、「また友だちと仲良くできる」などと肯定的な返事があったときは、行動化する手だて、つまり具体的に「何をするか？」の話し合いへの移行ができるようになります。ここまでが目標設定です。

　但し、目標設定は一度きりで終わるのではありません。再登校が最終目標であるなら、問題の所在→具体的で達成可能な目標→次の目標→また次の目標→またまた次の目標→またまたまた次の目標と最終目標の達成までスモールステップの原則で進めます。一つ一つの目標には必ず「どんな気持ちになるか？」と「何をするか？」と尋ね、行動内容を明確化します。

　これらの問いかけの反応には、必ず笑顔で頷き、ほめることが大切です。そ

れから子どもからの具体的な取り組みの答えがない場合でも根気強く自己決定を待つことにします。子どもの主体的な意志と実践が再登校を実現します。

【付言】気づきは人間の貴重な能力ですが、苦痛に遭うと排除の力が働きます。不登校の多くは「学校で何があった？」と訊かれると、「何もない」と答えます。気づきを排除しているからです。自尊感情を高揚させる配慮が必要です。

8　不登校問題解決のための目標設定を困難にする理由は何か

Q　この欄（ふれあい相談）で、不登校問題の解決のための目標設定のしかたの説明がありました。もっともと感じて、担任する不登校の子ども（中学２年女子）に試みてみました。私の技量の問題だろうとは思いますが、なかなかうまく行きません。目標の設定がなければ前に進まないことは承知です。目標志向が困難な子どもの現状を打開したいと願っています。どうすれば目標設定が可能になるのか、このことをお教え願います。（中学校教員）

小さな変化を積み重ね、また新たな目標を設定し続ける

A　不登校問題の解決のためには、現状の正しい診断（見立て）と適切な目標が必要です。多くの家族は、わが家の不登校問題を歪んだかたちで把握し、それを前提として無駄な努力をしたり、実現困難な目標を設定してあがき続けています。目標が適切でないといつまでも堂々めぐりの悪循環を繰り返し、問題解決が先延ばしになってしまいます。

その意味で目標志向は大事です。具体的で達成可能、明瞭な目標があれば、現状の気づきが促進されて援助の経過の評価ができ、それに応じたフィードバックを可能にします。その結果、子どもや親の責任が明確になります。目標設定が容易でないのは子どもや家族の責任回避があるからです。同時に申し述べ難いことですが、援助者の対応能力の如何も問われます。問題の本質と目標を見失い、漫然としたかかわりがこの問題をいつまでも長引かせます。

また目標は、実際のところ、範疇（カテゴリー）が重層化されています。こ

れは成長モデル、問題解決モデル、現状維持モデル、危機介入モデルの区別が必要という意味で、それぞれに即した目標の設定が大切です。この区別をつけず漫然と目標設定をしようとするので悪循環が反復し、いつの間にか目標設定が疎かになったり、方向が不明瞭なかかわりになってしまいます。

　対策のその１です。繰り返しますが、目標は子どもとその親の自発性による具体的で達成可能な目標でなければなりません。問題の所在に応じたカテゴリーの理解と尊重も重要です。留意点は、先入観にとらわれず、またこれまで成功したパターンと同様の目標を設定しないことです。一つ一つの事例を初心に返って検討して目標設定を行います。

　対策のその２です。子どもや親は現状維持、或いは変化したいという方向を保持しており実態はかなり複雑です。しかし多くは変化に抵抗し現状維持志向です。従って目標は援助を進めながら、達成の状況に応じて段階的に設定するのが適切です。そして小さな達成可能な変化を積み重ね、その段階に適合する目標を設定します。ほんの少しの変化のための目標の設定が肝要です。

【付言】この問題で「目標なし」の毎日を過ごしているのが多くあります。その理由の多くは問題の本質を知ろうとしないからです。実情の確かな認識と解決意欲が肝要です。実現不可能なユートピア症候群的な家族も多くあります。

9　再登校のための小さな達成可能な目標とはどんなことか

Q　数多くの不登校に出会い、再登校を果たすためには目標設定が必要であることに気づいていました。しかし、子どもと話すときには「これからどうする？」でした。そのとき、子どもが語る「学校（教室）に行く」、「学校（教室）へ行けるようになればいい」は漠然とした目標で、そこに至るまでには達成可能な小さな目標と具体的な手だての明確化が必要であるのが分かってきました。でも容易に思いつきません。（中学校教員）

大切なのは、小さな一歩の累積、ねぎらい称揚しながら行動させる

A ゴールは再登校でも、そのことに直ちに取り組むことができないのが不登校問題の特徴です。一歩を踏み出すには、自発性のある小さな具体的で達成可能な目標とそれと一体化した手だての設定が必要です。いくつかを例示します。不登校の現実は複数で、多数です。工夫が大切です。

〈目標（ゴール）〉：再登校する。その姿は、朝定時に学校へ行く、教室に入る、教室で皆と一緒に学習する、学校給食も放課後の活動も一通り行う。

○小学生
　学校に間に合う時間に起床する、制服（通学服）に着替え、学用品を揃える、制服姿（登校の服装）でランドセルを背負い家を出る、学校に着く、校舎に入る、教室に向かう、教室で学習する、など
●手だては、親と一緒に歩く、車で行く、先生に迎えに来てもらう、養護教諭の助けを借りる、先生と一緒に教室に向かう、級友とともに行動する、など

○中学生
　学校に間に合う時刻に起床する、規則正しい生活を心がける、家庭学習に取り組む、家事の手伝いをする、登校を阻んでいる要件を検討し解決の努力をする、級友と話し合う、休日に登校する、誰もいない教室に入ってみる、職員室に行く、保健室に行く、担任や学年の先生方と話し合う、登校計画を立て実践に移す、教室に近づく、教室で学習する、部活動に参加する、など
●手だては、親と途中までまたは学校まで一緒に行く、級友と一緒に行く、1人で行く、先生（学級担任や養護教諭など）と行動する、親と行動する、1人で行動する、先生と一緒に教室に入る、1人で教室に入る、など

○高校生
　定時に起床する、登校計画に従い登校する、教室で学習する、など
●手だては、1人で行く、親の車で行く、級友と一緒に行く、先生と一緒に行動する、1人で教室に入る、など

【付言】 目標とは問題枠を結果枠に転換することです。小さな一歩の累積は行動に対して「それで？　次はどうなったらいい？」、答えたら「じゃあ、どう

やって？」と問い返します。このような構造分解的質問は有用です。

10　不登校問題、家族システムに問題の指摘、何から始めるか

Q 3人兄弟の2番目（中学1年）が1学期の終わりから学校に行かなくなり、2学期以降はまったく登校しておらず、もうすぐ1年が経ちます。母親だけがスクールカウンセラーの先生とお会いしています。その先生から「家族システムの問題」と指摘され、家族の運営を改善するよう諭されていますが、正直のところ、何をすべきか皆目見当が尽きません。毎日家で無為に過ごしている息子を可哀相に思います。何から始めるべきでしょうか。（父親）

両親（夫婦）連合を目指す、また悪循環をもたらす要件に気づく

A 父親が新聞社に投稿されたことに敬意を表します。
　家族システムとは組織体としての家族連合及び運営の形態です。いくつかのタイプがあります。幸福感を感じることができる好ましい家族システムは機能充実型（鈴木浩二『家族救助信号』）と言われています。ここでは両親連合が構築され、親子間の境界が明確で家族相互のコミュニケーションがよく図られています。家族をもつ親が目指すべきシステムです。このような家族に不登校問題が発生することはありません。
　他に分離型、仮性（疑似）民主型、解体化型などのシステムがあります。不登校を生み易いシステムは仮性（疑似）民主型です。親子間の境目がなく家族成員が皆平等のシステムです。家族に司令塔が存在しないので、子どもはあてどもなく人生を漂流せざる得なくなります。その結果が不登校です。
　何をすべきか、それは両親連合の構築の努力です。24時間でなくても、日々の家族の運営に一時的にもその状態が具現されますと、不登校問題が解決に向かいます。両親連合とは愛情のある父性と母性の調和です。単親家族では、父親または母親に時に応じた父性と母性の発露があることです。
　なお、禁じ手と気づきの要点を示します。親はしばしば、家族システムの修正を求められて何かに向かって努力しないと安心できず悪循環をもたらす働き

かけをします。例えば、父親からは「登校すべきだ（強くあれ）」、母親からは「休みたければ休んでよい（勝手にしろ）」というメッセージを同時に発することがあります。この二重拘束は子どもをこれまで以上に混乱させてしまいます。また、家族システムそのものを変えようとしますと途中で挫折します。

　加えて、不登校に陥ることで子どもが訴えていることに気づくことです。その要点は、わが子が親の愛に満たされていないと感じているのではないか、親はわが子の存在を無条件で認知しているか、そしてわが家が母親（女性）らしい父親（男性）、父親（男性）らしい母親（女性）の姿にないか、母親が二人いるのではないか、などです。気づけば不登校問題が解決に近づきます。

機能充実型　　　　仮性民主型　　　　解体化型
家族システム図
（□は男性、○は女性、大は親、小は子ども）

11　不登校問題、親がしてはいけないことは何か

Q　中学2年の娘が不登校状態に陥っています。朝起き難くなっており、朝食はとらず、制服に着替えるのにも時間がかかり、1週間に3日は登校を断念します。スクールカウンセラーの先生からは「不登校です。登校刺激は避けましょう」と言われています。学校に行かない子どもに親が「学校に行け」と言うのは当たり前のことと思いますが、そう指導されて困っています。ところで他にも親がしてはいけないことはあるのでしょうか。（母親）

してはいけないことは、適切な対応をせず、また対応を怠ること、と弁える

A　わが子を登校させようとしても「してはいけない」と言われるのは困ることです。でもわが子の問題です。解決のための努力をすべきです。
　確かに不登校問題で親がしてはいけないことがいくつかあります。その1つは、わが子の不登校を過剰に不安がり、嘆き愚痴をこぼすことです。不登校問

題は簡単には収拾がつきません。つい「あなたのこれからが心配。だから…」となりがちですが、それはわが子に余計な負担をかけることを意味します。

　２つ目は、親自身ではなく、子どもだけを変えようとすることです。不登校になると、わが子のマイナス面によく気づき指摘を始めます。これは子どもの閉塞感をさらに悪化させるだけでほとんど意味がありません。大切なのは親が自分を振り返り、自分を変え適切な対応をすることです。

　３つ目は、何もしないことです。不登校問題の特徴は何もしなければそのまま続き、適切な対応を怠ればさらに悪化します。悪循環を断ち、良循環をもたらす思考と配慮が問題を解決します。それを怠ることがもっともしてはいけないことになります。親の勇気、忍耐力、知恵を絞る努力が問題を解決します。

　不登校は長くなりますと必ず二次的な問題が発生します。それは長欠感情、学業遅滞の問題、自己実現への意欲の減退、等々です。不登校に陥ったときとは明らかに異なる、より深刻な問題です。時間とともに子どもの内面はいつも変化し続けています。従って、見守っているだけでは解決しないのです。

　ところで、不登校問題には必ず登校刺激の問題が付随します。私も学校に行かない子どもに「学校へ行きなさい」と言うのは当然のことと考えています。但し、ある時期（不登校の「開始・混乱期」）のほんの短い期間や何回言っても効果がないと判断したときは一時的に避けた方が賢明です。

　念のためですが、専門家と称する人たちが登校刺激を慎むよう指導したり指示するのは、その人たちが解決のための具体的な手だてを持ち合わせていないからと理解します。大切なことは親や学校の先生方が、あれも、これも、それも、よいと思ったことを何でもすることです。それが真の親心です。

【付言】 人は自分の意志で物事に取り組むとき全能力を駆使して現実の問題に対応します。不登校問題も当事者が自力解決を意図しますと、知恵と実行力が輩出します。またわが子との全力での対峙が問題を解決します。

12　不登校問題の終了（ゴール）とは何か、いずこにあるのか

Q 中学2年の学級担任です。8か月間学校を休んでいた子どもが再登校して3か月後、また欠席を始めました。一時は安堵しうれしく思ったのに再発です。不登校問題の終了（ゴール）とはいったいどんなことかと考え込んでいます。質問は、不登校問題の終了（ゴール）とは何か、いずこにあるのかいうことです。どんなことでも一件落着しますとそこがゴールですが、不登校問題はそうはいかず果てしなく続きそうな感じです。（中学校教員）

再発したら再々登校、教室での学習参加が終了（ゴール）と心得る

A 幼稚園の不登校が小学校で再発、せっかく入学した中学校でも1年後の再発、高校でまた、遂には大学でもと、不登校問題は発生脆弱性の改善がなされないと繰り返します。努力が報われない当事者にとっては大変残念なことですが、よくあることと理解します。

　不登校問題の明確な終了（ゴール）は、不登校であった子どもが教室での学習を再現し、ある程度の期間継続できることと理解します。不登校に至った心理状態の回復や再生ではありません。登校して教室で学ぶという行動の再現です。再発には再々登校、再々発には再々々登校を目指します。

　異論があることは十分承知です。異論の大半は、不登校は心理的理由による学校の欠席であるから再び不登校に陥らない心に育て直す、そうなった状態が終了（ゴール）という意見です。でも考えてみますと、学校の現実は、行きたくないが仕方がないから登校する、今日も休みたいがこの授業や行事があるから登校する（それらがなければ欠席も厭わない）、不登校になりたくないから学校へ行く、学力が大事、大学には行きたいからなどとごく普通の子どもでも積極的に登校しようと思わない子どもたちが結構いるのです。不登校をもたらしている心理状態は行動しながら変えて行く、それが正しい理解です。

　再発は新たな問題の発生と捉えます。再発の要因は、恐らくゴールを目指して新たな行動を開始しようとしたときの「目標」の不明確の問題であろうと考

えます。目標が非現実、曖昧、実現への意欲の不確実（自らでなく引っ張られての行動）であったからと思われます。

　再発予防の対策も大切ですが、一度ゴールを達成したのであればすでに変化したところがあるはずです。教師が子どもや親家族に対して、再生への信頼感を抱いてかかわることによって、再々登校は速やかであろうと信じます。心することは、指示、命令、阿り、愚痴、叱責を排除するとともに、子ども自身の意志、考え方、感じ方、願いを尊重したかかわりです。念のためですが、再発時の誘因（きっかけ）を確認することをお勧めします。

【付言】100メートル競争の終了（ゴール）はゴールラインです。不登校問題のゴールは走り出して5メートルだったり、30メートル先だったりします。明確な距離感はないのです。でも、ほどほどの設定が解決を早めます。

13　不登校からの引き籠もり、その出口はどこか

Q　息子は中学2年の夏休み後から不登校になり、高校中退後はずっと家にいます。引き籠もりです。先日、この欄（ふれあい相談）に「俺も何とかしなくちゃ」と生まれ変わろうとする青年の声の紹介がありました。わが子は、食べて寝る以外は、テレビとゲーム機に埋没しています。息子もとりあえずは「俺も…」になって欲しいと願っています。ところで、引き籠もりの出口はいずこにあるのでしょうか、そこを見つけたいと思います。（父親）

家族から孤立する人をなくし新しい道への歩み出し、そこが出口と心得る

A　長い間、続いていることですから本当にお困りですね。率直に申し述べます。親と家族がわが子の家から出ない、働こうとしない、テレビやゲーム機（スマホ中毒なども含む）というマイナスの行為にだけ目を向けていれば、その状態はこれからも続きます。視点を変えて、ちょっぴり変化する可能性に焦点を当てるようになれば改善解決の方向に進みます。

　一例を示します。繰り返します。ねらいは変化です。毎日の家庭生活におい

て、ご自身（わが子ではありません。父親自身です）に「ふだんの家族とのやりとりや人間関係で、うれしい気持ちになったときに、どんなことがあったか」を振り返ります。その日に思いつかなかったら次の日、それでものときはまた次の日、３日でも感じなかったら、その３日間を時系列で、本気になってうれしい味わいを探し求めます。そしてそれに気づいたら、自分にうれしい心地よさをもたらして根源を見つけます。真剣さがあれば必ず見つかります。それが変化への手がかりです。

　ご自身にうれしさをもたらしている根源に気づいたら、それと同じことを家族が体験できるよう配慮します。当然、引き籠もりのわが子に対しても、です。分かち合うという表現の方が適切かも知れません。そうしますと家族に笑顔と噛み合わないことのないスムーズで流れるような心地よい言葉のやりとりが実現します。家族から孤立する人がいなくなる、これが引き籠もりの出口です。

　それからこのときという機会を見つけて、わが子に「（お前は）どうなればよいのか」と尋ねます。過去に焦点を当てるのではなく、引き籠もりの解決のイメージに限定しての質問です。わずかでも「俺は…」という発言があったら、新しい道に歩み出したことになります。

　長い間の苦労の出口がこんなものかと感じるかも知れません。大満足が出口ではないのです。ちょっぴり満足して、次のステップに向かう意欲の喚起と新たな行動の開始、それが出口と心得ます。お互いよく知るように人生はこのことの繰り返しです。それで満足すべきです。

【付言】 人格の変容や問題の根源の解決、それらが出口（終了）と固執する人たちがいます。不登校や引き籠もりにも適用しようとします。達成不能ですし意味のないことです。不登校問題は「もう一度学校」が解決（ゴール）です。

14　長期の不登校、果たして解決するか

Q　高校１年の息子が欠席日数と特定教科の欠席時数が規定を超え、休学するか、進路変更をするかの判断を迫られています。中学校でも大半は不登校、惨めな思いをしたので高校は自覚して通うようになると期待していたの

ですが、やはり駄目でした。いろいろな方に助言をいただいてきました。それに従って努力したつもりでした。よくよく思います、不登校問題にははたして解決のしかたがあり、実際に解決するのでしょうか（父親）。

家族の再生を図ることに努力する、父親の意志と努力が問題を解決する

A　繰り返します。専門家と称する人たちが必ずしも問題解決に適う方法をもつとは限らないのです。結果が生じないときは別の手だてを講じる必要があります。苦難や絶望から自力で立ち上がる意志と実行力をもつ人だけが問題を解決に導きます。この問題の解決の方法は存在し、解決もするのです。

　これまでの方法は、不登校に陥った心理的条件の除去または回復を目的として何らかの手だてを講じ、それが達成したら登校を促すということです。しかし、この方法には専門性の高い心理療法の理論と技法、それに相当な経済的負担が必要で、しかもそれを可能にする専門職も容易に見つからないのが現実です。結果として間違った助言や指導によったり、方法がないというあきらめにより問題が長期化しているのが実際です。ご疑問のこと、よく分かります。

　ところで、もっとも数多く、これは抜群と言っても言い過ぎでないのですが、不登校問題を解決しているのは親と学校の先生方です。親はわが子を思う愛情と真剣さによって、学校の先生方は専門性の高いカウンセリングの技術をもち合わせていなくても子ども理解が深く子どもの事情に適する援助のしかたで再登校を実現しています。惜しみなく愛情をかける、これが決め手です。

　高校レベルにおける問題解決のテーマは自立です。わが子に「自立せよ。働け」と言える父親ですか。そのようにいったん発言したら、そうなるまで父親としての意志と権威を押し通すことができますか。不登校の子どもたちは、父親の意志の表現と行使を待ちわびています。努力も方向や方法が間違っていれば効果が見えません。少々進路の行き先の決定が遅れても、自分の意志で人生を立て直すわが子になるよう育て直しをすべきです。親が真剣にかかわればわが子は必ず変わります。なお、自立再生への私の助言は勤労体験です。

　就職でもアルバイトでも一度働く体験をさせてはいかがですか。多分本人は職探しはしないでしょうから、親が見つけてきます。そして本人が承知するま

で親の意思を貫き通すことが肝要です。親の理を尽くした説得と指導、愛情に満ちた諭しが必ずこの問題を解決に導きます。

【付言】 人は繰り返しはだかる父親の壁を乗り越える機会を累積することで集団に適応できる人間力を身につけます。但し、愛情の裏づけのない権威の発揮はまた別の問題を引き起こします。権威と権力の違いの理解が大切です。

［第2章］
不登校に係る諸問題の質問事例と解明のしかた

I　不登校の判断、学校や教師の問題、再登校と二次的問題

1　不登校か、怠学か、その判断の基準は何か

Q 中学2年の息子が頻繁に学校を休むようになっています。当初の欠席の理由は「学校がおもしろくない」、「勉強がつまらない」でしたが、最近では「学級がいやだ」、「授業のとき指される。いやだ」などと言っています。しかし、スポーツ大会や文化祭、いも煮会などには平気で出かけます。先日気合いをかけたら反抗的になりました。家ではメディア漬けです。不登校なのか、怠けなのか、困惑しています。どう判断すべきでしょうか。（父親）

すくみ反応の有無、学業への取組、社交での登校か、で判断する

A 私たちは誰でも必ず、家族を基本にして学校や職場、地域社会などの集団に所属しています。所属したら、集団の決まりや習慣、集団運営の方法などに自分を合わせ、もし居心地が悪ければそうならないよう努力します。しかし最近、所属する集団が自分に合わない、或いは居心地が悪いと感じたら、自分の都合で行く、または行かないという選択をするタイプの不登校が現れています。私それを現代型と呼んでいます。問題解決は意外に困難です。

そもそも不登校とは、「ウチ（家族）」と「セケン（一般社会）」の人たちには恐れを抱かず、「ソト（同年齢の集団や環境）」に不安や恐怖を感じて適応できない事態を称します。スポーツ大会や文化祭などは異年齢の子どもや先生方が入るので、その集団はセケン化しています。ですから半ば平気で入って行くことが可能です。別名、「集団活動選択タイプ」とも称しています。しかし、教室はあくまでもソトの集団です。従って入室困難です。実際に入室しようとすると「すくみ」ます。それは対人不安または恐怖の具体的表現です。従って、

すくみ反応がある場合は不登校と判断します。

　怠学は、気合いをかけられたり、面白いことをしてみたいと思ったり、社交が必要だと感じたときには登校します。登校しても「すくむ」という反応はありません。登校すれば集団の決まりに鈍感ですが、平常の学校生活を送ります。怠学の理由の多くは怠惰、勉強嫌いと学業不振、それから非行です。親子の地位が逆転したり、反社会的行動を育てている家庭に多く出現します。

　他人のために何かをして、それが認められて味わううれしい体験の積み重ねが自分を集団に合わせて生きる心を培います。わが子の小さなよい行いや人間性（人柄）を、虫眼鏡を使ってでも発見し、それらを言葉にし続けることが問題を解決に導きます。

　時代とともに不登校の様態は変遷しています。最近では新しいタイプのうつ病によく似た様態を示す不登校も出現しています。外出等は自由ですが、学校場面にのみ忌避反応を示します。私はすくむでなく、忌避と理解しています。

【付言】家族相互のかかわりは家族の物語として成員個々の心に残されます。家族が真心と誠意、父性と母性の調和した物語を形成すれば、不登校の発生はありません。子どもの問題行動はストロークの質と量の如何です。

2　転校して不登校、学校がつくる不登校もあるのではないか

Q　中学2年の息子は入学のとき、父親の転勤で当地の中学校に転校してきて以来、もう1年半も不登校状態です。幼稚園も小学校も元気で通っていたのにと思うととても残念に思います。スクールカウンセラーの先生に親の子育てのまずさや不登校後のかかわりの不十分さを指摘されました。でも転校してきた子どもに対する学校の対応にも問題があったではないかと感じています。学校がつくる不登校もあるのではないでしょうか。（母親）

大切なのはわが子の再登校、わだかまりを捨て、学校と謙虚に話し合う

A　学校の対応もスクールカウンセラーの親の子育てのまずさの指摘もいささか残念に思います。転校は不登校の誘因にも素因にもなりますから、転校先の先生方の親身な対応が必要です。でも大切なのはわが子の再登校の実現です。まずさや不十分さを指摘し合うのは本旨が違うように思います。わだかまりの気持ちを抑えて、学校と協力し合って問題解決を図るよう勧めます。

　どうするかです。校長先生と早急に話し合いをすべきです。校長は学校の子どもたちの状況を全部子細に承知している立場ですから、わが子のこともご存知です。できれば両親で出かけます。遠慮は無用です。過去はともかく、これからどうするかについて、きちんと親の考えと学校の援助の方針を交換し合い、目標を明確にして具体的な行動に取りかかるべきと考えます。

　ついでながら、転校による不登校の多くは学級担任やクラスの成員の転校生に対するあたたかで親身なかかわりが不十分であったことから生まれます。学校は、学級で何があったのか、そのきっかけは何だったのか、この半年どうかかわってきたのか、について真剣に問い直します。学校は最高の道徳の実現を目指すところです。その自覚が必要です。

　「転校してきた人をクラス全体でほったらかしにしておいたら学校へ来なくなった」と語る子どもたち、「学校を休んでいても家庭訪問にも来ない。電話をたまによこすだけ」と語る親たち、「不登校は自分探しの時間、見守りましょう」と頼られても何もしないカウンセラー、体罰や脅迫的言動によって登校を忌避させる教師たち、授業ボイコットのある教室、いじめや不登校問題に無策の教師集団、学校がつくる不登校はこれらが要因です。学校がしてはいけない事柄です。ごく稀にそのような学校が存在するのを残念に思います。

　「ともに」の感覚がない学校や教室から子どもたちの種々の不適応行動が生まれます。子ども、親とその家族、そして学校の先生方がつねに「ともに」の関係を成立させることが望まれます。感化と共感の豊かな学校が子どもたちに安心安寧の学校生活を保障します。当然、問題行動の発生は阻まれます。

【付言】事件や好ましくない問題はいつでも起こり得ます。大切なのはそのと

き、当事者が真剣に事に当たり引き延ばすことなく適切に解決することです。子どもの問題を決して軽視してはならないのです。不登校問題も同じです。

3　不登校、学校に見捨てられたという思い、どうすべきか

Q 中学2年の娘が学校を休むようになって約1年が経とうとしています。当初、学級担任と部活動の先生から登校を働きかける電話や家庭訪問が何回かありましたが、そのうち途絶えてしまいました。娘が「先生には会いたくない」と言うので、それを認めてしまった親にも問題があったと反省しています。しかし現在は、見捨てられたという思いです。学校は不登校の子どもや家庭には親身なかかわりはしないのでしょうか。（母親）

人を責めず、再登校を目指し、学校と協力し合って問題解決を図る

A 今どき、と感じます。この学校のより真摯なかかわりを期待します。不登校に陥り、困りに困っている子どもや家族の悩みは実に深刻です。学校や先生方は、この状態を真剣に受容し、もっとも頼りになる援助者であることを自覚し親身にかかわるべき存在です。私が知るある先生は「わがクラスの不登校はわが家の問題」と宣言し、不登校の子どもと家族にかかわっておられます。それが教師としての良心と使命感、真の愛情です。

学校が行う不登校問題に対するかかわりの基本は、以下の通りです。

①早期の再登校を目指す。それを実現するために真剣に努力する。

②学級担任は、家庭訪問を週1回程度、再登校まで行う。会えなくても拒否されても訪ね続ける。電話は連絡事項に限るが、特に必要な場合はこれに拘らない。但し、毎日の電話は無用と心得る。

③学校から子どもたちに渡す印刷物はすべて洩れなく教師が届ける。集金袋だけの訪問は慎む。宿題の強要も避ける。

④学級担任が主としてかかわるが、学年主任や養護教諭も参加する。必要に応じ、教育相談担当者やスクールカウンセラーの援助を求める。教師相互が援助の方針や内容を共有してかかわる。当該の子どもの援助にもっとも適任と思

われる教師が主体的にかかわる（学級担任に拘らない）。

⑤不登校対策の学校の計画及び組織体制をつくり、絶えずかかわりのフィードバックを行う。事例研究を計画的に続ける。

⑥定期的に親（保護者）に来校願い、援助の方針や内容を話し合う。早期の再登校の目標と具体的な方法を共有する。

⑦必要に応じ、教育委員会、医療・福祉・相談機関と連携して援助に当たる。

⑧その他、学級の子どもたちや保護者らとの交流などを配慮する。

再登校を目指します。近日中に校長先生に面会を求め（拒まれることはありません）、丁重に学校としてのかかわりの方針をお尋ねし、学校の継続した援助をお願いします。見捨てられ不安の継続は不登校問題の解決を阻みます。

【付言】問題解決のための考え方の基本は、登校できるよう心がけるのは子ども、登校できるようにさせるのは親、登校できるよう援助するのは学校です。大切な原則です。目標は再登校、その実現まで、人を責めず協力し合います。

4　不登校、再登校のために配慮すべきことは何か

Q 1年以上不登校であった中学3年の娘が明るくなり「そろそろ学校へ行く」と言い始めました。不登校開始後は家族に暴言を吐いたり、部屋に閉じ籠もっていたことがありました。親子の会話を意識して多くしたことや定期的な家庭訪問で担任の先生が娘にいろいろと教えてくださったおかげであると思っています。また、この欄（ふれあい相談）の記事が大変役に立ちました。再登校のために配慮することはどんなことでしょうか。（母親）

学級担任との連携を密にし、再登校はごく当たり前のこととして対処する

A 不登校の混乱期や引き籠もりの時期に親がわが子と積極的に会話を試み、親密体験を重ねることで順調に回復期に向かったものと思われます。反発を受けても拒否されても接触を図り続けることの成果です。子どもは抵抗しながらも、実は家族や先生の配慮あるかかわりを待っています。くじけずあき

らめず、よく努力されました。担任の先生もご立派でした。このような先生とめぐり会えてよかったですね。もう一息です。

　混乱期にも引き籠もり期にも、子どもは学校に行こうとする素振りを示します。これには、親や先生に対する行く振りや阿りか、本当に行こうとする場合とがあります。いずれも場合でも、親や先生は、素振りや阿りと捉えるのではなく本気のこととして対処します。親身に制服や教科書の準備、整髪などでその様子を見極めます。でも、混乱期や引き籠もり期が相当長く続く場合があります。このときも必要以上に落胆しないのが親としての覚悟です。親が願い、対応策を考え実行に移すのが問題解決の端緒です。

　わが子の「そろそろ学校へ行く」には、「では、どうなれば学校に行くことができるのか？」と尋ねます。わが子が自分の考えを述べたら、それを全面的に受け入れます。再登校を目指す子どもたちの気がかりは「友だちにどう思われていたか」と「友だちや先生方に何と言われるか」です。それには、「大丈夫、大丈夫」と笑顔で答えます。なかなか納得しないときには、担任の先生の助けをお借りします。わが子と先生とのロールプレイも有効です。また学級の雰囲気や授業の様子を写真にして説明する先生もおられます。信じて頼りにします。よいことが必ず訪れます。

　そして、いよいよ再登校に際しては、担任の先生が、教室の位置、座席の場所、学級の雰囲気、クラスメートの人柄、準備物、時間割、学校給食（メニュー表）、通用口、靴入れやロッカーの位置などについて、丁寧に説明することと思います。その日の朝、親は子どもがかつて登校していたときのように、登校をごく当たり前のこととして笑顔で対処します。

【付言】 不登校が始まったときから親と教師は再登校を目指した対応が肝要です。変化の方向の明確化、現実への気づきの拡大、ラポートの形成とジョイニング（参加）、肯定的ストロークの交換、責任の所在の理解が手始めです。

5　不登校の友だちを訪ねてもよいか

Q 3週間前からクラスの女の子の1人が学校へ来なくなりました。担任の先生が休んでいる理由を言いませんので、みんなで「不登校だ」と噂しています。何人かで力になろうと話し合いました。先生に話したら「ちょっと待て」でした。でも、どんどん時間が経って行きますと学校に来難くなるのではないかと思っています。この友だちを訪ねてもよろしいでしょうか。この欄（ふれあい相談）の記事を見て、質問を思いつきました。（女子中学生）

友だちを大切にする、それは人間として基本的なつとめ、友だちの役に立つ

A 福島民報社の担当者の仲介で、電話で話を伺いました。友だちを大切に思い学校を休んでいることへの思いやりと気遣う気持ちがよく分かりました。人間としての大切なつとめです。これだけたくさんの不登校の仲間がいてもあなた方のように「何かの力になろう」と考え行動する人たちはそう多くはないのです。そんな話し合いができるお友だちもすてきですね。人助けです。遠慮は無用です。

　これをしては駄目、そんな話をしてはいけないなどは一切何もありません。不登校問題には、あれも、これも、それもと何でも試みるのが対応の基本です。ですから、お友だちが電話をしても、手紙を出しても、また実際に家を訪ねてもよいのです。遠慮なく、ですが礼儀と常識を弁えての言動を基本とするのが原則です。十分承知のことと思います。

　ありのままの気持ちで思い切りおしゃべりが楽しめたらいいですね。話題についての制限もありません。但し、相手の表情を観察し応答の状況をよく観察して判断することが大切です。暗い表情を引き出したり、返答に困るような話題は慎みます。再会または再訪問を約束して帰ります。

　場合によっては、クラスメートに不登校であることを知られたり、恥ずかしいと思って訪ねても会えないことがままあります。そんなときでも一度こうと決めたら、あきらめず、自分たちで工夫を重ねて会えるようになるまで努力し

ます。何人かのお友だちとせっかく話し合ったのですから、そうなるまで力を尽くします。根気強く、です。きっとよいことが起きるだろうと思います。それも楽しみになりますね。

　不登校の人たちの気持ちは「学校に行きたくても、行けない」です。本当は学校に行きたいのに行くことができず困っているのです。その人たちは、親しい人たちが現われ近くにいることで、学校に行ったり、教室に入る勇気が鼓舞されます。勉強や部活動があって時間を割くのは大変だろうと想像しますが、是非ともお友だちの役に立つことを期待します。

【付言】不登校問題で学級担任がしてはいけないことは、教師が指示して子どもを差し向ける、相性がよくない子どもを行かせる、大事な印刷物を届けさせる、情報を示さない、集金袋をもたせる、言葉の制限をする、などです。

6　保健室登校の友だちを教室に誘いたい、よいか

Q　先日、この欄（ふれあい相談）に、不登校の友だちを訪ねてもよいかの質問をしました。「よい」という回答でしたので、クラスの友だち２人を誘いその家を訪ねました。訪ねる前日に電話をしましたら「待ってる」というので安心して出かけました。おしゃべりを楽しみました。母上様にもお会いし、たくさんご馳走になりました。２度目に訪ねた後、彼女は保健室に登校してきました。今度は教室に誘いたいと考えています。（女子中学生）

躊躇なく、遠慮なく誘ってよい、但し、本人の意志を尊重する

A　よいことをなさいましたね。心に思うだけでなく実際に行動するのは本当に立派です。心から称えます。

　お友だちを保健室から教室に誘うのを躊躇する必要はありません。「教室に行こう。一緒に勉強しよう」と言ってよいのです。すぐの返事がなかったら、「また訊くね」です。もし「うん」と言ったら、「いつから、どのようにしてか」について、ゆっくりと時間をかけて話し合います。あなた方の意見の押し

つけは慎み、お友だちの意志を尊重するのが原則です。

　クラスの皆で申し合わせをし、お友だちが教室に入るときには、「にこっ」と歓迎の笑みを浮かべるようにします。そうできたら、とてもすてきですね。教室では、当面、独りだけにしないよう配慮します。加えて、このお友だちと一緒に黒板掃除などをして、このお友だちがクラスの何かの役に立っていると思って貰うようにする配慮があると、なおよいと思います。

　すぐに返事がなかったり、「ううん」という否定的な答えの場合は、しばらく時間をおいてまた誘います。このとき「なぜ？」と訊く、これが唯一の禁じ手です。否定的な言葉やあいまいな表現のときは「それじゃ、どうしようか。私たちはそうなるのがうれしいのよ」と、お友だちが教室に入るのを望む表現を心がけます。分かり難い表現になりますが、くどくなく、あきらめず根気強く、そうなるまで笑顔で何度でもやさしく丁寧に誘います。いずれきっと必ずうれしい頷きが見られます。

　人であれば誰にでも、人生の中に苦難や悲しみなどが組み込まれています。今はなくてもこれからの人生のある場面には必然としてそれらが現れます。お友だちは今不登校という苦難に襲われていますが、お互い様なのです、いずれ「私」にも何らかの苦難が訪れます。ですからほんの少し自分の心と体を、貴重な時間を、思いやりの心を困っている人たちに差し出すのは人としての義務なのです。謙虚にさりげなく利他の心を現しますと、いずれよいことが「私」に訪れます。説教じみてしまいました。ご容赦を。

【付言】誘いには拒否という抵抗があります。それは誘いの課題に対する抵抗です。本人の願いに通じる課題であれば誘いに応じます。苦難の内容や程度は人それぞれです。相手の考えや立場に立つ深い洞察が重要です。

7　保健室登校の友だちを教室に迎えたい、気をつけることは何か

Q　この欄（ふれあい相談）に3回目の質問です。友だちは保健室で10日ほど過ごしています。ここで一緒に学校給食を食べ、たくさんお話ができるようになりました。2度教室に誘っています。答えは俯きでした。それか

ら数日前いっぱい笑い合った後また、「いつから教室に来る？」と尋ねましたら、「区切りのいい日から」という返事がありました。とてもうれしく思いました。どのようにして迎えたらよいでしょうか。（女子中学生）

大袈裟でなく、また澄ましてでもなく、ごく当たり前に、を心がける

A　友だちの立場を配慮してよく努力なさっています。友だちを大切に思う気持ちがすばらしいです。お偉いです。もう少しですね。

　一緒にいっぱい笑い合う体験をしたから、お友だちが教室に向かうのは間違いありません。安心だからです。教室に迎えるときも、ごく当たり前の配慮でよいと思います。大袈裟でなく澄ましてでもなく、ごく普通にです。

　朝、「おはよう」とお互いににこやかに挨拶し、その日の予定や授業で特に気をつけること（前日の帰りの学級活動での連絡事項）を知らせたら、後はありのままに委ねます。余り気を遣い過ぎますとお互いに疲れます。もし２人きりになれたら、「うれしい」とあなたのよろこびを表現します。

　授業でも休み時間でも顔を見合わせたら、にこっと微笑みを交換できたらいいですね。そのような学級で生活できたら誰もが楽しくうれしい気持ちになりますし、学校に休まず来られそうですね。余計な心配ですが、「なぜ学校を休んでいたか」、「どうして来られるようになったか」は禁句です。気持ちの負担になるような質問をしたり話題にしないのが本当のクラスメートです。大丈夫だとは思いますが、一応の配慮事項です。

　この欄（ふれあい相談）の読者への後日談の報告です。この女子中学生から改めての手紙をいただきました。友だちは、区切りのよい日（〇月１日）に、皆の登校時刻と同じ時間に登校したそうです。生徒通用口で友人の１人と一緒になり、普通に歩く速さで教室に向かい抵抗なく教室に入りました。すでに教室にいた「私」と笑顔で挨拶を交わし、５、６人の女子生徒が歓迎の笑顔で寄って行き、そのまま以前のようにごく当たり前に授業に参加しました。男子生徒の１人が「よかったな」と言ったら、「うん」と頷いたので、これで一件落着となったということでした。解決した布置の状態がこの頷きで理解可能です。

なお、問題解決にクラスメートを使うのは一時的には有効ですが、負担が大きく長続きせず、当該の子どもも拒否します。安易な活用は要注意です。

【付言】女子中学生たちは、偽解決（親や先生方がしていたこと）が続いていたことに、学校へ、教室へという過重課題をつきつけて問題の解決に導きました。友愛と利他の精神の具現化を象徴する行為でした。問題解決の秘訣です。

8　学級の子どもたちが不登校を羨む発言、どう対処すべきか

Q　中学2年の学級担任です。クラスに男女1名ずつの不登校がいます。先日、そのうちの1名が保健室登校をしました。たまたま休み時間に保健室に行った女子生徒が見かけ、教室に戻ってからひとしきり、一部の子どもたちで「いいな」、「ずるい」、「怠けている」、「病気でもないのに…」などの話題になったようです。本音かなと疑う反面、学級の子どもたちが不登校をそのように捉えていることに指導の至らなさを思い知りました。（中学校教員）

適切な資料で説明する、正しい理解がおかしなうらやみを消去する

A　これは、どこの学校や学級にもあることで対処に困っている問題です。指導しなければ、子どもたちは不登校をそのように捉えます。学校はある意味、難行苦行の場所ですから、子どもたちは自分より楽をしているかも知れないと思う人を羨みます。でも教師は、これはおかしな羨みと考え、また学級経営に対する子どもたちからの問題提起と理解すべきです。

　このような子どもたちの発言をそのままにしてく訳には行きません。教師が子どもたちの発達段階に応じて、どう説明するかが課題です。不登校問題は大人でも正しい理解が困難ですから、子どもたちに分かり易く説明するには一通りの知識と見解が必要です。

　ご質問は「指導指針の提示」でした。すでにご自身で答えはおもちのことと思いますが、せっかくですので私の考えを述べることにします。中学生のレベルです、ある程度ありのままに不登校問題を話すべきと思います。毎年夏、新

聞に文部科学省発表の前年度の不登校数など示された記事が載りますから、それを資料に準備します。指導のためにもっとも有効な資料です。

　説明の内容は、全国津々浦々、男女の別なく、親の職業にも関係なく存在していること、学校（教室）に行きたくても行けない心の状態にあること、特に同年齢の人たちのいる教室に入り難い心情が強い、この程度でよろしいかと思います。個人的事情の説明は避けることにします。不登校の同級生に何ができるか、子どもたちの自発性に基づく話し合いが成立したらうれしいですね。また学級全体でこの問題を社会連帯のことと結びつけて討論の機会にしたらなおすばらしいことだと思います。話し合いの累積が不登校問題に対する正しい理解を促し、おかしな羨みを消し去ります。

　ついでながら、幼稚園や保育所は詳しい説明は不要です。小学校は「体調不良」程度でよろしいかと思います。ただ、保護者の噂話や中傷にはアンテナを高くし、保護者会の機会に分かりやすく説明し、あたたかく見守るようお願いします。道徳の時間で人間性を深める授業を意図することも大切です。

【付言】羨望の起き難い学級経営をしている先生たちがいます。共通しているのは子どもたちにいつも「公平、公正」であることです。この姿勢が教師の感化力の発揮であり、子どもたちの共感を呼び協同的集団を成立させます。

9　不登校問題、この問題を学ばない先生でよいか

Q　残念なことに小学５年の娘が学校に行き難くなっています。不登校を疑い、相談機関を訪ね、参考書を求めて、不登校について勉強しています。先日、このことを学級担任の先生に話しましたら、先生が自分のクラスの子どもがそんな状況なのに本も読まず、勉強もしていないことが分かりました。頼りになるのかどうか心配です。誰に訴えたらよいのか見当がつかず、福島民報社に投書しました。学ばない先生でよいのでしょうか。（母親）

教師は子どもの専門家、学んでいる。それよりも娘の問題に目を向ける

A この投書を取り上げてよいのかどうか、迷いました。しかし、社会一般に大切なことですし、学校の先生方の学びの実際をお知らせするのも必要と考え、あえて取り上げ、私の意見を述べることにしました。

不登校問題は学校教育にとって重大な問題であり、国や各教育委員会が計画的に学習の機会を提供しています。ましてこれだけ不登校の子どもたちが増えている時代ですから、教員であれば例外なく自分の身に降りかかってくる問題です。大部分の先生方が真剣に学習を重ねています。わが子の担任の先生も例外ではなく、たまたま奥床しい発言になったのだろうと推察します。

それから、参考書についてもふれておきます。数多くの不登校に関する書籍が発行されています。私も数十冊以上購入し読んでみましたが、保護者の方に当事者である子どもと家族、そして学校の問題の所在も分からずに「これだ」という著書を推薦するのは困難です。どの著書もすべて正しいのですが、その著書は限定された条件の事例のみに役に立つ参考書なのです。理論も同じです。理論はすべて納得のいく理論です。でも多くは専門的過ぎて理解が困難です。理論で不登校問題は解決しないのが実際です。参考書に捉われますと、木を見て森を見ずの状態になります。

もっとも大事なことは学級担任との信頼関係と緊密な連携の構築です。人を非難して、或いは批判して、子どもが不登校問題を克服する現実は生まれません。学級担任に対する考えを改めることが大切かと思います。

ところで、わが子がどんなことで学校に行き難くなっている、とお思いですか。私は原因探しや犯人捜しはしない主義ですが時々、親（保護者）にどんな事情でそうなっているかをご自分でお考えになってはいかがか、と問いかけています。ご自分のことに思い当たることがあるかも知れません。もう一度謙虚に、わが子との基本的信頼感について考え直すことを勧めます。この問題の根源に気づくことが問題を解決に導きます。理論や書籍を当てにすることのみでこの問題は解決し難いと理解します。

【付言】学級担任は不登校の家庭に学校で配布するすべての印刷物を届けなけ

ればなりません。ある学校では氏名を書いた大きな袋を2枚用意し、隣席の子どもに配布物を入れさせ担任が届けています。袋は1週間交替に使います。

10　不登校による二次的問題を乗り越えるには、どうすればよいか

Q 2年余り中学校へ行けない娘がもうすぐ高校受験と卒業を迎えます。学校から呼び出しがあり、校長先生から「高校受験も卒業もできます。それで、これからどうしますか」との質問がありました。「高校だけは卒業させたい。その手続きをお願いします」と答えてきました。娘は帰るなり、「(卒業までの日) 学校に行かなくてもいいんだ」と洩らしました。呆れましたが、わが子です。これからどんな対応をすればよいでしょうか。(父親)

親が解決への不退転の覚悟をもち、具体策を創出して実行する

A 不登校が長引きますと、当初の心理的要因とは異なる新たな二次的な問題が発生します。それは、長欠感情、学力の問題、無気力、怠惰、疾病利得、ますますの依存、そして人生のあきらめ、開き直り、等々です。

長欠感情とは長く休んだために集団に参加し難くなっている感情、学力の問題は学年相応の学力をもたないこと、無気力と怠惰は言葉の通りです。ますますの依存は自立の拒否、そして人生のあきらめは自己実現に対する意欲をなくしていることでこのまま家にいるかという心情です。どれを捉えても深刻な問題です。これらのほとんどをもち合わせていますと社会的引き籠もりの可能性が大きくなります。わが子はこれらのことに気づいています。

わが子の「学校に行かなくてもよい」の呟きは多分本音と思われます。怠惰と疾病利得であり、また人生のあきらめを象徴する言葉でもあります。これまでも何らかの策を講じてこられたのだろうと思いますが、適切でない対策であると、この時間がわが子に「見捨てられた」という感情を募らせることがあります。見捨てられ感に捉えられると絶望感に陥ります。つらい心情です。

わが子が1人でこの問題を解決するのは困難と理解します。親が解決への不退転の強い意志をもつか否かが問題です。その覚悟はおありですか。親がした

と同じくらいの苦労を、わが子に強いることができますか。また具体的な手だてを自ら考える意欲をお持ちですか。

　ある家族の事例です。そう長くない不登校の娘に、「学校に行きたくなければ行かなくてもよい。そうなるとあなたの将来が心配だ。これからお父さんとお母さんが夜も昼も働いてお金を貯める。それがお父さんとお母さんが死んだ後のあなたの生活費だ。それで今日から、あなたが家事一切をしなさい。しばらくは、おばあちゃんが手伝いに来てくださる」と申し渡しました。その通り実際に、父親は残業、母親は仕事を２つもち昼も夜も働き始めたそうです。娘が家事をしない日は空腹にも耐えたということです。申し渡しからおよそ２か月後、「ごめん」と言って娘が再登校を果たしました。

【付言】「家事をしなさい」は一重の、「でなければ親はめんどうをみない」は二重の拘束です。子どもはこの指示の両方に従わなければ困ったことになります。これが治療的二重拘束です。専門知識なしでもできた親の知恵でした。

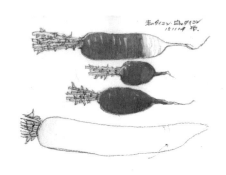

Ⅱ 不登校に係る子どもと家族の問題の質問事例と解明のしかた

1 人見知りが激しい息子、将来の不登校が気がかり、大丈夫か

Q 5歳の息子は人見知りが激しく人に馴染みません。来客があったときは身を硬くし近くに寄りません。2歳違いの兄とは仲良く過ごせるのに保育所では数人の特定の子どもとしか遊ばないようです。甘えん坊で性格も素直で好ましい息子と思っています。小学校の教育講話で、人見知りの激しい子どもは不登校になり易いと聞き、将来不登校になるのではないかと気がかりです。大丈夫でしょうか。人見知りを改善する方法をお教え願います。（父親）

たくさん遊ばせ、遊びのおもしろさを体験させる、思い過ごしは無用と心得る

A お手紙に、この欄（ふれあい相談）の愛読者と書かれていました。感謝します。この欄ではすべて子どもの問題行動が記事にされていますから、お読みになって「わが子」に当てはめ心配されるのは当然かと思いますが、思い過ごしは無用です。

　確かに、不登校の子どもたちは多くは、幼少時、相当激しい人見知りがあったように思います。私も不登校の教育相談のときは、親（保護者）に一応、幼いときから現在までの人見知りの状況をお訊きします。不登校特有の対人不安または恐怖の有無を確かめるために必要であるからです。

　人見知りをする子どもが不登校になるとは限りません。ただ不登校の子どもに人見知りをしてきた子どもたちが多くいるのは確かです。ほとんどの子どもは幼稚園から小学校低学年の段階で人見知りを克服します。わが子もそうなるだろうと想像します。今から先を見過ぎての杞憂は必要がないと思います。但し、人見知りは生まれたときからの気質の問題です。激変はないと考えます。

それはさておき、これからの集団生活を考えますと、人見知りはほどほどにして、人と馴染むことも大切です。たくさん汗を流して遊んで遊びのおもしろさを体験しますと、保育所でも数多くの仲間と遊ぶようになると思います。保育所の先生方が配慮してくださると思います。

　また、休日などに、近所のお子さんや保育所の友だちと遊ぶ機会を積極的にもつようにしてはいかがでしょうか。母親も遊びに加わります。そして遊びの途中でも遊んだ後でもしっかりと顔を見合わせ、子どもたちが一生懸命遊んだことを真顔でほめ、ねぎらうようにします。このことで子どもは自信をもつようになり、しだいにひどすぎる人見知りが消えて行きます。

　この年齢の子どもたちは、遊ぶ楽しさを感じ自信をもつようになったら、人と交流するのが苦でなくなります。だんだん友だちの家に行くようになったら、もう大丈夫です。それでも、おとなしくはずかしがり屋の気質が変わることはありません。謙虚で穏やかな人物に育ちます。

【付言】人見知りと相関関係が深い問題に同年齢の子どもと遊ばす、自分より小さい子どもとのみ遊ぶ問題があります。人見知りが特徴的ですが、かなりの年齢まで続くと不登校の発生脆弱性と連関します。

2　惨めになるわが子の不登校、何をどうすべきか

Q　小学3年の娘が2学期の始業式の翌日から学校へ行かなくなりました。もう2か月経っています。「学校で何があったの？」、「いじめられたの？」、「先生に叱られたの？」と尋ねても、「行きたくない」としか答えません。担任の先生に教室の様子を尋ねましたが、「調べたが思い当たることはない。でも1学期の終わり頃から元気がなかった」ということです。娘が不登校と思うととても惨めです。何をどうすべきでしょうか。（母親）

わが子が学校を休んでまで訴えていることに気づく

A お気持ちを察します。わが子が不登校に陥りますと、親は、特に母親は祖父母や親戚、保護者仲間、近所の人たちにどう思われているかが気になります。でも一番困っているのはわが子です。惨めなお気持ちはしばらく脇に置いて、これからどうするかを考えるべきと思います。

　親（保護者）に不登校の全責任があるわけではありません。原因探しや犯人捜しも問題解決には導きません。そのことで子どもが学校に行くという成果は生まれないからです。ただ、わが子の不登校に遭遇したら、父親と母親は問題解決の当事者であることを自覚し、役割を明確にして具体的な手だてを講じるべきと考えます。

　私の師は「人生に今起きていることはすべて必然のたまもの。人生に偶然や無駄は一切ない。遠回りも近回りもない。起きていることすべてに意味がある」と繰り返し語っておられました。わが子の不登校にも必ず意味があるはずです。わが子が学校を休んでまで訴えている意味に気づくべきと思います。気づけば問題の所在が見えてきます。

　わが子は恐らく、家族の運営や家族相互のかかわりに変化を求めていると理解します。わが家の司令塔は明確ですか、他に夫と妻のコミュニケーションのあり方、父と子、母と子、きょうだいの関係、お金の使い方、食事の状況、団欒、子どもの勉強や学業成績に関する配慮など、家族の機能を振り返ってみます。改めた方がよいと感じたことはありませんか。

　苦しみや惨めさの体験は私たちの人生に組み込まれています。誰にも試練が課せられています。それを、個人ではなく家族全員で乗り越えたとき、この上ないうれしさや幸せを味わうことができると信じます。わが子の不登校問題もわが家に与えられた試練の一つと受け取ります。わが子のために知恵を働かせ、身体を動かします。試練が恵みに変わります。

　再登校に関しては、担任の先生との連携が必須の要件です。学校へ脚を運ぶことを勧めます。

【付言】不登校問題で、家族で１番困っているのは誰か、２番目は、３番目は、

と尋ねます。家族の感じ方の差異と問題の所在が明らかになります。円環的質問法（circler 面接）の知恵で、責任と役割が確認されます。

3　不登校、親の責任を痛感、育て方をどう変えるか

Q 小学生の息子2人が不登校になりました。わが子が学校に行かなくなるまで不登校という言葉さえ知らないほどでした。ましてわが子がとは夢にも思っていませんでした。順調に育っていると思っていました。それが、家でつらそうにしている息子たちを見ていますと親の責任を痛感しています。どんな育て方をしたから不登校を招いたのか、またこれからどのように変えて子育てをしたらよいのか、お教え願えれば幸いです。（父親）

家族機能の再生を意図、方針と方法を明確にして対処する

A 親の責任を痛感とおっしゃるのはご立派です。不登校問題はわが子を学校に行かせよう行かせようとするのみに力を注いでも、不思議になかなか望むような成果は生み出し難いのです。この問題の特性です。責任論はしばらくそっとしておいて、目的と方針、方法を明確にして対処します。

　不登校は子どもがもつ不登校の発生脆弱性によって発生します。これは子どもの気質や性格的特徴、家族を運営するシステムなどから身についた不登校に陥る傾向の特性です。心理的には依存（分離不安）、対人不安（同年齢の集団に不安）、自己像の薄弱（自分は駄目だという感覚）が顕著です。不登校問題の解決にはこれらをほんの少し好ましい方向へ変える必要があります。

　ところで、不登校問題の原因探しと犯人捜しは意味がありません。それは、原因らしきことの見当がつき、またこの人の子育てがまずかったという犯人が判明したとしても、子どもが学校に行くという結果は生じないからです。原因と結果という直線的な因果論では片づけられないのが不登校問題です。不登校はいくつかの発生脆弱性の要因が重なり合い、それにきっかけが加わり発生します。即ち、円環的因果論の理解が大切です。種々の要因があり、それらが複雑に絡み合い回り回ってという理解です。この理解が問題解決の鍵になります。

問題解決の鍵の第1は、親がわが家の運営と子育てのシステムを変えることにあります。わが家を機能する家族に再生することです。すべきことの第一は家族の司令塔を明確にすることです。司令塔の役割は伝家の宝刀を抜き母と息子の手を切ることです。これができると、わが子の再登校が近づきます。

　第2は、親、特に母親とわが子と愛着体験の再演習の促進です。笑顔、肌の触れ合い、激励、ねぎらい、ほめるという肯定的なコミュニケーションを毎日意識して行います。父親とわが子とのしっかりした視線の交換（正視）の累積が子どもの集団参加への勇気を培います。学習の相手も大切です。

　第3は、親自身が幸福感のある日々を過ごすことです。家庭生活も職業生活も満足感のある状況を生み出す、この努力が不登校問題を解決します。

【付言】 不登校は発生脆弱性をもつように育てた育ちの結果です。解決の方向は現在を新しい現実に構成し直すことにあります。それには家族相互の親和的なコミュニケーションによって変化を起こし続けて行くことが必然です。

4　不登校、しつけをどうするか、それが再登校につながるか

Q　半年ほど学校を休んでいた中学1年の娘がようやく保健室まで行くようになりました。この後どうするかの相談に学校を訪ねたとき、保健室の先生から「自分のことを自分でできるようにしつけることが大切」とのお言葉をいただきました。なるほどと思いました。娘がすべきことをかなり私が代行しています。でも、具体的に何を、どうすればよいのかなかなか思いつきません。またそれが娘の再登校にどうつながるのかもお教え願います。（母親）

勤労体験の勧め、親くらいに家事ができると、友だちと五分五分に渡り合える

A　わが子が保健室まで行くようになり、よかったですね。ご努力を称えます。保健室の先生の発言は問題解決を促す言葉です。不登校は今までよりほんの少しわが子が自立に向かうと解決し易くなります。保健室の先生のお言葉は感謝すべきありがたいご指導です。

不登校の問題を解決を促進するのはわが子が自立へ向かう意欲だ、と悟った親は、勤労体験を意図します。自営業であるならともかく周囲には勤労体験とはっきり言える勤労の場はありませんから、現実に存在する勤労体験は家事への取り組みです。家事ができる子どもは友人たちと五分五分に渡り合えるというのは子どもの世界の現実です。ごくわずかの例外はありますが、同年齢の友だちと五分五分に渡り合える子どもに不登校はいないのです。

　何を、どうするは、親が今行っている家事をわが子に順を追ってさせることにあります。それにはまず親がわが子に「させる」という決意を固める必要があります。この決意をつねに念頭に置かないと途中で挫折してしまいます。同時にわが子と話し合い、家事に取り組むことを納得させて始めます。

　母親の手伝いをするととてもよいことがあると感じさせ、実際にそう配慮することが肝要です。食事の支度と後始末、家の中の整理整頓、夜具の準備や始末、洗濯と一連の始末（たたむことやアイロンかけ）、清掃などを、なるべく早く親と同じくらいにできるようにすることです。

　そして重要なことは、わが子の行為のそのときそのときに親が必ず「よくできた」、「もう一息」と評価し、仕事の状況の如何に拘わらず、「偉いね」、「感心」というねぎらいやほめる言葉を加えることです。さらに「お母さん（お父さんは）はうれしい」と一人称の言葉を明確にした言葉を添えますとねぎらいとほめるの効果がいっそう増進します。このときのうれしさの感情体験がわが子に同年齢の集団に参加していく勇気を培います。

　しつけと並行して、教室復帰の方策を担任の先生などと話し合い、決めたことを実行に移します。きっと親のしつけの成果が現れます。

【付言】しつけは親のために行います。親のする仕事が少なくなればなるほど親は楽になるという原理です。結果として子どもは自立に向かいます。しつけを可哀相と感じるのは愚かです。しつけの不全も発生脆弱性に関与します。

5　不登校が心配、親離れ子離れをしたい、どうすればできるか

Q　この春、1人息子は中学3年になります。毎朝時間をかけて起こし、提出物を確かめてから学校へ送り出します。午後は部活動もそこそこに帰宅します。息子は勉強も運動もよくできます。しかし家では私にまとわりついて離れようとしません。「学校へ行かないでお母さんと一緒にいたい」と言うときもあります。うれしくなくはないのですが、不登校が心配です。親離れ子離れができていないと感じています。どうすればできるでしょうか。（母親）

親の意志を貫き通し、親が主体的に子どもとの分離を図る

A　数多くではありませんが、よく聞く話です。子どもが自立するのを親離れ、親が子どもの自立を促すのを子離れと言います。親の一生は、子を誕生させ、愛情で抱え込み、危険から守り、手を切り、そしていずれは子の世話になります。母が子と手を切るのを阻害しているのは、それに甘んじている母親とそれを促さない父親です。いずれ困るのは子どもです。

わが子は朝起き難いこととお母さんと一緒にいたいと言うこと以外に勉強も運動もよくできるとのこと、頼もしく思います。親が、特に母親が親離れ子離れをしたいと願っているのですから、近いうちにその願いは達成できると信じます。親の意志を貫き通しますと必ずその方向に進みます。母親がわが子と手を切る、それがもっとも肝要な不登校発生の予防策です。

ついでですので、親離れ子離れに関することについて、ふれておくことにします。昨今、わが子に甘く、必要以上に尽くす母親が目立っています。数少ない子どもに過剰なまでの配慮が向けられ、子どもが心理的に雁字搦めに取り込まれるという現象です。親離れのできない子どもは大人の年齢になっても、自発的でない、自己決定ができない、夢を抱くのが困難、独立心に欠けるなどの特性を示し、結果としていつまでも親に依存する責任感の乏しい人間に育ちます。家庭内暴力、摂食障害、自傷行為、不登校などの行為をもつ子どもはほとんどが歪んだ親子関係が影響しています。これはわが国の子育て文化の病であ

り、時代の象徴でもあります。

　現代の子どもたちは、かつてのように父親と同一化する機会を失っています。男らしいモデルに出会うことが少なく、自立して生きるという意志の錬磨、社会の規範や常識、公徳心の習得、人づきあいの基本、夫や父親としての役割の自覚などが内面化でき難い時代に生きています。男の子の育てられ方の不全の問題です。男性像の格差が広がりつつあり、可哀相な男の子が増えています。

　親離れ子離れの格差が目立つ時代です。すべて親の思いや願い、子育てのあり方の結果です。将来、わが子を可哀相にしない子育てを祈ります。

【付言】現代、父性の発揮はとても難しく思います。子どもや妻は強烈でもなく弱々しくもない適度な強さの父性をもつ父親を望みます。それがごく普通の父親です。とはいえ、現代は父性と母性が同質化しているという印象です。

6　わが子が不登校、母子家庭だからか

Q　中学3年の息子が丸1年も不登校を続け、最近は毎日のように「うまいものを食わせろ」、「温泉に連れて行け」、「あのTシャツを買え」などと要求ばかり突きつけてきます。離婚による母1人子1人の母子家庭です。私は仕事をしていますので日中は家に息子1人です。私の両親からは「孫は親の不仲に苦しんだ」、「しつけがなっていない」、「不登校の孫をもつなんて情けない」と責められています。母子家庭だから不登校なのでしょうか。（母親）

これまでのかかわりを振り返る、それからわが子の自己決定の累積を目指す

A　お気持ちを察します。私の教育相談の体験では、離婚の家庭の子どもには問題が多い、不登校になりやすい、心に傷を負いやすい、などはごく少ないと感じています。離婚に至るにはいろいろな事情があり、離婚も家族の問題解決の方法の一つでもありますので、事情によっては子どもによい結果をもたらすこともあるようです。離婚は子どもにとってつらいこと、母子家庭だから不登校になると考えなくてよろしいかと考えます。また昔人である祖父母

にとっては、現代の不登校問題は容易に理解できませんから否定的なことをおっしゃるのだろうと思います。でも理解していただけたらうれしいですね。

どうするかです。わが子が不登校になり、これまでどのようなかかわりをしてきたか、細心の注意を払って振り返ります。不登校は自分の責任と考え、甘やかし、機嫌をとり、言いなりになってきた傾向はありませんでしたか。言い難いのですが、「うまいもの、温泉に」という要求は、わが子が幼少時から愛情饑餓の状態にあったことを伺わせます。わが子への愛情の注ぎ方への振り返りが必要です。愛情のシンボルは食事です。食事をできればともにつくり、食べながら時間をかけて語り合いますと、今の状態は格段に改善されると考えます。多忙でも、疲れていても、わが子のために時間を使うことが大切です。

不登校の子どもは特有の母親への甘え依存の感情をもっています。このような子どもは自分の身の始末やごく当たり前のことの自己決定が苦手のように思います。今すべきことは問題解決のために今までしてきたことの反対のことをすることです。幼いときからの子育ての状況やかかわりの内容を丹念に洗い出し紙に書き出します。そして、これまでしてきたことでうまくいかなかったことの反対のことを考え、同じように紙に書き出します。

それから書き出したことを行う順序を決め、不退転の決意で実行に移します。大切なのは愛着体験の再演習です。笑顔、ほんの少しの肌の触れ合い、頭を撫でる、わが子の自己決定をねぎらう、いたわる、ほめるを心がけます。母と子の間によいことが出現し、問題解決に向かいます。

【付言】離婚の母子家庭の不登校では、母親が舅や姑、または夫（父親）に苛まれたことで、母親がつらさの余り無意識に子どもを心理的なバリアで抱え込んできたということがあります。長期化し、数が多いという印象です。

7 不登校家族の寝室、どう配慮すればよいか

Q きょうだい4人全員が不登校で、1番下の中学1年の子ども（女子生徒）の学級担任です。小学校以来の不登校で、週1度の割合で家庭訪問をしています。最近、家族6人が1つ部屋に寝ているということを知って驚い

ています。母親によれば、子どもが生まれてからずっとということです。長女は19歳の引き籠もりです。そのような家族のスタイルだから不登校が生まれていると思っています。解決の手がかりを知りたく思います。(中学校教員)

雑談的アプローチで問題の所在に気づかせ、問題解決への動機づけを行う

A お手紙に「おかしなことと思うが、教員の立場でそれを指摘してよいのかどうか迷っている」と書かれていました。その通りに思います。

数十年前の住宅難の時代(今でもそうでないとは断言できませんが)ならいざ知らず、現代の不登校家族にしばしば見られる寝室の光景です。家族全員が同じ寝室、家族の寝る位置が毎晩異なる、母親は時々居間のソファーで寝る、子ども2人と母親が同じ部屋で父親は別室、中学生の1人息子が真ん中の川の字、父親が単身赴任で不登校状態の息子と母親が同じ部屋、等々です。不登校を招く世代の境界のない家族の寝室は案外数多くこのようであるようです。

不登校には必ず強い依存の問題が存在しています。仮性民主型と呼ばれる、親と子が平等対等の家族のシステムの家族に特有の問題です。親が子どものモデルとなり得ず、人生の導き手がいない家族です。自我の形成が不全なために同年齢の集団の中で人間関係において生じる課題に即時の判断ができないので、そこから撤退してしまいます。不登校のもつ本質的問題の一つです。

家族の寝室が夫婦は同室、子どもは別室が当たり前の姿になりますと、かなりの比率で不登校問題解決のきっかけになります。おかしさに気づいて修正する必要があります。学級担任の立場で家族の寝室のことに口を挟むのははばかれますが、工夫してみます。学校での事例研究も効果的で、知恵が生じます。

「雑談的アプローチ」でのかかわりを勧めます。不登校家族が寝室の光景を変更したら不登校問題を解決した遠くの家族の事例を語るのです。ゆっくり時間をかけて決して命令口調にならないように雑談的に話します。この記事に書いた事例を引用することも援助の手だての一つです。また親と会うとき、スクールカウンセラーに同席を願い、話して貰うのも一策です。これは、不登校を生み出すわが家の問題に気づかせ、改善を図るための動機づけを行うということです。この行為が案外問題解決を促進するかも知れません。同時に家族相互

の感情交流や子どもの自己決定の大切さを説くようにします。教員がそこまでやるのかと言う人もいますが、上手に踏み込むと家族が変化します。

【付言】気づきの排除は苦難の体験を経た人たちの特権で停滞を余儀なくします。気づきは当事者を自己責任と目標志向を明確にして問題解決に取り組ませます。気づきを促す動機づけ、援助者の大切な役割です。

土鈴・神En舞楽
（倭舞）
130914

土鈴・神En舞楽
（青海波）
130911

［第3章］
幼稚園・保育所児、小学生に関する質問事例と解明のしかた

Ⅰ　幼稚園・保育所児に関する質問事例と解明のしかた

1　朝登園時、母親にしがみついて離れず、どう対処するか

Q 3歳の長男（1人息子）が幼稚園に入園し1か月経ちます。待ちに待った幼稚園でしたが、朝、息子は私の脚にしがみついて離れません。無理に離そうとしますと泣きながらものすごい力でしがみつきます。仕方がないのでそのまま抱きかかえて車に乗せ、幼稚園まで連れて行きます。幼稚園の先生が苦労して降ろしてくださいます。夫婦共働き、放課後は別住まいの夫の母親にお世話になっています。これがどのくらい続くのか心配です。（母親）

急がば廻れ、もう一度わが子を引き寄せ、愛着行動を繰り返す

A 毎年4月、幼稚園や保育所でよくある光景です。しかし、少々大袈裟な表現ですが、わが子の将来にかかわる重要な問題ですので、改めて子育ての見直しをすることが大切です。夫婦共同の役割であり仕事です。

　恐らくそう思慮を深めることもなく何気なく育ててこられたのだろうと想像します。子育てに対する意識改革を行い、わが子を健やかに育て、わが家の機能を心地よく創造されていくことを期待します。意識改革の最初は夫婦の子育ての理念の確かめです。夫婦でわが子の誕生以来折々に繰り返し、「この子をどのような子どもに育てるか」について話し合い、そうなるよう育ててこられましたか。子どもは親がそうなるよう育てることで健やかに育ちます。子育てに関する考えが空虚な親に育てられた子どもの立場に思いを寄せる必要があるようです。確たる方針のない子育ては子どもにとって迷惑千万です。

　その2は、夫婦連合の構築への意識と実践力の強化です。共働きで多忙は家庭を心理的に「空き屋」にする傾向があります。夫婦でお互いの仕事や生きが

いを語り合い、子育ての苦労を分かち合っておられますか。わが子の朝のしがみつきは、このことの反省材料として捉えるべきと考えます。

　その３は、問題が生じたときの問題解決能力の向上です。親は子育てをしながら成長します。わが子のしがみつきに対する対応は最初も１か月後も同じですか。うまくいかなかったら別の方法を試みる、これが親としての成長です。

　ところで、この問題は典型的な母子分離不安です。子どもが依存の対象である母親から引き離されるときに示す不安です。母親はもう一度しっかりと自分の方に引き寄せて愛着行動を反復し、父親はわが子と過ごす時間を確保します。急がば廻れです。満足すればわが子は自然に母親から離れます。

　一般論です。分離不安はわが子からの両親に対する問題提起と理解します。夫婦の不和が深刻であると母親はわが子にしがみつきます。また愛着体験の乏しさの問題も表面化します。分離不安を引き摺りますと、子どもは後々、不登校などの問題行動を引き起こし兼ねません。早期の解消が課題です。

【付言】人は誕生して母親にお乳をもらい、抱っこされ、笑顔や頬ずりを受けて成長します。この愛着（attachment）体験が豊かか、乏しいか、その程度によって人生が左右されると言ってよさそうです。教育相談での実感です。

２　保育所で車を降りず、将来の不登校が気がかり、どう対処するか

Q　３歳の長男が保育所に入所しました。職場に向かう途中、車で送って行くのですが、保育所に着いても車を降りません。なだめすかしても駄目で最後は先生方にお願いしてようやく降ろします。父親のときはそうでもないようですが、私は朝の格闘でくたくたです。気がかりは将来不登校になるのではないかということです。私の母は「あなたの育て方の問題」と責め、このことでも悩みは尽きません。息子はとても可愛いと思っています。（母親）

家と保育所の前で、車を降りる練習を繰り返す

A 毎朝、ご苦労様です。保育所に慣れるとともに消え去ります。もう少しのしんぼうです。それでも長引くようでしたら工夫が必要です。

同じような体験をした家族の例を紹介します。朝、保育所に行くのに車には乗るが降りたがらない息子がおりました。困った両親はよくよく話し合い、車から降りないのだから、降りる練習をさせようということにしました。まず自宅で、車のチャイルドシートに乗せ、運転の真似をしてから、「さあ、降りよう」と言い、親がドアを開け、チャイルドシートのベルトを外し、降りる練習を何度も行わせました。その都度、父親は息子の頭を撫で、母親は頬ずりをして、「うわぁ、降りるのが上手、上手」と、笑顔でしっかりほめ続けました。夫婦は子育ての一体感を得たそうです。もう一つの成果です。

次に保育所まで連れて行き、いつものところで車から降りる練習を何度もしました。それから保育所の門のところまで一緒に歩いて行く練習も反復しました。同じように笑顔で大袈裟にたっぷりほめることも行いました。最初はしぶしぶでも、車から降りるたびに繰り返し「上手、上手。お父さん（お母さん）、うれしいよ」と表現すると、すなおに降りるようになりました。子どもにとって難行苦行であった車から降りる行為が親がうれしさを表現することで、ごく当たり前の出来事になりました。

このような工夫と努力とともに、両親が連合体を組む努力も試みました。両親が子どもの前ではできる限り近くにいるようにしたり、いつも親しげに話を交わすことも効果的で、子どもの母親離れを促しました。当面する問題を行動することで解決を図り、分離不安を解消した事例です。

不登校問題とエディプス期（精神分析学では、男の子の３～６歳期は対人関係の基礎を築く時期とされている）の問題は深く関係しています。意識的にも無意識的にも、わが子に「僕のお母さんはお父さんのもの」という感覚を抱かせることが子どもを自然に母親との分離に向かわせます。

発達段階に応じた自立を果たしている子どもに不登校はありません。

【付言】 大袈裟な表現になります。母子分離不安の継続は子どもの人権の軽視

と弁えます。わが国の子育て文化の病です。父性と母性の同質化、父親の無力化と子育てへの無関心、母親の役割の負担過重、孤立、などが病因です。

Ⅱ　小学生に関する質問事例と解明のしかた

1　1人で登下校できず、不登校が心配、どうするか

Q　小学2年の息子は1人で登下校できません。朝は手を引いて連れて行き、午後の下校時に迎えに行きます。私の都合が悪くて送迎できないときは休みます。夫が「1人で行け」と強要すると泣いてしまいます。おばあちゃん子で、祖母（私の母親）が今でも口も手も出します。私は専業主婦なので、子どもの世話は私がすると申しますと口では「そうだね」と言いますが、することは相変わらずです。不登校になるのではないかと心配です。（母親）

親が知恵をしぼり、子どもの独り立ちを促す

A　「朝起きたら着替えを手伝い、洗面後の顔を拭く、食べた後の口をぬぐう、鞄を背負うのを『重そうだね』と言って手助けする、風呂に入れば下着を準備して待つなど、何から何まで手を掛ける、親が注意してもやめない祖母、このままでは将来とも自立できない可哀相な子どもになってしまう」というお手紙でした。父親も私の母に遠慮しているともありました。

　少し以前、3世代や4世代家族がたくさんあったころはよく聞く話でした。祖父母の溺愛が不登校をもたらすと、世話好きの祖父母が攻撃されていました。でも、核家族や単親家族が多い昨今では見聞することが少なくなりました。不登校になるのではという心配はその通りです。同じような目にあって不登校になっていた子どもたちを結構数多く知っています。

　ほとんど同じ事例です。「おばあちゃん、僕の世話を止めてください。僕は自分のことは自分でする」と宣言し、自分から祖母の過剰な干渉や溺愛を断ち切った子どもがいます。その子どもは、朝、登校しようとすると吐き気を催し

たり、実際に吐いたりしていました。そのたびに祖母が洗面器をもって駆けつけていたそうです。それが、子どもが自立の宣言をし、祖母の干渉が減るにつれて、普通に登校できるようになりました。両親が子どものしつけ直しをした結果です。親でだめなら、子ども本人が、という親の知恵でした。祖母と手を切る、そのための宝刀を探した成果です。

　祖母にいくら言ってもそのようにならない場合は、子どもを年齢相応の精神性をもつよう成長させることが肝要です。自立を促す絵本を与える、友だちの○○君がしていることを語って聞かせ○○君をほめる、学校の勉強をしっかりさせるなど、さまざまに工夫を重ねて自立に向かわせるのが親の役割です。

　同時に、祖母の話し相手をしたり、家の中でお任せすることをつくって何かをする提案をし、感謝することです。祖母も役割があれば、孫から円満に離れられると思います。高齢者を孤立させない工夫と実践が大切です。家族が心地よく暮らせる要因にもなります。

【付言】過保護は子どもが自発性をもつのを阻止すること、過干渉は子どもの時間を奪うことです。ほどほどはごく普通のことですが、常識を超えて過剰になりますと、子どもの自立を妨げ、さまざまな問題行動を引き起こします。

2　欠席の理由探し、不登校になったのか

Q　小学3年の娘は2学期の始業式の翌日から学校に行きたがらなくなりました。最初の理由は腹痛、次は頭痛と発熱、それから脚が痛い、○○ちゃんがにらんだ、先生が怒るなど、次々と休みたい理由を変えています。その都度言い聞かせて学校へ連れて行っています。学校に行けば普通にしているようです。娘は学校に行きたくないために欠席を正当化するための理由探しをしているように思えます。不登校になったのでしょうか。（母親）

休むときの約束を明確化、きっかけを把握し、担任の先生と連携する

A 不登校の始まりによくある言動です。小学校の低・中学年の不登校の子どもは、何だか分からないが何となく学校に行きたくない気持ちになったり、学校場面にすくむという反応を引き起こします。このようなとき子どもによっては一生懸命学校を休むための理由探しを行います。学校を休むにはそれなりの理由が必要だと思っているからです。ご質問の通りです。

どうするかです。まずは本人の訴えをそのまま受け止めます。やさしく抱き締きしめながら言い分を十分に聴き取るようにします。体の症状がひどそうなときは医師の診察が必要です。どうしても学校を休みたいという訴えのときは、登校を無理強いせず休ませます。そのとき「今日は休んでもよい。でも明日は行くのよ」、または「２日休んだら３日目は必ず行くんですよ」とはっきり約束させることが大切です。但し、だんだん欠席が多くならないよう配慮します。また、家にいるときも、学校の生活通りにさせる配慮も大切です。

同時に、わが子が学校に行き難くなった気持ちに目を向けます。登校を渋り始めたころ、学校（教室）でどんなことがあったか、やさしく聴き出します。担任の先生とも情報の交換をします。必ず何かがあったはずです。それがきっかけです。開始期の不登校問題の解決には、その掘り出しが重要です。分かったら、その解決を図ります。本人が納得すればそれだけでまた登校します。

さらに注意すべきことは、家庭で本人を孤立させないこと、母と子でともに活動する機会（家事の協同作業など）を積極的にもつようにします。そのとき笑顔、ほどよい肌の触れ合い、十分にねぎらい、またほめるのを繰り返します。この体験がわが子の心を豊かに膨らませ、自己成長力や問題解決能力を高めます。親がこの力を引き出し続けますと問題解決に至ります。

不登校の防止には、学級担任の先生との連携も大切です。先生には、きっかけの解決を図るとともに登校したときのかかわり方に十分配慮願うようにします。先生は、休み時間や給食のときの過ごし方、授業中の態度、友人関係などをよく観察し、クラスに適応できる配慮をしてくださいます。

【付言】子どもは困った状態に陥ったとき、自力で解決しようと試みます。で

もその問題解決に力量が伴わないと偽解決が継続します。親の役割はわが子の自己成長力や問題解決能力の育成です。大事なのは自発性の尊重です。

3　不登校、保健室の入口から動かず、どう対処するか

Q 小学3年の娘は半年前から学校を休み始めました。口を酸っぱくして説得し、私が手を引いてようやく校門に辿り着くことができました。それから昇降口前、そして今は保健室の入口まで来ましたが、そこから動きません。保健室の先生が声をかけてくださいますがさっぱりです。仕方がないので、そのまま2人で家に帰ってきます。なるべく早く保健室へ、それから教室までと考えています。どんな対処の手だてがあるのでしょうか。（母親）

親と先生とが知恵を働かせ、例外を探す

A 説得が功を奏してよかったですね。よく努力なさいました。但し、わが子の行動は説得によるものですから必ずしも本人の意志に添っているとは限りませんので、ある程度は従っていても肝心の室内に入るのをがんこに拒んでいるのだろうと思います。次の手だては、本人の意志で次のステップに動き出すのが必然となることを探し出すことです。

次のような工夫をした養護教諭がいます。同じように、母親に連れられて登校して来て保健室の前に座り込んで動かない子どもがおりました。冬の寒い日が続いていたそうです。この養護教諭は廊下に座り込んでいる子どもに自分が使っている座布団をもってきて、「廊下は冷たいから、これにお座り」と声をかけました。それでも子どもはこわばった表情をして動きません。それで「よっこらしょ」と座布団の上に抱き上げました。そのことを続けていましたら1週間後くらいに、この子どもは自分から座布団に座るようになりました。ある日、思い切って保健室の内側に座布団を置いておいたら、すーっと中に入って来てその座布団に座りました。養護教諭の賢く働かせた知恵とあたたかな思いやりに、子どもが共感したと理解してよいと思います。ちょっとした心配り、子どものために気づいて行うお気持ちが貴重です。

あたたかい部屋でなごむ時間を過ごすようになってから、母親には子どもの入室とともに帰って貰うようにしました。そしてお互いに十分に親しくなってから、この子どもと養護教諭とで話し合い、保健室から教室まで図面をつくり１日ごとの計画を立て、少しずつ教室に向かうことにしました。いくらか時間はかかりましたが、教室への復帰が実現しました。

　ちょっとした知恵を働かせることで不登校問題が解決することがよくあります。それはこれまでしてこなかったことを探す、例外探しによってです。廊下に座布団を置く、それを室内に移す、がこれまでしてこなかった例外です。例外は新しい行動を生み出すのは確かです。

　担任の先生と連帯し、わが子のための例外探しを行うことを勧めます。

【付言】 例外とはいつもとは異なることの総称です。現実、例外探しは困難です。その理由は家族が変化を恐れいやがる、例外探しの手間を惜しむ、考えても思いつかないからです。でも発見しますと心地よい変化を促します。

4　不登校半年、登校刺激を与えてよいか

Q　小学３年の娘が登校を渋るようになりました。精神科医の診察を受けましたら「母子分離不安。学校は休ませなさい。登校刺激は与えないこと」との指導がありました。学級担任にも伝え、親が何も言わなくなったら娘はこの半年、まったく学校に行かなくなりました。登校を渋っていただけなのに本格的な不登校になったという感じです。「学校へ行きなさい」と言っても差し支えないのでしょうか。思いつく手だてがなく困っています。（母親）

学校に行きなさいは親の当然の発言、状況判断をし、具体的な手だてを講じる

A　登校を渋る、或いは登校を拒む子どもに親が「学校へ行きなさい」、学級担任が「学校に来なさい」と促すのを登校刺激と言います。不登校状態のとき、親が「学校に行きなさい」と言うのは当然の行為です。学校は大切です。足取りが重くても登校できるときは登校させた方がよいのです。

登校刺激を与えると、体調を崩す（吐く、血圧が上がる、など）、身体が硬直する、暴れる、引き籠もるなどの状況が一時的に生じる場合があります。ほとんどは不登校の開始期の問題です。そうなることが予想されるとき、または実際にそうなったときは一時控えます。またいくら登校刺激を与えてもまったく動かないとき異なる対応を試みます。偽解決だからです。

　何も言わなくなったら半年欠席、この根拠は疾病利得です。病気でなくても病気にされたことで正当な理由で学校を休めるということです。よく考えてみますと、欠席による子どもの損失は計り知れません。半年も欠席した後、ただ「学校に行きなさい」では、再登校は実現し難いのが実際です。そのころすでに登校刺激は無意味な言葉になっています。これが不登校問題の特性です。

　具体的に何をするかです。小学３年でも、母親と一緒に家事に取り組ませます。食事作り、洗濯物たたみ、清掃などをともに行います。週１度くらいは家族全員で家全体の清掃をすることも試みます。母親の昼食づくりも頼みます。そしてわが子が行ったことに対して、たくさん感謝しねぎらいます。学校の勉強も一緒にします。これが大事です。母親のすぐそばで一定時間、国語と算数の、今教室で学んでいるところを勉強させます。終えたらたっぷりとほめるようにします。時にはお菓子などのお駄賃も必要です。真剣なほめる、ねぎらい（お駄賃）がわが子を変えて行きます。

　この間、担任の先生と緊密に連携します。教室の情報、勉強への援助、そして登校を試みるときの心配りが必要です。担任の先生はきっとうまくやってくださいます。なお、家庭訪問時にはお茶をおいしく入れて差し上げます。親が先生を大切にする、これも問題解決のための親の行為の一つです。

【付言】 一昔前の不登校は登校刺激に反発しました。学校へ行きたくても行けなかったからです。最近は登校刺激がないと子どもによってはよろこびます。正当に休め、好きなことができるからです。疾病利得です。いずれ困ります。

5　不登校、古い毛布を離さず、どう対処したらよいか

Q 小学3年の息子が4か月ほど不登校状態です。2か月前ころから赤ちゃん言葉使い始め、古い汚れた毛布の端をしゃぶりながら寝につきます。不登校になる前からこの毛布を大切にしていました。以前洗濯をしたらかんかんに怒りました。このままではどうなることか、心配です。担任の先生の家庭訪問のときはごく普通になります。なるべく早く学校に行くことできるようにしたいと考えます。どちらが先で、どう対処したらよいのでしょうか。（母親）

不登校と毛布しゃぶりは関連、対応は同時に行う

A 小学生の不登校によくある問題です。でも、人にはなかなか理解して貰えないようです。不登校問題が先か、毛布しゃぶりが先かもご質問ですが、この2つは深く関連していますので、同時にかかわるのが原則です。それにしてもお困りですね。

　その毛布は擦り切れ、唾液や手垢に汚れているのだろうと想像します。親が取り上げたり隠したりしますと怒り、見当たらないと必死に探し回ります。洗濯でもしようならまた怒ります。私は、このような子どもを「ニップル・ママの子ども」と呼んでいます。ニップル（nipple）とは乳首のことで、乳児期に母親の乳首に満足できなかった子どもです。数は案外多数です。

　かなりの数の子供たちは眠りに入るまで儀式的なこだわりをもっています。それは、子守歌や絵本などの読み聞かせを聞く、ぬいぐるみを抱く、母親の添い寝を得るなど、特定の手順を踏んで眠りに就くということです。多分、わが子はごく幼いころ、1人で寝る寂しさを紛らわすために毛布の端をしゃぶりながら眠るという習慣がついたのだろうと思います。古い毛布はそのころあこがれた母親のお乳か、肌の感覚と捉えます。

　毛布は母親の肌の代替ですので、日常生活の中でスキンシップを心がけたり、やさしい笑顔での言葉かけがあると毛布を離すのが早まります。就寝の状況は母親からの自立度を示す尺度でもあります。子どもの寝かし方、つまりほった

らかしか、やさしいか、年齢相応の口出し手出しか、の振り返りが大事です。

わが子の不登校は、赤ちゃん返りのことも考えますと、精神的に幼いために学級集団に適応できなくなっていることと理解します。わが子を子ども扱いしないで一人前の人間に対するように対処します。それから、国語と算数の学習をしっかり行わせます。担任の先生にも見ていただき、学習振りを親と先生とで目を見て「よくやっている」としっかりと認めます。勉強と整理整頓が習慣化されますと年齢相応の精神的な成熟をもたらします。その結果、きっと赤ちゃん言葉も古い毛布も手放し、再登校に向かいます。親の大切な心がけです。

【付言】毛布しゃぶりは年齢ともに止めるのがほとんどです。まだ続くようでしたら、「もっともっと一生懸命しゃぶりなさい」と笑顔で指示しますとすぐ止めます。短期療法の直接要求の間接指示です。逆説的介入です。

6　不登校、赤ちゃん返り、どう対処するか

Q　小学4年の息子が夏休み後、学校を休んでいます。夜になりますと「ちゃびしい」と呟いて、私の布団にもぐり込んできます。チューチューと音を立てて指も吸っています。時々は5本全部を口の中に入れています。私と話すときはいかにも幼児語で話します。看護師の私の妹は「赤ちゃん返り」と笑いますが、続いていますので心配です。不登校と赤ちゃん返りは同じ問題なのでしょうか。またどう対処すべきでしょうか。（母親）

不登校問題の解決を優先する、そのために年齢相応の精神的な成熟を促す

A　わが子が今行っていることを「退行」とか、「赤ちゃん（幼児）返り」と言います。看護師の妹さんのおっしゃる通りです。少し前の時代の不登校によくあった行為で中学生にも見られました。今では少数派です。

退行（赤ちゃん返り）とは、緊張状態や不安や恐れに耐えられなくなって現在の生活年齢からかつて保護されていた時代、即ち赤ちゃんの時代に無意識のうちに逆戻りする行為ということです。赤ちゃんの時代に戻れば心身の安定が

図られますので、安心が確保され心理的な安全地帯で生活できることになります。内向的で少々たくましさに欠ける子どもが行います。

　ほとんどは一時的な現象で、きびしい声での叱咤激励を止め、受容的に接していれば自然になくなります。このようなとき、「おかしい」、「いつから赤ちゃんになったの？」、「その年で何だ、その言葉は」などは禁句です。夜布団にもぐり込んでくることについては当面部屋から追い出さず、もう１つ布団を敷いて同じ部屋で一緒に休むようにした方がよいと思います。

　問題の所在は不登校です。こちらを優先して解決を図ります。わが子は退行があるくらいですから精神年齢が幼いと理解しておくのが前提です。これの対処は、実際は４年生でなく中学生くらいの年齢と見做して日々のふれあいを続けるのが有効な手だてです。それぞれの親が上司など言葉遣いや礼儀に十分に配慮したり気を使わなければならない人に対するようにわが子に接します。簡略に述べれば、わが子を大人扱いにして日常かかわるということです。３日、３週間、３か月と３の倍数の日の実践を目標にします。笑顔、目を見詰める、ほんの少しの肌のふれあいを添えることも忘れなく、です。

　退行は学校で本人に耐え難いほどの衝撃的な出来事に出会ったことの結果であろうと想像します。それが不登校の誘因（きっかけ）になっています。担任の先生と連携してこのきっかけの解決を図ります。このときの解決のしかたを本人が納得し、ほんの少々精神的成熟が図られれば再登校に向かいます。

　退行が長引くときは、スクールカウンセラーに遊戯療法をお願いします。

【付言】退行だけを直すのなら母親が子どもと同じことをまねして言ったり行ったりしますと正常化します。もっと言いなさい、やりなさいも有効です。同時に大切なことは、本気で大人扱いをして精神的成熟を促すことです。

7　夏休みの宿題を果たせず学校を欠席、それで不登校か

Q　小学４年の息子は、夏休みの宿題をしなかったためか、２学期が始まっても登校しないでいます。もう２週間休んでいます。担任の先生が家庭訪問に来られても自分の部屋から出て来ず、また先生が「宿題をやらなくても

叱らないから学校に来なさい」と話して行ったと伝えても、「うそだ」と言って聞こうともしません。このままにしておくと本格的な不登校になってしまうのではないかと思っています。どうしたらよいのでしょうか。（母親）

宿題は親が手伝って済ます、同時に積極的に登校を促す、説得も大事と心得る

A　毎年よく聞く事例です。夏休みの宿題は、きちんと済ませる子どもがいる一方、登校日の前日に何とか済ませた、残り3日間で全部やった、提出日を延ばしてもらった、学校が始まってから残されてできるまでさせられたなど、多くの人たちが思い出をもっています。世の親たちも宿題を出す先生方も皆そんなことをしてきたのです。でも、宿題をしなかったことを理由にこのまま休み続けられるのは困ります。登校せざるを得ない状況をつくります。

　まず宿題の取組の状況をよく見極めます。宿題の進み具合（どのくらい残っているか）、あとどのくらい時間をかければ終了なのか、を実際に把握します。そして休みを認めて、わが子に協力しなるべく早く宿題を済ませます。小学4年生ですからそんなに量は多くないはずです。親子でともに取り組めば1日2日で済んでしまいます。ぐずぐずしていても、本気にならなくても、親が感情的になり叱りとばさないことが肝要です。宿題をしない、これもわが子の能力なのです。自覚します。

　宿題を終えても、登校しない場合はわが子の意向を確かめます。「学校を休み過ぎた」、「今ごろ学校に行くのは恥ずかしい」、「（叱らないと言っている）先生に叱られるかも知れない」、などと言うかも知れませんが、分かりやすく説明を加えます。そして登校を促します。母親でだめなら父親も参加し、それでもなら担任の先生や学年主任の先生などにもお願いして説得します。それでものときは校長先生にもお願いします。つねにあたたかい説得を心がけます。これくらいの対応があればそう遠からず登校します。そして登校したら、笑顔で「よかったね。偉かったね」と、わが子の勇気を正当に評価します。学校の先生方も適切に配慮をしてくださいます。この問題は学習のつまずきですから、また同じことが起きないよう今後、家庭学習の習慣化を図る必要があります。

　不登校問題の解決にはできる限りの人的資源を活用して努力します。躊躇し

たり遠慮する必要はありません。それだけの努力をしても登校しない場合は、不登校問題の対応に切り替えます。

【付言】不登校の家族に人的資源の活用を勧めてもよく遠慮されます。わが子の問題が解決したら、自分が人的資源になればよいのです。そのとき困っている方の役に立つようにします。それがお世話になったことへの恩返しです。

8　小学校入学式後からほとんど登校せず、これからどうすべきか

Q 小学4年の息子は小学校の入学式後1週間くらい登校しましたが、以来、始業式の日だけ出席してまったくの欠席です。親も家族も学校も登校を促していますが、「行かない」の一言です。校長先生や学級担任の先生が定期的に家庭訪問をしてくださっても黙して語らずです。精神科の医師や相談機関へは1度は行きますが、質問に答えず2度は決して行きません。何が問題でこうなったかも分からず困り果てています。（両親）

誕生以来の育て直しを、問題解決の鍵は愛着行動の再試行と夫婦連合と心得る

A 入学直後から登校しない子どもは、実に稀と思われますが、時に相談に預かります。親や学級担任が登校しない理由を尋ねても、「行きたくない」か「行かない」のみの発言か、無言です。「行きたくても行けない」とは言いません。このような子どもをもつ親は、周囲の専門家と称する人たちに「何とか私の子どもを学校に行くようにしてください」と頭を下げ続けますが、これぞという的確な対応策はないようです。確かに対応は困難です。

　そもそも小学生が不登校の理由を明確にすることは困難です。従って、本人にいくら尋ねてもなるほどという答えは期待できません。学校の先生方も入学以来の問題ですから試行錯誤しながら真摯に取り組みますが、本人がほとんど学校に関する話をしないので、決め手を見出せないのが実際です。そのような子どもがいる学校も困り果てています。

　これらの子どもが登校しないのは、「学校は行くべきところ」という価値観

がないからです。入学以来となりますと勉強のする意欲もほとんどなく学習に対する義務感もありません。友だちと遊び、先生と交流して楽しいと感じた体験もないのです。不登校を続ければいずれ困るということも頭の中にありません。学力らしい学力をもたないのでますます学校への距離が遠のきます。

　幼児期からの育て直しが必要です。生後半年から1歳半くらいまでの親子の愛着関係の再生が必要です。夫婦で子育ての構想を練り直し、その年齢であっても抱き締める、笑顔を与える、一緒に遊んで可愛がる、絵本を読み聞かせる、一緒に歌を歌うなどを根気強く行うことです。拒否されても続けます。そして状況をみて朝晩の挨拶や礼儀作法のしつけ、家事の手伝い、運動、段階的に国語と算数の学習をさせるようにします。抵抗があっても根気強く、時には強制も必要です。親の意志力とひたむきな献身さが問われます。

　そしてもう一つ、他に隠されているのは夫婦の不和の問題です。きびしい表現になりますが、心当たりはありませんか。入学以来の不登校問題の最大の課題です。このことが解決されない限り、当面の再登校は困難です。

【付言】一般的な夫婦げんかのパターンです。契機は夫のまずいこと、妻の最初は詰問、対応に不満、だんだん攻撃的、怒る、夫は妻の詰問に対して拒否的、次に逃避、ふて腐れる、怒りに対抗する怒りです。目撃する子どもは困惑です。

9　朝、吐き、不登校化、どうするか

Q 私の転勤により転校した小学4年の娘は、登校するその日に吐き気を訴え、学校を休みました。翌日から朝食べたものを吐き、以来登校できなくなりました。小児科で胃などの検査をしましたが異常はないということでした。医師は「精神的なことが原因だろう。不登校の対応をするように」とおっしゃいました。転校して1日も登校していません。新しい学校の先生を頼りにするわけにもいかず困っています。（父親）

家の中で、何かよいことを探し、言葉と態度で表現し続ける

A わが子が転校初日から登校せずですから、父親としての責任を感じていることと思います。また苦しい表情で吐き気を訴えたり、実際に吐くのを目の当たりにするのは親としてつらいことですね。お気持ちを察します。

内科的に異常がなくても、朝具合が悪くなるのは確かですから、病気としての休みが必要です。また不登校の始まりと考えてよいと思いますが、この問題は何もしないでおきますと休みの状態がそのまま続きますから、具体的な手だてを講じる必要があります。親がそれは何かを考え実行することです。

最初に家の中の「よりよい何か（What is the better?）」を探します。わが子の性格、言葉、行動、仕草や表情などをよく観察して、よいところ、すてきなところ、すごいところ、立派なところ、これが一番というところを発見して言葉にします。夕食や団欒の時間に、さりげなく言葉にします。

また、わが子と親やきょうだい、祖父母などとの家族関係の中で、うまくいっていることは何かも見つけて言葉にします。笑顔で挨拶を交わしている、ご飯の支度の手伝いをした、宝くじで３千円当たったなど、夫婦で根気強く探し出し必ず言葉と態度で表現します。家族へのねぎらいも大切にします。

夫婦の間では、どんなことでも「はい」という言葉以外は使わないようにします。忍耐強く続けます。少なくとも３週間続けますと家の中に必ず変化が生じます。結果として、わが子の新しい行動が始まります。

転校による不登校の開始は、もともとわが子が不登校に陥りやすい発生脆弱性をもっていることと理解します。この年齢では、問題の所在は母親とわが子との心理的な分離の不全と考えるのが的確です。根本的な解決は、年齢相応に、わが子の身辺生活の自立を図る、ものごとの自己決定の促し、家庭学習の習慣化など、ごく普通の生活が成り立つよう努力することです。

大切なのはわが子の再登校です。登校には学校の援助が必要です。転校したばかりでも、校長先生を訪ね援助をお願いします。遠慮は無用です。学校は必ず適切に応えます。大丈夫です。

【付言】不登校問題はわが家がどんな家族かという全体像、即ち布置を把握す

ると解決が早まります。布置の把握はわが家の課題を明確にするとともに、親の役割の再認識を促し家族機能の充実が図られ家族全体が成長します。

10 朝起きず、不登校化、どう対応すべきか

Q 小学3年と5年の息子2人は3か月ほど前から朝起きなくなりました。それまでも起こそうとしてもなかなか起きない子どもたちでした。朝、妻は、「起きなさい」、「遅刻する」、「ご飯を食べる時間がなくなる」と叫んでいました。大変な努力を必要とするので放っておいたら不登校になってしまいました。2人とも10時ころになると、何事もなかったように起きてきて、朝ご飯を食べ、その後は2人で遊び惚けています。困っています。(父親)

朝の起こし方と怠惰の改善、それがわが子の不登校状態と人生を救う

A 広い視野に立ってわが家を振り返るとき、わが家はどんな家族でしょうか。私が感じるのは、口うるさい母親がいて父親がその後追いをする、困っても前向きのことはしないという家族です。これの修正が第一義です。

幼児期からの一方的な世話焼き、それでいて親の思うようにならないと小言と愚痴、これらの積み重ねが、自発的な意志をなくし手足の動かない子どもにしてしまっているという認識が必要です。父親主導のしつけと育て直しをすることが、わが子からの問題提起と自覚すべきです。

不登校問題解決の方向は子の自立です。自立の条件の一つは朝自分で起きることですから、このしつけから始めます。朝起きのしつけの基本は「言葉を使って起こさないこと」と言われています。「起きなさい」、「遅刻する」などの言葉は子どもの年齢とともに無力化します。自分の意志である程度規則正しい生活をしていれば、何時に寝れば何時に起きることができるという時間の感覚が身についてきます。そのために、父親が「一緒に食べないのなら朝ご飯は食べる必要がない」と語り、そう告げてもさっぱり起きてこないなら、父親の意志で実際に片付けてしまうことも考慮します。子どもは自力対処です。

しつけの失敗の多くは親の子育てに対する責任感と忍耐力不足の結果です。

怠惰や惰弱、活動意欲の乏しさは、親が育てた性格傾向と反省します。父親の意志を明確にした迫力ある言辞と態度は子どもに変化を促します。特に男の子は父親の登場を心底うれしく感じます。真実です。

次は登校訓練です。学級担任に国語と算数の進度を尋ね、父親の面前で勉強に取り組ませます。ほんの少しの学習でもたっぷりほめるようにします。同時に朝、制服（通学服）やランドセルを準備させ、登校の意志を確かめます。わが子が「学校へ行く」と発言したその日から再登校を試みます。わが子の意志に添い、父親とともに学校に向かいます。仕事に遅れるのもやむを得ません。

怠惰や惰弱が不登校様の事態を招くことがよくあります。これらが改善されると再登校が実現します。父親の意志と実行力がわが子を救います。

【付言】父親の父性は子どもへの正しい生活習慣と集団生活の秩序感覚の修得に対する貢献です。もう一つは感動体験の伝授です。朝起きずはこの感覚の欠如です。感動体験は親の勤労に対する姿勢如何です。教師の父性も同じです。

11　前日、学校の準備をしても登校できない、解決するか

Q 小学5年の息子は、朝になると吐き気や下痢を訴え登校できなくなり3か月経ちました。吐き気と下痢は交互に訪れています。登校を促しますとトイレに閉じ籠もります。毎晩、「明日は行く」と言って枕元に鞄と制服を準備して寝ますが翌朝なかなか起きず、登校できません。お昼の弁当をつくり、子どもをそのままにして仕事に出かけますが、帰ってきますと恐い顔でにらんできます。この問題を解決するためのお知恵を拝借します。（母親）

親自身の目標を確かにし、手だてを工夫して対処する

A お困りですね。わが子も同様に困っています。最初に、今の状態から抜け出す目標設定を行います。そのために、親（両親）自身が「わが子を再登校させる」という意志を確かにします。大切な心構えです。

それから具体的な手だての工夫です。ある家族の実践です。その母親は息子

に「学校の相談の先生に指導を受けた。あなたは、明日は行くと決して言わないこと。前の日、鞄や制服の準備は絶対にしないこと。家の人、つまりお父さんとお母さんよ、お父さんとお母さんにも学校に行こうとする気持ちを悟られないようにすること、そして自分が学校に行きたいと思ったら、その日は黙って学校に行くこと」とゆっくり、やさしく言い聞かせました。すると息子はみるみる穏やかな表情になり数週間後のある日突然、登校しました。自分の意志での登校でしたのでその後安定して登校しています。つけ加えますが、これは学級担任と両親の連携の成果です。

　ところで、幼稚園や小学生の不登校に多く随伴するのは、吐き気、吐く、下痢、便秘の消化器系の身体症状です。大人で言えば、心身症という病気に当たりますが、以前にはほとんどの不登校に随伴していました。随伴とは最初に身体症状があるのではなく、不登校の状態に陥りそうになったり、陥ったからそれに伴って生じた身体の症状です。医学的根拠を明示する立場にはありませんが、消化器系の随伴症状は大半が依存（多くは母子分離不安）の強い子どもたちに現れています。言い換えれば、親の口を出し手を貸しの代理行為が過剰であった結果です。解決の方向は自発性と自己決定の喚起で、この事例に明らかです。父親は母親の子離れを助けます。父親の無策は問題を長引かせます。

　そのようにされて身につけたのが母親への依存です。母親に対する過度な依存の問題の解決或いは軽減がこれらの随伴症状をもつ不登校問題の解決の方向です。身辺自立と自己決定の促しと実践、そのための親の勇気ある行動がこの問題の解決に導きます。吐き気と下痢、トイレへの閉じ籠もりの意味をしっかりと理解して、親自身が自らにきびしくわが子の問題に対処します。

【付言】 心身症様の症状を随伴する不登校はわが国に不登校問題が生じてきたときから続いています。一昔前の不登校には必ず随伴していました。現在は減少傾向です。その意味は不登校の心理的状態の変遷、この時代の象徴です。

12　不登校、トゥレット障害の指摘、どう対処すればよいか

Q 小学5年の息子がもう8か月も不登校を続けています。1年前ほどから目をぱちぱちし始め、だんだん顎をひくひくと声を出しながら小刻みに突き上げるようになり、1日に行う回数も増えています。学校で真似され冷やかされてから欠席が多くなり、今は不登校です。登校を促すと悲しそうな顔をして俯きます。保健室の先生の勧めで精神科医を訪ねました。トゥレット障害の診断でした。どう対処すればよいのか分からず困っています。（母親）

子育ての反省、やさしさの表現、わが家の改造を徹底する

A トゥレット障害とは、チック障害に属し、「多彩な運動性チック、および1つまたはそれ以上の音声チックが存在したことがある（チックとは、突発的、急速、反復性、非律動性、常同的な音声あるいは発声）」（DSM-Ⅳ）のことです。チック障害には他に、慢性運動性または音声チック障害などが含まれています。遺伝ではありません。育て方の問題です。

　私の認識では、チック障害と不登校とは結びつかないのですが、子どもが今学校を欠席しているのは事実ですから、チック障害と不登校を関連づけて対処するのが妥当のように思います。夫婦で子育ての反省をし、方針と方法を変えてわが子にかかわります。親の子育てのしかたの変革がテーマです。

　どのような子育てであったのでしょうか。父親がどこかに消えており、母親がわが子のちょっとしたことに口を出し、少しでも怠けたようなことがあると叱りつけ有無を言わせなかったというような子育てではありませんでしたか。わが子が苦しそうにしているのに気づいていましたか。チックが出たとき「みっともない」などと言って咎めることはありませんでしたか。もしあったとしたら、すなおに夫婦で反省します。反省はお互いを責め合うのではなく、本心から「わが子にすまなかった」と振り返ります。それで十分です。「わが子は可愛い」と心底思えば、それだけでチックの回数は減少します。

　それから、わが家の運営を改造します。やさしくできるでしょうか。やさし

くとは笑顔や穏やかな言葉はあっても、小言や咎め、怒りがないことです。また夫婦がお互いに少しのことで感情を爆発させることがないようにします。父親は夫として妻（母親）に愛しい言葉かけを毎日最低1度は行い、子どもに笑顔で語りかけるができるでしょうか。やさしさが明瞭なわが家にならないと、チックはさまざまに症状を変えて増悪すると言われています。頭を振る、肩を揺する、汚言（糞便のことや卑猥な言葉を吐く）が見られるようになります。

　多分です。トウレット障害がわずかでも軽減されれば不登校はなくなると思います。なお、担任の先生の定期的な家庭訪問をお願いします。決め手です。

【付言】幼いころからやさしい言葉で正しいことを言い続けますと子どもの親への依存心が募ります。トウレット障害はその反対の子育ての結果です。依存は一種の快感ですが、チックは苦痛です。どちらも子どもにとって災難です。

13　腹痛を訴え、学校に行きたがらない素振り、どうすべきか

Q 小学5年の娘が朝起き難くなり、起きてもなかなかパジャマを脱ぎません。「学校に遅れる」と声を大きくして促しますと、苦しそうな顔で「お腹が痛い」と呟きます。「お腹のどのあたりが痛いの？」と訊きますと、お臍のあたりを手で示します。私がさすってみますと余計に苦しそうな表情をします。学校に行きたがらない素振りを見せますが、私が車に乗せて連れて行きます。このまま学校に行かなくなるのが心配です。（母親）

母親が甘え依存から手を切り、年齢相応の自立を目指させる

A 状況から判断して、不登校になる恐れがあります。覚悟を決めて対処します。このお覚悟が問題を解決に導きます。

　不登校とは、何だか分からないが学校に行き難くなった、学校に行くのがつらいに始まり、行きたくても行けない、または行かないと宣言して、学校に行かなくなることを言います。最近では、はっきり行きたくないから行かない、もう行く気がないと語る不登校も出現しています。同年齢の集団に入れない、

入りたくない、入らない、またはそこから撤退するという様態です。

　ちなみに不登校にならない子どもとは、朝自分で起きる、自発的に身辺の始末をする、規則正しい生活習慣をもつ、日常のことを自分で考え自分で判断する、自分の意見をはっきりもつ、読書やスポーツなどに本気で取り組むなど、ある程度自立した意志と態度をもつ子どもです。朝自分で起きる子どもは所属する集団の中で臆せず自信をもって生活できますし、自分で考え判断できる子どもは仲間集団と適切な距離感を維持して好ましい人間関係を形成します。

　文部科学省や識者は、不登校には誰もがなり得ると言及していますが、決してそうならない子どもたちは多数が実際です。それは、簡単に言えば、父親の教えの手が入り、母親への不要な甘えと依存がない子どもです。言い換えますと、子どもに父親が教えやかかわりをしっかりとし、母親が不要な過保護過干渉を止めるのが不登校に陥ったり、長引くのを阻止するということです。

　これからの対応はごく普通の子育てをするということです。腹痛は母親がわが子と手を切りなさいというわが子からの問題提起です。わが子を子ども子ども扱いせず、一人前の人間としてかかわるのが基本です。それには家族内の適切な役割分担が必要です。父親もトイレ掃除を役割とするくらいの覚悟が大事です。家族集団の協力し合った勤労体験などが子どもの不登校を阻止します。

　念のためですが、学校には行くことができるときには何としても行かせます。またこの問題の対応には学校の先生方の協力を仰ぐことを勧めます。登校したときのかかわりが重要であるからです。学校は十分承知です。

【付言】朝ぐずるとき、担任の先生には申し訳なく思いますが、自宅に迎えに来ていただくと案外円滑に登校します。しばらくお世話になるのも知恵の一つです。心ある先生は対処のしかたをご存知です。感謝の心でお願いします。

14　不登校、「生きてこなければよかった」と語る、何をすればよいか

Q　小学６年の娘は学校に行ったり行かなかったりです。時々私に「生きてこなければよかった」と口にします。その言葉を聞くたびに胸が痛みます。もともと友だちは少なく、クラスの女子は奇数で２人ペアのグループがで

きますと 1 人が余ってしまい、それではみ出してもいるようです。「学校に行きたくない」のは所属するグループがないからのように思います。娘のために何をすればよいのか、お教えいただければ幸いです。（母親）

ひたすら受容し、子どもの内なる能力を引き出す

A わが子の切ない言葉を聞くのは親としてつらいことですね。否定や批判は禁じ手です。ひたすら受容して聴く、これを続けていますとわが子と家族の課題が明確化します。もう言わなくなる例が多いように思います。

一見、1 人の生活を好んでいるように見えても、人は誰でも自ら好んで孤立を選択して生きようとは思いません。学校で友だちがいないのは「生きてこなければよかった」と思えるほどつらいことと理解します。「どうしたら友だちとうまくつきあえるか」と悩んでも、そのために行動するのが苦手な子どもがいます。それも個性です。この弁えも大切です。

真の問題の所在が何かは不明ですが、ここではわが子に友だちができるようにする手だてを考えることにします。わが子に「幼稚園から小学 6 年生になるまで、お友だちは誰だった？」と尋ねます。小さいときから現在までの間、わずかでも親しくしていた友だちの名前をなるべく数多く思い出させます。そして特に思い出に残っている友だち 1 人を例にして話し合います。

そして、そのお友だちと「仲良くするために、どんなことをした」とまた問いかけます。わが子は何かをしたはずです。それがわが子に友だちをつくる能力があることを思い出させ、友だちと仲良くする勇気を出す選択をしたからよいお友だちと巡りあえたことを強調します。わが子のもつ内なる能力と友だちという外の資源を結びつけますと孤立感の改善に役立ちます。わが子にたくさん語らせる配慮が大切です。母親の一方的な誘導は心して控えます。

それはそれとして、クラスで子どもたちの心地よい人間関係を成立させるのは学級担任の役割です。学級が協同的な集団であればこのような問題は起き難いのです。同時に、わが子が学校へ行ったり行かなかったりすることへの適切な対応が大切です。登校日を増やすようにする、それにはわが子と担任の先生との共同実践が必要です。学校を訪ねて話し合いをします。話題の核心は、わ

が子がクラスに適応できる人間関係の醸成、登校したときの学級担任の対応のしかたです。安心というメッセージや学級の雰囲気の伝達も役割です。

【付言】不登校問題は本来もつ子どもの自己成長力に外からの働きかけが加わりますと早めの解決に向かいます。子どもが過去に発揮した自己成長力の復元と選択能力の再発見が必要です。その掘り起こしは親と先生の役割です。

15 教室でいじめられ、不登校に、どうすべきか

Q 小学6年の息子は5年生のとき、3人のクラスメートにいじめられ学校に行かなくなりました。プロ野球のある有名選手のサインボールを持っていると話したら、無視が始まり、その後勉強ができない馬鹿と言われたり、蹴られたりなどが続いたようです。親が説得し一度登校しましたが、担任の先生にいじめをした子どもと仲直りさせられた次の日から、「またやられる」と言って行かなくなりました。どうすべきでしょうか。（母親）

いじめに耐えたことをコーピングし、再登校に対する意志表示を引き出す

A いじめの問題でこれだけ学校が批判されている時代に、このようなことが起きていることを残念に思いますし、憤りも感じます。速やかで適切な学校の対応を求めます。不登校の誘因（きっかけ）はほとんどが学校での出来事です。不登校という現象に隠れていますが、いじめが素因そのものになる不登校の事例は相当数に上ります。

不登校のきっかけとなるいじめは、そのことをいじめられた本人と親（保護者）が安心できるかたちで収拾するのが原則です。仲直りと称する加害者と被害者を集めての手打ち式は先生が楽をして、教育的にはもっともいい加減な対処です。再発防止の役にも立ちません。学校と先生方は反省すべきです。

ちなみに、いじめはいじめをする子どもがいるから生じます。いじめは快感です。だから止められないのです。いじめをする心理特性は孤立恐怖（いつも独りぼっちという感覚）です。恐怖は解消しなければなりませんから孤立恐怖

の子どもたちが集団化して恐怖を消し、快感であるいじめを続けるのです。いじめの撲滅はいじめをする子どもたちの人間としての再生です。教師が正義の代理人として「してはいけないこと」の指導と同時に、叱ることだけではない孤立恐怖を解消できるあたたかで思いやりの深いかかわりが大事です。

　いじめの状況を勘案するに、わが子は相当に心の痛手を受けていると思われますので心のリハビリテーションの時間が必要です。親と一緒にいる時間を確保し笑顔でたくさん話ができるように配慮します。親は心強い味方、親につらいことを語っても受け入れて貰える、安心という意識になるよう計らいます。

　これからの方針です。いじめられたときの反応は、戦う、逃げる、無視する、のいずれかです。親子でどうするか、よく話し合います。転校という選択肢がありますが、将来の生き方を考えますと逃げたとなるかも知れませんので余程のことでない限りお勧めではありません。いじめに耐えたことを十分にコーピング（苦難を乗り越えたことを称える）し、レジリエンス（困難を乗り越える力）の力量を育てます。親の支持と教えが再登校に対する意欲を高めます。

【付言】いじめの指導には勇気が必要です。だから勇気のない教師は楽な対応を選択し指導したふりの態度になってしまいます。このような指導では子どもたちの自浄能力が期待できません。いじめが減らない要因の一つです。

16　平気で遊び歩く不登校、どうすべきか

Q　小学6年の息子は3年余り不登校です。不登校開始以来平気で外を遊び歩きます。昼日中、学校があるときでも私の買い物についてきますし、近くのコンビニに1人で買い物に出かけます。でも私が1人で外出しようとすると「行くな」と騒ぎ、予定の時間より遅く帰ってくると怒ります。家庭訪問で担任の先生が「待っているよ」とおっしゃると、「うん」と頷きますが、一向に登校する気配がありません。どうすべきでしょうか。（母親）

まず親の真剣な説得、それから担任の先生のかかわりの工夫も必要と弁える

A 最近増えつつある不登校のタイプのように感じます。これまでにいろいろな対策を講じてきたことと想像しますが、このままでは困りますのであきらめず改めて覚悟を決め、しっかりした計画を立ててかかわることが肝要かと思います。以下は問題解決のための基本的な手だてです。

わが子はすでに不登校が始まったときの心理状態にはありません。学校の価値をどこかに追いやってしまった状態と理解します。怠学傾向もかなり強くあると判断します。しかし、叱りつけるのみの対処はご法度です。

小学生ですから余り過激なことはできません。説得が有効です。両親でこんこんと言って聞かせます。恐らく何度も行ってきたことでしょうが、おざなりや軽くではなく最低でも１回につき２、３時間、或いはもっと多くの時間を費やして説得することです。１度でだめなら２度、３度と繰り返します。わが子が泣くくらい真剣に言って聞かせる一方、しっかりと本人の言い分も聴き取ります。そして大事なことはわが子から「○○をする（行動目標）」という言葉を引き出すことです。徹夜でわが子を説得した親もいます。両親で行います。

これだけの時間を費やしてわが子と話し合いますと、わが子が訴えようとしている課題がはっきりと見えてきます。日を置かずそのことに取り組みます。ここに必要なのは母親のやさしさです。父親のきびしさが加わり両親連合が形成できると、問題が解決し易くなります。

もう一つの手だては悪循環に気づき、それを断つことです。担任の先生にもかかわりの一工夫が必要です。担任の先生も何度か替わられたことと思います。学校（先生方）がしてきたことを振り返り、効果がなかったことを止め、これまでしてこなかったことをしてもらうのです。例えば校長の説得、担任の先生の学習支援、養護教諭の保健室への招待などです。先生方が衆知を集めてかかわってくださるようお願いします。学校はきっと真摯に取り組みます。

なお、このタイプの子どもは、何を考えたか不明ですが、あるとき突然に登校することがあります。これも期待です。

【付言】 カウンセリングでは説得は攻撃と見なされます。しかしカウンセリン

グに期待できない場合は試みる必要があります。7時間も8時間も続け問題を解決した例もあります。引き籠もりを3か月口説いて解決した父親もいます。

17　仲間外れにされ不登校、どうすべきか

Q 小学6年の娘は仲良し3人組と呼ばれた2人から仲間外れにされ、学校に行かなくなりました。理由はクラスの他の女の子と親しげに話をしていたからのようです。不登校になり3か月経っています。元気がありません。担任の先生が娘を含む3人を呼んで指導してくださったそうで、その折り2人は「分かりました」と言ったようでしたが、娘によれば相変わらずなので学校へは「行きたくない」と言っています。どうすべきでしょうか。（母親）

出来事を語り合い、問題の所在を知り、新しい出会いを信じる

A 小学校でも中学校でも、そして高校でも日常茶飯事によくある出来事です。困ったことですが、仲直りして元の人間関係に戻すのは並大抵のことではありません。学校の先生方も介入しますが、一度こじれた関係は元に戻り難く、余り好ましい成果は見られないように思います。

　問題解決に必要なことは、親子でこの問題を「どうなればよいか」と考えることです。それから、どうするかの手だてを探します。この問題はどうればよいのか、まず目標を明確化してから、どうするかの方法を考えます。

　この問題を解決するには、現実を変えるか、わが子が変わるか、2つに1つです。現実を変えるのに母親は手出しできませんから、それは学級担任の役割です。いくらか不満があっても担任の先生とよく話し合い、不登校問題解決の方法に則り協力し合って対処します。

　わが子を変える、これが具体的な課題です。2人で一連の出来事を振り返ります。何が問題か、他人のせいにしていないか、学校に行かない意味は何か、に気づくことが大事です。それはとどのつまり自分が登校しない理由を他人に責任転嫁しているのではないか、という考えに行き着くことかも知れません。「他人を許し、私は勇気をもつ」、このような心情になるのを期待します。

人間関係のあつれきは、どこの家庭、学校、職場、そして地域社会にもあることです。そのたびにそこから引き下がっていては正常な社会生活を営むのが困難です。わが子に言い聞かせます。「勇気をもちなさい。友だちは自分の勇気でつくる。きっとよいことが起きる。お母さんが支える」と語ります。

　学校での友だちはとても大切です。「だれだって　ひとりぼっちでは　いきてゆけない。ともだちって　すばらしい。」(谷川俊太郎・文、和田誠・絵『ともだち』)を、2人で読み合うことを勧めます。新しい出会いは必ずあるのです。いつまでも過去にしがみつかないことも大切です。

　再登校をどうするかの問題です。今、このときと感じたとき登校を促します。再登校にも自信と勇気が必要です。支えます。

【付言】「あつれきのもとは、内緒話をする、約束を破る、陰口、いいつける、仲直りの勇気をもたない、悪口はいいが」です。前出「ともだち」からの引用です。皆が友だちを欲しながら必ずしもそうはいかない、これが現実です。

18　学童保育の子どもの不登校、どう対処するか

Q 学童保育に来ている小学6年の男の子が不登校になりました。いつもの下校時間よりかなり早く学童に到着する日が続いていたのでおかしいと思っていました。ふだんの登校時刻に一度家を出て近くの公園に隠れ、両親の出勤の時間を見計らって家に戻り、また時間の見当をつけて学童に来ていたようでした。不登校の子どもに出会ったことがありませんので指導員一同戸惑っています。どう対処すべきでしょうか。(学童保育指導員)

偏見なく、ふだん通りのかかわりを続ける

A 学校に行かず学童保育に来るのですから、ふだんよく子どもたちのめんどうをみていらっしゃるのだろうと想像します。ご立派です。またご苦労様です。子ども本人から「僕は不登校」という申告はないでしょうから、偏見なくふだん通りのかかわりでよろしいと思います。

不登校は基本的には「学校に行きたくても行けない」という心情です。本人の性格傾向や生活習慣、家族のあり方などにより不登校の発生脆弱性（不登校になりそうな傾向）をもつ子どもたちに、学校での「きっかけ」があって発生します。きっかけは学業不振、友だちとのトラブルなど学校で起きるさまざまな出来事です。

　一度学校へ向かい、家に戻って学童保育に来るのですから不登校のレベルは軽度であろうと思います。親や学校の先生方が適切にかかわりますから不登校の部分にはほとんどふれないでおくべきと考えます。ただ一つ大切な注意を申し上げます。守秘義務の遵守です。学童保育に来ている子どもたちには当然ですが、指導員の方々の家族にも話さないようにすることです。保育や教育に従事する人たちの重要なモラルの問題です。世の中は壁に耳あり障子に目ありなのです。世には偏見の風潮も存在し、秘密の漏洩は回り回って、になります。

　不登校の援助は、学校でのきっかけを知り、そのきっかけの解決を図ることから始めるのが原則です。軽度の不登校はそれだけで再登校が実現することがよくあります。それで解決できないときは専門的なかかわりが必要です。それは親と先生方が果たすべき領分です。知ったかぶりの対応は「小さな親切、大きな迷惑」になります。要注意です。

　不登校は子どもとその家族にとって、とてもつらい問題です。先生方の苦労も並大抵ではありません。子どもにかかわる皆が協力し合って解決すべき問題です。協力依頼がありましたら、できることとできないことの区別を明確にして、できることの協力は惜しまないようにします。学校に行かなくても学童保育に来る、平素の価値ある学童保育に敬意を表します。

【付言】 これまでは子どもの世話や養育は親が一番でした。でも母親の社会参加で生後間もなくから保育所の世話になる子どもが増えています。社会は親に匹敵する子育ての実践が望まれています。

[第4章] 中学生に関する質問事例と解明のしかた

I　一般的な質問事例と解明のしかた

1　中学校入学後、行ったり行かなかったり、もう不登校か

Q この４月、中学校に入学した息子は１週間ほど過ぎたころから、朝「お腹が痛い」と言い始め、学校に行ったり行かなかったりになりました。朝起こすのに一苦労し、ようやく制服を着せ、なだめすかし車に乗せて学校へ連れて行っています。毎日、顔色が蒼白になり本当にお腹が痛そうです。それで酷そうなとき「今日は休んでもいい」と告げると治ります。不登校が心配です。それとももう不登校なのでしょうか。（母親）

１週間の休暇の提案、協同作業と親密体験を共有する

A 心配ですね。不登校と判断し、その対応をした方がよいと考えます。
　毎朝の「起きなさい」→「お腹が痛い」→「本当？」→「休みたい」→「行きなさい」の繰り返しは本当に疲れます。とりあえず１週間、親とわが子のこの重労働を休んでみてはいかがでしょうか。１週間、学校を休んでもよいという約束をします。但し、家族全員、朝起きる時間から夜休むまで平常の時間帯での日常生活を心がけます。親密な会話の時間も確保します。
　また、子どもが腹痛を訴えているのですからお腹によい朝食を用意します。この配慮が大切です。さらに、必ず小児科か内科の診察を受けさせます。稀に病気が見つかることがあります。異常がない場合でも医師は適切な助言をくださいます。問題の所在が明確になります。
　この１週間の過ごし方が本格的な不登校防止の決め手になります。大切なのは食事です。朝ご飯を含め、家族が一緒に食事を摂るようにします。このとき準備、調理、後片づけも家族みんなで行うようにします。それから清掃も同じ

です。これらの協同作業をともにした後、親は忘れずに笑顔で子どもを一番最初に「ご苦労さん」とねぎらい、続けて「よくやったね、偉い」とほめるようにします。これ以降もなるべく習慣化します。家庭が活性化します。

　１週間後の再登校の前日、子どもと両親で、登校する日の予定を話し合います。建前は話し合いですが、実際はすべてわが子からの自己申告であるよう親が配慮します。朝何時に、どのようにして起きるか（自分で起きるのか、親に起こしてもらうのか）、学校へはどのようにして行くか（歩くか、自転車か、親の車に乗っていくか）について語らせます。このとき何よりも大切なのは、親がやさしく笑顔で本人が語ることをしっかりと傾聴して、「なるほど、よしよし、大丈夫よ」の姿勢を表現することです。

　目標は自己決定力の育成です。わが子に思いの丈を存分に語らせることが肝要です。安心して語り切りますと登校意欲が高まります。家族相互の親身なかかわりという親密体験の共有が問題を解決に導きます。

【付言】「腹痛」という明瞭な身体症状を訴える前に、気分が悪い、体がだるい、胸が苦しい、体がかゆい、風邪が治らないといった症状の訴えや行動の緩慢化という不定愁訴を示すことがあります。不登校の前兆によくあります。

２　１年間の欠席、不登校でないと言い張る、どうするか

Q　中学１年の息子は入学式直後から学校に行かなくなりました。それなのに「僕は不登校ではない。行こうと思えばいつでも行ける、でも今は行かない」と言い張っています。最初は「疲れた。しばらく休む」でしたが、最近では何も言わず、夜10時に寝て朝8時過ぎに起きており、学校に行かないこと以外に問題はないと思っています。これがいつまで続くのか、勉強や友人関係のことも気になります。どうしたらよいのでしょうか。（母親）

登校を阻んでいる事柄を洗い出し、それらを乗り越える努力をともに行う

A それだけ休んでいても不登校でない、とは確かに了解困難ですね。最近目立つタイプの不登校と思います。学校には行かないが、身体症状や昼夜逆転の生活もなく、意外に元気、各種のメディア機器は適当には使うが溺れもせず、時々は勉強もする、外出も自由、家庭内で問題を起こすこともないが親の言いつけは聞かないという不登校が増加の傾向にあります。

わが子の発言の意図がどこにあるのか、真剣に考えていることと思います。私には、学校に行きたくても行けないことの無念さの発言のように感じます。かなりプライドの高いわが子であるようです。わが子の表現は表現として、親がより積極的に再登校のための行動を起こします。

子どもはいろいろな表現をしても、登校しないのは、学校または教室の場面や友人や先生との関係に何らかの不安か恐れを抱いているなど、登校を阻む理由があるからです。不登校でないと言い張るのは、言い換えますと、学校に行っていない、または行けない惨めさを悟られないようにする表現で、登校できないことをひそかに苦しんでいるからと思われます。

「君（あなた）を学校に行かせないようにしていることはどんなこと？」と尋ねます。登校を阻んでいる事情が明らかになれば目標設定が具体化します。当然のことですが、登校を阻害する要件は一つではないはずです。学校に慣れなかったこと、クラスに馴染めなかったり傷ついたこと、勉強が遅れてしまっていること、休み過ぎたことなどを丁寧に聴き取り、それを乗り越えるための手だてをわが子に考えさせます。親も真剣に考え、意見を述べます。

ところで、わが家の問題はわが子が学校に行かないだけと考えてはいませんか。わが子の不登校は親子関係や夫婦関係の反映です。そのことの認識と改善が必要です。改善の方向は、夫婦が和して、親子が学校のことでも何でも心の底からなごやかに語り合える関係をつくることです。親の職業生活、夢や希望など、親の自己開示（親が自分のことを語る）がその関係をつくります。わが子が親に自分の内面を語ることができたら、再登校に向かいます。

【付言】登校を阻んでいる事情を明白にし、当事者がそれらを克服する意志決

定や判断に寄与する質問の方法がフィード・フォワード（feed forward）です。偽解決で希望を失っている当事者の問題認識の転換に役立ちます。

3　長い不登校、今は当然と家にいる、どうすればよいか

Q　中学2年の息子は、小学6年のころの不登校が再発し、5月の連休明けから全欠状態になり、それがもう1年近く続いています。家でメディア漬けの毎日です。注意すると怒ります。不登校の始まりのときは苦しそうな表情をしていたり、学校に行かなければという気持ちを話していましたが、今は当然という感じで家にいます。怠け者になったように思います。もしそうであったら、どうすればよいのでしょうか。（母親）

子どもの自尊感情の育て直し、自他を愛おしむ心を育てる

A　わが子は怠学のように見えますが、実際はそうではありません。不登校が長くなったことから生じた問題です。不登校問題は不登校に陥ったときの心の問題を解決しておきませんと、いずれかのときに再発することがあります。しかも欠席が長くなりますとまた別の方向へ変化します。ついでながら中学1年のときの再発は不登校問題の「中1ギャップ」と称されます。

　不登校問題はそれが始まったときに、親への過剰な依存からの脱却、対人不安の軽減、自己肯定感の形成に手をつけませんと、中1ギャップが現れます。子どもは、一見何もしたくない素振りを見せていても、心の奥底では自分の人生を立て直したいと願っています。メディア漬けには腹の立つこともあるかも知れませんが、何かをすることが思いつかないことや現実を忘れることができるから溺れます。自尊感情に乏しい子どもがする行為でもあります。早くこの状態から救い出すのが親のつとめです。学力の補充もです。

　不登校が長期化し、学校に行くのがめんどくさい、つまらないと言い張ったり、いつの間にかメディア漬けになっている子どもが数多くいます。無気力であることの証しです。不登校当初の心の状態とは明らかに異なっています。登校の強要に応じたり社交のために時々登校するのが怠学です。不登校も怠学も子ど

もの自尊感情の育て直しが問題解決の要諦です。向上意欲、誇り、自信、これらが身につくよう親と周囲の人たちがかかわります。

　不登校であれ怠学であれ、学校を卒業しませんと現代社会では、職業生活を好ましく拓くことが困難です。「食べる」という人生の根本を脅かす後悔を子どもにさせることは避けなければなりません。親は子どもに真剣に向き合い、学校に行くことの大事さをはっきりと説くべきです。親の大切なつとめです。同時に自他を愛おしむ気持ちを育てることが目標です。わが子が生まれたときの、あの感情でかかわります。多分、わが子の問題は当時の愛着関係の再現で解決が図られます。これから進学したときの再発を防止するためにも、親が変化し、親自身の目標を達成する努力を期待します。

【付言】自尊感情とは自分自身を価値ある存在と思う感覚です。子どもであればそれは親からの肯定的な評価で培われます。不登校の子どもは総じてこのことに問題を有します。僕（私）って満更でないという感覚の育成が大切です。

4　不登校の動機、その言動に戸惑い、解決のしかたはあるのか

Q　中学2年の娘は1年前、保健体育の先生に「何のために体育の授業があるのか」という質問をしたそうです。するとその先生は「学校ですることに決まっている」と答えたといいます。娘はそれに反発し学校に行かなくなりました。それでいて将来は学校の先生になると言っています。学校を休み、勉強もしないで学校の先生にはなれないと伝えていますが通じません。娘の矛盾した言動に戸惑っています。解決のしかたはあるのでしょうか。（母親）

不登校の発生脆弱性に対する関心をもち、新たな行動を促す

A　お手紙に、「それくらいのことで学校に行かなくなるなんて娘がおかしい。何を考えているんだか。学校に行かないことを正当化する苦しい言い訳」とも書いてありました。もっともの考えです。確かに数はそう多くなくても不登校の子どもたちによくある表現と行動です。苦しい言い訳でもあり、

やるせなく行き場のない感情表現でもあります。救いの手が必要です。

　思春期の特性の一つにアンビバレンス（両面価値や両価感情と訳される）の感情があります。「同一の対象に対して相反する感情や態度を同時に持つこと」（『心理学辞典』）という意味です。通常、一方の面（多くは望ましくない面）が無意識のうちに抑圧され、その人の行動に影響を与えます。この場合で言えば、保健体育の先生に対して、好きと嫌いの両方の感情を持っており、言葉のやりとりでつい嫌いな方の感情が噴き出して、学校に行かなくなったものと思われます。好きと嫌い、愛と憎しみという相反する感情が同時に激高しますとさまざまな問題が生じます。たまたま今回は保健体育の先生でしたが、親やきょうだい、友人なども激高の対象になります。

　母親の役割です。家の中でこのときという機会を捉えて、できる限りの笑顔でやさしく「あの問題はどうしたの？」と尋ねます。まだわだかまっていたら、そのことを納得の行くまで話し合います。多分自分でも愚かな考えであると気づいているはずです。その気づきが新しい行動を生み出します。

　同時に、これまでの不登校状態も振り返ります。わが子に語らせます。それが新しい行動への動機づけになります。それから、どのような目標を立てるかを考えさせます。母親は「これからどうなればいいのだろうね」だけの問いかけです。それまでの戸惑いを棄て、笑顔でやさしくの対応が肝心です。長い不登校でも新たな決意のもとに努力を重ね、教師になった元不登校を何人も知っています。まだ時間は許されています。寄り添い、自己決定を促します。

　なお、学校の先生方は、子どものいかなる質問にも真剣にまともに答えるのが使命です。どんな気持ちで尋ねてくるのかの忖度が大切です。

【付言】うっかりもよくあります。学校の先生だけを責めることはできません。でも教師は自分の使命に誇りをもつことが大事です。教師が不登校の誘因（きっかけ）をつくるべきではありません。結果論ですが、心すべきです。

5　不登校、明日は行くと語る、でも行かず、どうすればよいか

Q 男の子の孫が中学1年の1学期が始まると間もなく登校しなくなりました。1年半経ちます。最初は苦しそうな表情で、学校が面白くない、勉強がつまらないと言いながらも、学級担任や私には「明日は行く」とか「来週から行く」と、いかにも行きそうな口振りで話します。でも登校の気配はありません。同じ不登校の子どもとゲーム三昧の生活を続けています。父子家庭で息子は子育てを私たち祖父母任せです。手だてがなく困っています。(祖父)

子どもの本心に気づき、真剣に自らの意志を伝える

A 最初は不登校にならざるを得なくて不登校に陥っても、適切な援助や親身なかかわりが乏しいと長期化します。そして、時間の経過とともに心の状態も変容します。今、本人は恐らく学校へ行きたくても行けないではなく、行きたくないとか、行くつもりがないと思っている状態であろうと思います。1年半くらい家にいる状態が続きますと、学校で勉強や友だちとの人間関係で苦労するよりも、家で好きなことをしていた方がはるかに気が楽ですから、登校意欲が表面化してこないものと思われます。でも、心の内面は困っている状態です。親と家族にはその理解が必要です。

　子どもから真顔で「行く、行く」と言われますと、家族も学校の先生方もその言葉に引き摺られて、ついそのままにしてしまいます。すると、あっという間に1、2年が過ぎてしまいます。そして勉強が遅れるなどの二次的問題が生じ、怠惰、ゲーム三昧、或いは昼夜逆転の生活に陥ります。

　中学2年ですから自分の未来を真剣に考える時期を迎えています。本人と将来のことをよく話し合うことが第一義です。不登校の子どもは、口では学校なんてと言いながら、本心は中学校卒業後のことをとても不安に感じています。同じことに遭遇した母子家庭の祖父母の事例です。

　祖父母は孫(男子)に、「私たちは高齢者。いつまでもお前の面倒はみていられない。お前が一生何もしないで食べていけるような財産も残せない。でも

お前がそんなことなので死んでも死にきれない。中学校を卒業したら、この家を出て自活せよ」と迫りました。祖父母から、初めてそのようなきびしい言葉を聞いた孫は驚きました。迫力満点でした。祖父母が本気でそう話しているのを感じ、孫は真顔になりました。それでも長く学校を休んでいたので行くにも行けず状態でしたので、担任の先生に再登校への指導をお願いしました。そう時を置かず再登校が実現しました。時に気合でも不登校問題は解決します。

　不登校はある時間が過ぎますと再登校への意志を抱きます。一方ではもう駄目だという二律背反の心情を抱きます。それへの気づきが大切です。

【付言】どんなに立派ですてきな祖父母でも親の代わりにはなれません。立派な教師でもです。親のかかわりや保護がないと子どもは愛情饑餓の状態に陥ります。それを克服するのは子ども本人の心の成長を促すかかわりです。

6　強くなりたいと体の鍛錬、でも不登校、これからどうなるのか

Q　中学2年の息子がもう半年も学校を休んでいます。医療機関を訪ねましたら医師に「不登校だね」と言われました。担任の先生も遠慮がちに同じことを申されました。最近は何種類かのナイフを集めています。その上、「体に肉がついていない」と言い、ダンベルを買って振り回し、通信販売で筋肉増強剤を取り寄せろとも要求されています。軍隊のシャツやズボンを常用しています。学校を休み続け、これからどうなるのか心配です。（母親）

問題解決の方向を見失わないこと、真の男性性を育てる努力を続ける

A　不登校には往々にしてあることに固執するという特徴をもつことがあります。よく調べれば、何らかの発達障害があるのを疑われる子どもである可能性があります。また「強くなりたい」と言って迷彩服や軍用品を買い集めたり、モデルガンやナイフをもち、強い自分を見せようとする男の子たちがいるのも実際です。そのような子どもにしばしば不登校がいます。

　またすでに立派な体格をしているのにも拘わらず、まだまだ不十分と思い込

み、体をダンベルやバーベルで鍛えたり、筋肉増強剤を飲んで筋肉隆々の体をつくることに熱中する子どもがいます。そして、軍隊に関する雑誌を愛読しているうちに、いつの間にか学校を疎かにする傾向を示します。結果として不登校状態に陥ります。数は多くはありませんが目立ちます。

　但し、放置したままにしておきますと、この傾向がいつまでも続いたりエスカレートします。禁止したり制限しますと暴言暴力のこともあります。しかしながら、事故の防止が大事です。特にサバイバルナイフなどは危険ですから、父親が「父親に預けよ」と求め預かります。抵抗しても銃刀法違反であることを告げ預かるようにします。それでも預けない場合は、警察署に連絡し警察官に預けることも考慮します。危険なナイフは絶対に所持禁止です。

　本来の問題の解決には、わが子が不登校に陥り強くなりたいと願う心の状態への対応が必要です。問題解決の方向を見失わないことが大事です。具体的には両親のわが子への愛情伝達のあり方や夫婦及び親子のコミュニケーションの質と量を振り返ります。不十分と感じたら改善します。

　加えて、父親が計画的意識的にわが子の近くに存在し、父親のもつ「男らしさ」を表現して、わが子の「男性性」の部分を育てることが肝要です。毎日時間を決めてふれ合う機会を設けることがわが子を窮地から救います。継続的で根気強い親の努力が必要です。今までよりほんの少し真の男性性が育ってきますと、心にスタミナがつき、わが子の必要以上の劣等感が軽減に向かいます。自己肯定感が育ちますと不登校問題を解決に近づきます。

【付言】子育てに手を出さない父親は、後ろめたさからかわが子に恐怖感を抱かせる言動がたびたびです。子どもは無関心な父親と恐い父親に二重に拘束されるのです。この親のもとで一部の子どもたちは強くなりたいと願います。

7　不登校、転校希望、どうすべきか

Q　中学2年の娘は不登校を始めて1年近くになります。以前は、学級の雰囲気が嫌い、みんなが私のことを噂するなどと言っていましたが、最近では転校したいと主張しています。聞けば、教育委員会の決まりで一度は転校

が可能だそうですが、そこでもうまくいくとは限りませんし、どこに転校するのかを決めるのも大変です。通学方法の問題もあり娘には「無理」と話しています。そもそも転校して、不登校ではなくなるのでしょうか。（母親）

転校したいと願う娘の気持ちを理解し、目標設定に漕ぎつける

A　不登校に必ずあるのが対人不安または恐怖の問題です。これは、同年齢の子どもやその集団に不安や恐れを覚えるということです。家族よりは親しくなく一般社会の人たちよりは親しい人たち、つまり所属する学級集団に不安や恐れを感じ、そこにいるのが困難なことを意味します。

　確かに、転校も不登校問題の解決方法の一つです。「転校したら行く」と言って転校した子どもたちが数多くいます。しかし転校したら再登校し、それを続けるかどうかは転校してみないと分からない問題です。その上、転校して登校できなかったからまた元の学校に戻るのは規則上はなはだ困難です。お手紙にあるように、転校は簡単な問題ではないのです。

　不登校問題はいつもそうですが、結果でしか評価できません。親と担任の先生とで言って聞かせて理解させることです。それから言えることは、対人不安は見知らぬ人には感じないが、少し親しい同年齢の人には不安を覚えるということですので、転校してそこのクラスメートと少し慣れ親しむと、その集団に不安を感じまた休むようになることがよくあります。不登校は対人不安（恐怖）をもつのが現実ですので、転校してせっかく登校したのにまた行けなくなったという事例を数多く見聞きしています。

　大切なことは、わが子が転校したいという気持ちを理解することです。登校するという意志があるから、その気持ちが芽生えているから、転校という言葉が出てきているのだろうと想像します。心を決めてわが子と対面し、再登校へ向けての目標設定がうまくできるといいですね。

　とても恐縮な一般論でのあなたへの問いかけです。他人に語らず、自分の内面でだけで答えを出すようお願いします。不登校のわが子をどう感じていますか。はっきり大好きと言えるでしょうか。ここに問題解決の鍵があります。人は好きな人の言うことはきちんと聞くのです。わが子が聞くのも好きな人の言

葉です。母親がわが子を大好きであれば、速やかな目標設定が可能です。とてもつらい作業ですが、一度しっかりとわが身に問いかけてみることです。

【付言】不登校の子どもは他人からの肯定的な評価を失うのを恐れます。その恐れが強化されると集団から撤退します。絶対的なストロークの量が必要です。家族皆で、また親戚も動員してでも語りかけ続けることが大事です。

8　長く不登校状態、でも気が向けば登校、どう扱うか

Q 中学3年の息子は長く不登校状態です。でも気が向けば登校します。1年生の夏過ぎからの状態です。欠席が続くとき登校を促しますと「〇〇を買ってくれたら行く」と答えます。仕方なく買い与えたこともありました。そのときは数日登校します。最近の口癖は「ゲーム機を買い換えろ。スマホを買え」です。小学生のころから勉強嫌いで成績はまったく振るいません。高校進学の意志はあるのかどうかも不明です。扱いに困り果てています。（母親）

愛情饑餓の問題と捉え、食事から始める

A 一昔前と異なり、現代は「学校は必ず行くところ、行かなければならないところ」という観念が薄れている社会ですから、確かな理由がなく学校を休んでも心が痛まない子どもが増えています。さらに、登校を促されると報酬を求める子どもがいるのも確かです。子どもの再生の試み、本来の子どもへの育て直しを行います。それには親の実行への意志が問われます。

解決を図るためのヒントは「〇〇を買え」にありそうです。「買え」の本質は愛情が欲しいということです。愛情の基本は食事です。親がわが子に与える最初の愛情はお乳です。お乳、いわば食事は愛情のシンボルです。わが子が赤ちゃんのとき、どんな気持ちでお乳を与えていたか、思い起こしてみます。「何とかわいいわが子。健やかに育て」と願ったことと思います。

改めて家族に、おいしい食事をおいしく食べてもらおうと思って、おいしく作ることがわが家の問題を解決するために必要です。高価な食材やぜいたくな

食事が「おいしい」のではありません。心を込めて食事を作り、うれしい雰囲気で楽しく食べるのが愛情に満ちたおいしい食事です。食事をつくるとき、わが子を自分の横に立たせます。会話を重ねながら少しずつ、さりげなくだんだん味つけなどを任せます。日々、共同作業と共食が実現し、大きな笑い声を交わせるようになったら、恐らくそれで一件落着です。

　きびしい表現を続けます。愛情に錯覚はないのです。親は十分と考えていても、わが子にそのまま通じているとは限りません。わが子は与えられた分の愛情きり感じないのです。わが子への愛情の質と量は、自分自身に対して与えている愛情の質と量に比例しています。この機会にご自身の人生を問い直してみることを勧めます。ご自身を愛おしく感じていたとき、悲しかったとき、悔しかったときなどどのようにして乗り越えてこられましたか。これらを乗り越える力はご自身によるご自身に対する愛情の発露によるものです。わが子にもご自身に問題を乗り越える力がすでに備わっています。自信をもってわが子にかかわります。大丈夫です。わが子のレジリエンス能力が高まります。

【付言】人は誰にでも自分の内なるところに生きる力を秘めています。生きる力の根源は愛情です。もし子どもに何かの問題が発生したら親と子の内なる愛情の力を頼りにします。そこに気づくと、うれしい人生が訪れます。

9　不登校の解決のために夏休みを活用する、どんな計画がよいか

Q　中学3年の息子は2年近く学校を休んでいます。自室の引き籠もりから脱け出し、ようやく親と会話らしい会話ができるようになりました。以前、この欄（ふれあい相談）に、「夏休みは不登校の子どもが動くとき」と書いてありました。何とかして外に出したいと願っています。息子は体調も普通で、健康状態に異常は見られません。私たち夫婦も意欲は十分です。適切な夏休みの活動計画を立てるためのご助言をお願いします。（父親）

親のリーダーシップのもと何かをすることを決意し、実行する

A 引き籠もりから脱け出させることができてよかったですね。夏休みなどの長期休業日は明らかに学校に行かなくてよい時期ですので、不登校の子どもたちも後ろめたさを感じずに外に出ることができます。次のステップを目指した行動を促す絶好の機会です。親子で有効に活用することです。

　何をするか、親子や家族全体で話し合います。人に教えられたことはわが子とわが家に適しているとは限りません。わが家で考え出すのを基本にします。念のためですが、何もしないでいますとあっという間に秋になってしまいます。不思議に不登校問題の時の流れは速いのです。

　それはそれとして、一般に不登校の子どもたちは活動的ではありません。ですからわが子から積極的な提案は期待できませんので、親や家族の誰かから「夏休み、家族みんなで何かしたいね。何がいいだろう」と提案し、「ああでもない、こうでもない」という話し合いを続けます。わが子の発言を引き出す工夫と心遣いを重ねます。わが子がわが家で考え出すことに意味があります。

　でも、参考までにいくつかこれまで見聞した事例を紹介します。子どもと父親とが自転車で猪苗代湖を一周する（何日かに分けて、母親が車で補助）、父親と磐梯山と安達太良山に登る、兄と北海道を貧乏旅行する、父親と自宅〜母親の実家を往復歩く（片道60km）、クラスの仲間と担任の先生とであづま運動公園でサッカーを3回する、担任の先生と魚釣りに行く、1人で普通列車に乗って東北一周旅行をする、インターネットで囲碁をしていたお年寄りを訪ねて1人で九州まで行ってくる、遠方の姉のアパートで世話になる、等々です。友だちや担任の先生も協力し、兄や姉も助けました。

　不思議なことですが、父親とともに汗を流したり、男の汗の匂いをかぐ体験しますと、子どもを外の世界に向かわせる勇気を育てるように思います。学問的根拠は何もありませんが、恐らくは男性性の感受が促進されるのだろうと想像します。ただ一緒にいるだけでなく、父親と農作業、ゴルフ、渓流釣り、テニス、ジョギングなどに取り組むことも問題解決に有効です。

【付言】引き籠もりとは偽解決の永続です。繰り返します。偽解決とはそれま

で家族や学校、専門家と称する人たちと行ってきた成果のない解決法です。夏休みの新しい家族の行動が偽解決からの脱出に貢献するのは確かです。

10　不登校、ゲームやスマホ漬けの毎日、親ができることは何か

Q 中学3年の息子が不登校になり2年余り、ゲーム漬け、スマホ漬けの毎日です。食事のときも片手でいじっています。注意すると怒り狂います。仕方がないので放置しています。担任の先生に、「親がもっとしっかりするよう」と叱られていますが、どうしようもありません。このままの生活がいつまで続くのかと思いますとお先真っ暗です。もとの明るい元気な息子に戻ってほしいと思います。親ができることはどんなことでしょうか。（母親）

問題の根源を絶つ、同時に子どもの自己規制力を育てる

A 最近とみに増えている相談事項です。この問題の解決策は明瞭です。言い難いことですが、親が権威を発揮して実行するかどうかの問題です。親がしない、できないから子どもが不幸な状態に陥っています。わが子に人生を破壊する行為を続けさせている、その自覚が重要です。

　問題解決の基本は、物理的に「できない」ようにすることです。ゲーム機器やスマートフォンを預かる、取り上げる、料金を支払わない、の対処です。親の覚悟次第です。最近、私が知る中学校の先生は親の代わりに子どもからスマートフォンを預かりました。卒業までの約束です。

　それができないなら、次の手だては使用時間の約束です。多くの学校（特に中学校）では、「平日1時間、休日2時間、夜9時以降禁止」などの約束事項をつくっています。また「チャレンジ、メディアコントロール運動」なるキャンペーンを実施している学校もあります。本来家庭がすべきことを学校が代行しているのです。家庭こそ主体的に取り組むべきと思います。

　現実的には、親子でよく話し合い、実施可能な約束を交わすことが好ましい対処です。問題は親がわが子に影響力を発揮することができるかどうかです。できなければ問題が継続します。子どもの正常な未来の形成が危ぶまれると認

識すべきです。話し合いにはある程度の親の理論武装が必要です。どこの学校でも、年に１回以上、ＳＮＳ問題に罹患するのを予防する講習会を開いています。父親には休暇を取ってでも、これに参加することを勧めます。役に立つことが学べます。わが子を守るためには親の強い意志と強制力が必要です。

　何よりも大切なのは、わが子に対する自己規制力の育成です。多くの事例でメディア漬けを解決しても、その子どもがすくに登校するとは限らないのです。メディアに溺れるのは嗜癖（addiction）の一種で、重篤な依存症です。依存が不登校に随伴し、メディア漬けの期間が長いと怠惰も付随して来ますので、対応が困難です。忍耐力の形成が自己規制力を培います。我慢の訓練です。

【付言】子どもがスマホなどから離れられないとき、親もしないが対処の基本です。一切を家から断つのです。それで子どもを救った家族が数多くいます。案外それが最良の手段かも知れません。親が止められない、論外です。

11　不登校、共依存の指摘、何をすればよいか

Q　中学３年の息子が丸２年、不登校状態にあります。スクールカウンセラーの先生から、「問題の根源は共依存。母親が子離れをすること」と指導されました。説明を受け、確かに思い当たることがありました。でも、これまでの息子の言動を見れば、子離れをすれば息子が学校に行くようになるのか、疑問に思います。進学のこともあり困っています。それで子離れを目標にして具体的に何をすればよいのでしょうか。（母親）

自己決定の尊重と絶えざる肯定的評価、それが再登校の動機になる

A　昨今の不登校はかなりの比率で、母親と子どもが（特に男の子）が「共依存」の状態にあるのは確かです。その意味で親離れ子離れは不登校問題解決の重要なテーマです。但し、不登校問題は診断（要因指摘）イコール再登校が出現しないのが不文律です。これが前提です。

　共依存は嗜癖（繰り返す悪い癖）という言葉に置き換えられます。これには、

物質の嗜癖（アルコール依存、ニコチン依存など）、行動の嗜癖（ギャンブル依存、買物依存など）、そして関係の嗜癖（親と子の一体化や相互支配、分離不安など）の3種です。不登校問題にある関係の嗜癖とは、親と子が互いに依存状態にあってそれが何らかの好ましくない問題、例えば不登校に陥っている場合を意味します。また稀にですが、この上なくやさしい父親がいつもやさしく正しい意見を述べて娘の心に侵入し、娘を雁字搦めにして依存させ不登校をもたらすことがあります。罪深い行為と私は感じています。

　幼いころから親がわが子を愛情を名目にして支配しますと、自分で考え自分で判断して自己責任のもとで行動する能力の発達が停滞します。この能力が年齢相応に発達していませんと、何となく所属する集団の中に居づらくなり、ここから撤退してしまいます。現実の学校や教室はそれなりにきびしく絶えず自己決定の機会に遭遇します。それができないので集団から退きます。

　このタイプの不登校の子どもたちは、女の子が中学1年、男の子が中学2年の夏過ぎころから「何となく生き難くなった」とか、「何となく教室に居づらくなった」と異口同音に語ります。ちょうど本格的な思春期に差し掛かるころからです。この「何となく」が共依存問題の本質です。

　わが子の親離れ、すなわちわが子を自立に向かわせることが課題です。日常生活の中で、ごくささいなことも大事なことも、わが子が「自分で決める」のを徹底することで問題が解決に向かいます。親は決して「口を挟まない」が戒めです。依存（嗜癖）は一生解決しないという人がいるほど、解決し難いのです。わが子の一生の問題です。心して対処し続けます。

【付言】共依存からの脱却は夫婦連合が成立すると容易です。夫を立てる、妻を慈しむ、それが夫婦連合の姿です。意識的にそうなる努力した夫婦の子どもは早めの再登校を果たします。夫が妻の心に不在ですと共依存が成立します。

12　保健室登校、教室に向かわせたい、どうすればよいか

Q　中学3年の娘は6月ごろから教室に入り難くなり、保健室で過ごしていました。夏休みは比較的元気でしたので2学期からは大丈夫と思ってい

ましたが、残念ながら保健室にいます。訊きましたら、教室に行こうと思うのだが、なぜか体がこわばって動かないと話します。それでつい、「嫌いな友だちがいるからなの？」と言いましたら、怒り出しました。教室に入るにはどうすればよいのでしょうか。ご助言をお願いします。（母親）

友人関係の面をつくり、友だちに慣れるようにする

　　A　不登校の子どもにとって保健室と教室は緊張度では天と地ほどの差があります。教室のことは先生方のお世話になるのがよいと考えます。また、怒り出したのはふれられたくない急所にふれたからと理解します。

　教室に入れないのは心理的に抵抗があったり、脚がすくんだ状態になるからです。それを治してから教室への導くのは、専門的なかかわりとかなり長い時間を要します。行動しながら心と体の状態を変えていくのが適切な手段です。

　同年齢の集団（同じ学級の友だち）に慣れる練習をするのが効果的です。最初に学級担任が時間をとって子ども（ここではわが子）と保健室で顔を合わせます。最低でも15分程度の時間を確保し雑談を交わします。話題はなるべく勉強や進路のことを除きます。直線の関係が成立します。

　会話に慣れたら次に学級の友だち1人がその雑談に加わります。3人になりました。三角形の面が1つできます。3人で顔を合わせて語り合います。時間はいつも15分程度にします。慣れたと感じたら、もう1人参加して貰います。三角形の面が2つできます。雑談を続けます。

　雑談がはずみ友だちに慣れたらもう1人参加します。先生も含め計5人ですから三角形の面が3つできます。また慣れたらもう1人参加し、その代わり先生は退きます。人数は5人、三角形の面は3つのままです。子どもたちだけのグループになりました。対人不安がかなり軽減されています。

　雑談がはずみ友だちに慣れたら、また1人参加します。人数は計6人、三角形の面が4つできます。だいぶ友だちに慣れてきました、不安や恐れも消えつつあります。三角形の面が5つか6つできますと、先生の導きで教室復帰が可能になります。面づくりに参加した生徒たちが教室であたたかく迎えます。

　これはある中学校の養護教諭が考え、実際に保健室で実施した手法です。見

事に成功しています。お勧めです。担任の先生に提案するのがよいと思います。約1か月の努力です。真剣な努力には必ず好ましい報いがあります。本人と参加したグループの友人たちのうれしさは格別であったそうです。

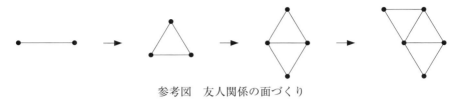

参考図　友人関係の面づくり

13　教室が嫌いと主張、理由不明、精神的な病気か

Q　中学3年の息子は学校の相談室には行きますが、教室には入れません。登校するのも午前だったり午後からだったり時には放課後のときもあり、まちまちです。そんな生活をもう1年以上続けています。学校に迷惑をかけており申し訳ないと思っています。きっかけがあれば教室に入れると思うのですが、息子は「教室が嫌い」と言うのみです。これから高校に行かなければならないのに困ってしまいます。精神的な病気かとも思っています。（母親）

行きそびれている気持ちや学力の問題に焦点を当て、教室復帰を目指す

A　不登校に随伴する重要な課題です。一言で対人不安（恐怖）と言ってしまいますが、包含されている問題は複雑です。ですが、これを念頭に置いても余りこれに捉われない対応をするのが問題解決の方向です。

教室は同年齢の固定された集団ですが、相談室や保健室は緊張もせず人目も気にしないで過ごすことができるところです。毎日のように登校しているのだから、きっかけさえあれば教室に入れると考えますが、きっかけをつくるだけでは解決に向かわないのが不登校問題です。

率直に意見を述べることにします。1年以上も同じ生活を続けているのは、適切な対応を怠っていることから生じている悪循環の継続です。基本に即して対応します。それは目標と方法の設定、そして実践です。基本的にはスモール

ステップの原則で対応しますが、中学3年生ですから、はっきりと速やかな教室復帰を目標にするのが適切かと思います。

　時期は高校受験と卒業です。「来年4月、どこで何をしている？」と問いかけます。本人はすでにこのことが、学力の問題とともに頭の中に入っています。それから、「お正月は？　12月は？」と時を近寄せて尋ねます。答えをしんぼう強く待つことにします。時間をかけて考えることで、おおよその目標がわが子の心の中に芽生えます。笑顔で頷き、励まします。

　親がもつ懸念のことも真剣に話し合います。最初は教室に行きそびれている気持ちの傾聴です。1年間の生活の様子やその間に感じたことについて、時間をかけて聴き取ります。それから学力対策と受験校の選択の話題に移ります。放課後残って勉強する、通塾など、取り組み可能で無理のない学習計画を共有します。高校の情報も学校から提供して貰います。

　これらのことを親がすべて行うのは現実的でありません。学級担任とスクールカウンセラーに一部をお願いします。なるべく早く学校を訪ね、悪循環を断つ話し合いをすることを勧めます。

　病気のことがどうしても気になるときには親だけでも専門医を訪ねます。わが子の事情をメモにして持参するのが適切です。除外診断が大事です。

【付言】不登校は「もう死にたい」とよく語ります。生きる目的が不明瞭であるからです。対処の基本は「それはいけない」と制止することです。同時に死について語り合うことで、今を大切に生きることを考える契機にします。

14　不登校、学校嫌い、進路の当てもない、どうすればよいか

Q　中学3年の息子は、中学1年の1月から学校へ行ったり休んだりを繰り返し、3年の夏過ぎからまったく行かなくなりました。勉強がいやだ嫌いだ、運動がいやだ嫌いだ、学校に行くのはめんどくさい、誰かとしゃべるのもめんどくさい、高校へは行く気がしないと語ります。先生の家庭訪問時は布団にもぐり込んで長時間そのままです。情けなく思います。もうすぐ卒業、進路の当てもなく困っています。どうすればよいのでしょうか。（母親）

学校を訪ね、先生方を頼りにし、具体的な対応をお願いする

A 手紙の差出人は母親名義でしたが、最後に「代、○○」とありました。この家庭の有り様に心を痛めた親戚の女性からのお手紙でした。

本人に会わず手紙だけで判断するのは問題ですが、「学校嫌い」と理解してよいと考えます。恐らく、しつけも十分になされず、勉強の習慣もつけてもらえず、友だちも少なく、家でも学校でも親密体験に乏しいなどの生育歴であろうと想像します。いわゆる不登校とは異なり、また怠学とも言えない学校嫌いかと思います。目覚めや自覚を迫る画期的な出来事に遭わない限り、このままの人生です。誰かが助け出す必要があります。

道はあるのです。学校の先生方の実践事例を紹介します。

ある中学校の先生（男性）の取り組みです。この先生の趣味はモトクロスでした。ほとんど毎週サーキットに行って、オートバイを走らせていました。これに連れ出したのです。初めはいやそうに見ているだけでしたが、メカの手伝いをさせるようにしました。３か月後、てきぱきと準備の手伝いをし、大声で応援をするようになりました。ある日、きまり悪そうに登校して来ました。

また別のある中学校の先生（男性）の実践です。学校に怠けて来ない子ども（２年男子生徒）の家に、毎晩10時（親が夜の仕事で不在）に電話をすることにしました。文字通り雨の日も風の日も、飲み会のときも電話をかけ続けました。毎晩「今、何してる？」の電話でした。テレビを見ている、ゲームをしているから百科事典を見ているに変わってきました。電話をするようになってから８か月後のある日、「そろそろ学校はどうだ？」の言葉に、この子どもは登校という姿で応えてきました。余談です。学年主任がこの先生に毎月末に「ご苦労さん、電話代」と言って300円を渡していました。この子どもの再登校の日に、そのお金を原資にして２人で慰労会をしたそうです。

お手紙の方に恐縮な提案です。福島民報のこの記事をもって学校を訪ねてはいかがでしょうか。学校が改めてこの子どもをどう導くかの対応策を考え、実行に移すようお願いします。学校の親身な対応を期待します。

【付言】「逆境は善用したい」（新渡戸稲造『修養』）。子どもは自分の意志で学

校嫌いになったのではありません。気づいた人が善用への道を拓く、これは慈悲と憐れみからの尊い行為です。

II 不登校問題、特有の随伴症状を示す質問事例と解明のしかた

1 両足が麻痺(転換ヒステリー)しての不登校、よくなるか

Q 中学1年の孫(男子)は、ある日突然「脚が動かない。歩けない」と言い出し、学校へ行かなくなりました。もう半年です。親が共働きなので祖父である私が整形外科に連れて行きましたが精神科医を紹介され、そこで「ヒステリー」と言われました。私には理解不能です。今、その病院でカウンセリングを受けています。薬の服用はありません。車から病院で借りる車椅子までの距離を私がおんぶしています。よくなるのでしょうか。(祖父)

医師と心理職を信頼して通院し、また自己治癒力を育てる

A 「そんなこと(カウンセリング)で治るのか」という質問です。孫の状態はこれまでに体験したことがなかったことでしょうから驚いておられることと思います。身体的な病気でないのを確かめたら、精神科の医師と心理職であるカウンセラーによる治療と援助が適切な方法です。本人の自己治癒力も信じて根気強く通うことが大事です。

ヒステリーとは、歴史的な経緯があり侮蔑的な意味があるとされ現在では余り使われていない用語です。これは「特有のヒステリー性性格を基盤として心因性に生じる神経症性障害」(『精神科ポケット辞典』)のことです。身体的な病気でないのに脚が動かない、目が見えない、耳が聞こえないなどの症状が現れる精神的な障害の一つです。現在では、転換ヒステリー(心理葛藤が身体症状に転換される)と称されています。なかなか理解されない症状です。

この症状は何らかの強烈な心理的要因(ストレス)から逃れたいという願望から引き起こされると考えられています。そして、その症状にはそれなりの意

味があると捉えるのが妥当とされています。それで「脚が動かない。歩けない」は、本人が学校に行くのが難しいと訴えていることと理解します。不登校にならざるを得ない症状（要因）です。

　ヒステリー的な症状を示す子どもは暗示にかかり易い、自分をよく見せようとする、気分が変わり易い、わざとらしい行動をとるなどの特性があります。恐らく、わが孫はそのような性格特性の何かを学校で現してしまって、つまずいたのであろうと思われます。その状態を言葉にして表現できないので、動かない脚でそれを示しているのです。なぜわが家にこのような子どもがいるのかの詮索は無意味です。現実をありのままに受容します。

　孫の訴えを家族でしっかりと受け止めます。今までよりちょっぴり見栄を張るのを止め、すなおに自分を表現できるようになることで問題が解決に近づきます。医師と心理職の方はすべてをご存じです。信頼して通院することです。

　専門用語ばかりの説明で申し訳ありません。よくよく吟味願います。

【付言】昨日まで脚が動かなかったのが、自分で登校すると決めた途端、ひらりと自転車に飛び乗って登校した女子中学生がいました。自己治癒力を尊重した心理職の働きです。回復までほぼ丸１年、家族も努力しました。

2　登校途中に引き返し、不登校状態、どうすればよいか

Q　最近、中学１年の息子が朝家を出ても、登校途中で引き返し、学校に行かないでいることを知りました。共働きの親が出勤した時刻を見計らっての帰宅のようです。聞けば「途中で脚が止まり、動けなくなる。友だちが見ていて笑ったり、噂する。いやだ」と話しています。「脚が止まる」の理解ができず、またこのような事態になる理由も思い当たらず困っています。このままでは完全な不登校になりそうです。どうすればよいのでしょうか。（母親）

自分らしさの表現を目指す、学校のことは学級担任に協力を願う

A　不登校には誰にでも共通して、①依存（心理的に家族の誰かに依存して離れられない）、②対人不安や恐怖（同年齢の集団に不安を抱いたり恐れる）、③自己像の薄弱（否定的な自己像、強い劣等感）の３つが必ず包含されています。個人の事情によりこれらの割合はそれぞれ異なります。

　また、脚が動かなくなるの意味は、学校へ向かえば動かなくなるが、家に戻ろうとすれば動くということです。ある種の性格（多くはヒステリー性性格）をもつ子どもたちによくある現象です。友だちが笑ったり噂をすると思い込むのが対人不安の特徴です。明確な関係念慮と言えそうです。

　対応の基本は、本人が述べることに「そんなの気のせいだ」、「あり得ない」、「それはいったい誰なの？」、「思い込みだ」などと否定したり決めつけたりせず、本人の話をありのままに受け止め、脚が止まり途中から家に帰らざるを得ない気持ちに寄り添うことです。質問の様子では退行している（赤ちゃん返り）とも感じられますので、本人にたくさん語らせ、本来の自分を取り戻すことができるよう配慮します。しっかりした自我の構築が目標です。

　多分、わが子は幼いときから母親とよい関係で結びついていたと思われます。母親と同様に誰もが自分を特別な存在として尊重して貰えると思い込んで育ちますと、集団においては必ずしもそうでない現実を知らされます。そのとき、失敗とそれに伴う屈辱を恐れて集団から撤退します。不登校の発生です。

　解決の方向は人とかかわり集団への所属意識をもつようにすることです。父性の体験を重ねますとその意識が高まります。その意味で、家で時間を守ること、食事の作法、身嗜み、おかしな優越感への注意などのしつけを強化することが大事です。したことを正しく評価しますと好ましい自我が構築されます。

　学校のことは、学級担任の先生と連携して対応します。とりあえずは、先生に本人が引き返すところで待っていて貰い一緒に登校するのがよいようです。本人の脚が動くようになるまでお願いします。学校では、学習や友人関係などの悩みを十分に聴きとります。あたたかないたわりと激励も願いです。

【付言】ヒステリー性性格とは自己顕示欲が強い、大袈裟で演技的、自己中心

的で依頼心が強い、幼児的、虚栄心を満たすために嘘があるなどの特徴をもつ性格です。社会化が不全のために不登校のような行動を反復します。

3　人前で手が震え、顔が赤くなる（赤面恐怖）、このまま不登校か

Q 中学1年の娘は授業中に発言しようとすると手が震えると言います。また街中で担任の先生と会ったりすると顔が赤くなります。見ていますと、首のあたりから顔の方にすーっと赤味が上って行きます。授業で指名されるのが苦痛のようです。最近では指名されそうな教科のある授業の日には登校しなかったり、その授業が終わってから登校したりします。保健室に避難するときもあるようです。このまま不登校になるのが心配です。（母親）

意識してありのままの自分を受け入れる、母親の支持がよい方へ向かわせる

A いつのころからか、本人も気づかないうちにそうなったのだろうと思います。また、本人もどうしてそうなるか分からず、つらい思いをしていることと思います。そばで見ている家族も心配なことですね。不登校になるかどうかは本人のもつ発生脆弱性の深度如何です。

　人前に出ると何だか分からない不安を感じたり、必要以上に緊張する人たちがいます。これらの人たちは自分が他人からどのように見られているか、いやがられるのではないか、嫌われるのではないか、恥をかくのではないかなどと絶えず案じて、身近な集団に入るのを回避したり、入っていてもそこから撤退しようとします。たまたまほどよく知る人に会えば顔を赤くしたりします。そのときの不安や緊張感が体の症状として表れるのが手の震えや赤面です。

　どうするかです。親は、娘さんのありのままを受け入れます。決してそんなこととか、あなたの性格の問題などとは表現しないことです。「そうなの、そうなの。それで？」と訴えを真剣に聴き取ります。親の意見は慎みます。そして、同じ訴えが何回かあったとき、「それじゃあ」と声を挙げて、「人前で話すとき手が震えたら、自分で意識してもっと手を震わせなさい」と言い聞かせます。「必ずよ」ともつけ加えます。「先生に出会って顔が赤くなったと感じたら、

意識してもっと顔が赤くなるよう一生懸命になるのよ」と教えます。「必ずよ」も忘れないようにします。

　顔が赤くなるのは対人恐怖の一種で、赤面恐怖と言います。ほどほどに親しい人を恐れる心理です。いつのころか人前でそうなったのを誰かに指摘されてこだわるようになり、以後赤面の恐怖から解放されなくなっている状態です。手を震えないようにする、顔が赤くならないようにする努力をしないようにすると症状が消えて行きます。ありのままの自分であればよいのです。親も笑顔で「そのままでいいのよ。ありのままよ」と諭し続けます。

　赤面恐怖が不登校になるとは限りません。不登校は発生脆弱性の有無の問題です。学校のことはわが子の現実をよく見詰めて対処します。

【付言】赤面恐怖は繊細で引っ込み思案の人たちの特性です。人生のどこかで対人関係の失敗を体験しています。意外かも知れませんが、親がよく育て、子どもがよく育った家庭によくあります。性格は多くは純真誠実です。

4　不登校、ひたすら難しいことを避ける（回避性障害）、どうするか

Q　中学2年の娘が新学期早々、体のだるさ、次に腹痛、そして朝起きて来なくなり不登校状態になっています。内科医で精神安定剤を処方されましたが飲みません。父親が「怠けるな」と気合いをかけましたら大泣きしたので、今は何も言いません。担任の先生が家庭訪問に来てくださいますが、本人は会いません。八方塞がりです。両親、娘2人（不登校は妹）の4人家族です。この娘は幼いときから面倒なことは見事に避けてきました。（母親）

回避的傾向の修正のための戦略と戦術を明確にし、役割を明確にして対処する

A　さすが母親、わが子をよくご存じです。お手紙にわが子の言い分、「私は学校に行けない駄目な人間。不登校だ。でも学校に行けるようになりたい」と書かれていました。また、担任の先生の「周りを気遣って伸び伸びしたところがない」、友人の「あの潔癖さがたまらない」の言葉も付記されてい

ました。この子どもの不登校に伴う諸事情がよく理解できました。

　変化が必要です。親は家族の運営、養育態度の変容、本人は自分らしさの修得（自己決定、家族や先生の愛情の享受）、担任の先生はあたたかで思いやりの深い登校の促し、教室の情報の提供、これらをいままでより多くなるよう努力します。変化がわずかでもありますと、事態がよい方向に展開します。

　ある家族の実践です。不登校の様態は異なりますが参考になると思います。中学２年女子生徒、ある年の連休明けから不登校状態に陥りました。本人の言い分は「疲れた。学校でたくさんやることが増えた。面倒くさい、やりたくないことをやらされる、そこは私がいる場所でない、逃げ出した。だからもう学校に行けない」でした。また、一時的に登校を督促されると母親に対する暴言、暴力がありました。目つきが異様に鋭くなっていました。

　両親が学校を訪ね、学級担任とスクールカウンセラーとで戦略と戦術を練りました。戦略は目標を共有して堂々めぐりの悪循環を断ち再登校に導く、戦術は親と先生とで役割を分担し、親は子どもの成長モデル、先生方は危機介入モデルを担当することにしました。家庭では「はい」の返事の応酬に徹し、必ず夕食をともにしました。姉が夜一緒の部屋で休み、共寝の効果をもたらしています。両親はできるだけ話をするよう心がけ、家族のコミュニケーションが拡がるよう配慮しました。わが家族のためと思い大変な努力をしたそうです。

　あるとき本人から「担任の先生に会いたい」の発言があり、先生方が登場します。援助の経緯があり、本人が「学校を休んで生まれ変わった」と述懐し、登校計画の作成に同意しました。学校の先生方の計らいがあり、行動療法的な手法で再登校が実現しました。

【付言】不登校問題の特性の一つは回避的傾向です。随伴する回避性障害とも言えます。拒否への恐れ、受容の要望、困難からの逃避、低い自尊感情です。肯定的な感情交流と隠された愛情欲求に応えるのが問題を解決に導きます。

5　ますます悪くなる不登校、どうするか

Q 中学2年の息子は、小学5年のときに一時不登校になり、その後学校へ復帰しました。中学校に入学後また不登校になり、先生方が一生懸命かかわってくださっていますが、恐怖感を訴え引き籠もりの状態になっています。父親を異常に恐れています。定期的に先生方が家庭訪問をしてくださいますが、決して会いません。人に対する恐怖心がますますひどくなり、状態はますます悪くなっているような気がします。どうすべきでしょうか。（母親）

医療優先の対応、先ずは除外診断、そして家族の変化も目指す

A 早急に医療優先の対応をします。親や家族も自覚して対処し、学校の先生方も真剣にかかわっているのに、長期化しますます悪くなる一方の不登校の場合は、精神疾患を疑います。精神科（心身症の治療を本務とする心療内科ではありません）の受診が必要です。診察のために本人が家を出ないときには保護者だけでも医師を訪ねます。それから医師の助力を仰いで、わが子を連れ出すようにします。なるべく早くです。

どんなに拒まれても、わが子を医師のところに連れて行くまでは親の責任です。大変でも忍耐強く行います。病気の場合は医療を優先します。親も覚悟を決めて治療に取り組みます。苦難の道が待ち受けていますが、医学の力を信じ、また医師を信頼して、治療に専念させます。なお、診察時、わが子が自分の心身の状態を言葉で正しく表現するのは容易なことではありませんので、親は毎日、わが子の言動の状態をメモに残します。少なくとも2週間分くらいは書き留め持参します。医師の正しい診断の参考になります。

精神疾患ではなく、人に対する恐怖が不登校に随伴する状況である場合には、不登校問題解決の対応のしかたを組み立てます。それは基本的に家族関係に変化を起こすことと心得ます。必要なら心理職の援助を求めます。

変化の方向は、わが子の人にかかわる自信と勇気の育成です。家族相互の会話を増やし、笑顔で肯定的な会話ができる家族であるよう努力します。完全で

ある必要はありません。夫婦連合と家族機能の充実を図りながら、わが子に「学校に行く」という意志を育てることが当面の目標です。

　子どもが人に接する勇気をもつのは、育つ過程でどれだけたくさん肯定的なストローク（ふれ合い）の体験を得てきたかにかかっています。肯定的で一番分かりやすいのは笑顔での「はい」という言葉です。不登校はひどく落胆した心情にあるのが特性です。家族相互の肯定的なストロークの交換がわが子を不登校から救います。変化を生み出すのは容易ではありません。ですが、実践すれば問題が解決します。親の実践意欲と実行力が家族によろこびを授けます。

【付言】不登校が長期化、専門職や周囲があたたかく一生懸命にかかわっても悪化することがあります。特徴は異常な恐怖心、常識を外れた生活習慣、独り言、強烈なこだわり、などです。精神科医の診断と治療が必然です。

6　再登校が不登校に逆戻り、過剰適応にどう対応するか

Q　中学２年の子ども（男子生徒）が不登校を半年続け、再登校しました。学級全体であたたかく迎え孤立しないよう配慮したつもりでしたが、２週間の再登校後、また学校に来なくなりました。教室で、はしゃぎすぎている、授業の発問にすぐ手を挙げる、わざとらしく笑っているなどがあり、過剰適応ではないかと疑っていました。クラスメートにも戸惑いがありました。家庭訪問して尋ねても多くを語りません。どう対応すべきでしょうか。（中学校教員）

過剰適応を軽減させる方策を考え、同行二人の精神で援助する

A　回復期を克服して再登校を果たしたのに口惜しいですね。また担任の先生やクラスメートも心して受け入れ、いろいろな配慮してきたのに残念に思います。本人も同じ思いであろうと思います。過剰適応という言葉がありましたが、その通りであると考えます。

　再登校のときには、元気そうに振る舞う、本意ではないのに迎合する、授業中に手を挙げる（かつてと異なる）、教室移動が速い、一方家では疲労感を訴

え食欲もなくすがそれに当たります。学校で無理に元気にしている分、家では疲労感に満ち満ちます。困った状態に陥り、また欠席を始めます。一般的に過剰適応は無意識のレベルでの防衛反応ですので、他人の指導によっては簡単に取り除くことが困難とされています。でも、この問題を乗り越えないと再々登校が実現しませんので、学校の先生方のもう一努力が必要です。

　ところで、過剰適応とは自他の心情や態度の違いを無理に他人の心情や態度に合わせ、自他の心情と態度が同じと見せかけようとする無意識の行為です。言い換えれば、何もかも自分と所属する集団と違わないよう見せかけ、違いがあることから来るかも知れない攻撃または排除を避ける行為です。無理なエネルギーの消費が甚大な疲労を蓄積します。その結果、不登校がまた訪れます。

　悟りに導く必要があります。それは「無理をしない、ありのままでいい」と本人が自覚し、実際にそのように行動できるようにすることです。無理にするのは未だ起きてもいないことを恐れるからに他なりません。再々登校を促し、「教室でたった一つだけ、クラスのみんなのためになることをする」と提案します。例えば教室の窓を開ける、黒板消しのチョークの粉をとる、雑巾架けを整理する、学校給食の配膳台を一つ運ぶ、清掃のとき先生の椅子を移動する、などです。どれか一つだけ「する」という提案です。必ずどれか一つです。

　そのとき大切なのは、同行二人の精神で担任の先生がともに行うということです。学級の役に立ち感謝されているという実感が教室は安心できるところという悟りに導き、過剰適応を軽減させます。わずかの軽減で十分です。

【付言】「人のために」は慈しみの心から生まれます。「起慈悲心」の心の動きが必要です。子どもの修行には同行二人が望まれます。摩訶止観の十乗観法の教えです。平安時代からの日本的カウンセリングの真髄が示されています。

7　強迫行為から不登校、何から始めるか

Q　中学3年の息子は小学2年のころから、「今、外で『コン』と音がした。誰かいる。見てきて」と言い、何度もせがむので見に行っても誰もおりません。そんなことを繰り返し辟易しておりました。中学校に入り、学校給食

のとき手を洗う時間が長くなり、それをある先生に注意されてから学校に行かなくなりました。家でも手洗いやトイレットペーパーを使う時間と量が半端でありません。困っています。何から始めるべきでしょうか。（母親）

速やかに医療機関で適切な医療と心理療法を受けさせる、親の躊躇は避ける

A 明らかに強迫性障害（DSM-Ⅳ）と思われます。それは「強迫性障害には強迫観念と強迫行為とがあり、前者は反復的持続的思考で強く不安や苦痛を引き起こし、後者は反復行動（手を洗う、確認する）であり強迫観念に反応しそれを行うよう駆り立てられる」（承前）のことです。精神科医の医療と心理職の心理療法の対象です。速やかに専門医のところに連れて行くことを勧めます。私の体験では、放置しておきますとますます状態が悪化し、治療が遅れれば遅れるほど問題解決が困難になり、子どもも家庭も壊れます。

　ところで、この問題は不登校として扱うより、病気として対処するのが適切です。伺えば、医師でなくても病気として判断できますので、学校での注意というきっかけがあったとしてもいずれ何らかの学校での出来事に遭遇し、同じことになったと思われます。この程度の深度になりますとすでに親や家族、そして学校の先生方の手に負えない状態と思われます。

　手洗いに時間をかけるのが軽度なら短期療法で、「15分間しっかり洗おう」、「石鹸は手首までつける、でもお湯で肘まで洗う。それより上は洗わないこと」、「手を洗いたくなったら顔や首に触りもっと汚れを広げる」などと過重課題や症状指示を与える手法で、次第に洗う時間を短くしたり、洗う場所を少なくする、さらには洗うのが大変だと思わせ長い手洗いをしなくなるように運ぶことができますが、お尻を1回拭くのにトイレットペーパーを1巻きも2巻きも使うようになりますと、この方法では顕著な効果は期待薄です。

　また近年、認知行動療法が強迫性障害の治療に用いられ効果が確かめられていますが、問題はそのような医療機関または医師、心理職がお住まいの近辺に存在しているかどうかです。もし経済が許されるなら、インターネットなどで遠方でも正しい（見様見真似や変型でない）認知行動療法や森田療法を行っている入院施設のある医療機関を探し、速やかに連れて行くことを勧めます。

どうしてこのようになるまで放置していたかは問いません。お分かりのことと思います。わが子は苦しんでいます。速やかに救出願います。

【付言】手洗いの激しい子をもつ親に「もしわが子が40度の熱を出したら、どうする？」と尋ねました。その親「すぐ医者に連れて行く」、それで「わが子の今の状態はそれと同じ」と告げても放置でした。現在、家庭崩壊の状態です。

8　睡眠障害で不登校、どう対処したらよいか

Q　不登校の中学３年の息子は、夜早く布団に入っても眠れず、朝なかなか起きることができません。起こすのに一苦労も二苦労もします。スクールカウンセラーの先生には、「睡眠障害だから専門医に連れて行くよう」勧められていますが、本人は決して「うん」と言いません。しかし「睡眠障害だから学校へ行けない」とは主張します。父親は単身赴任で家におらず、帰ってきても息子が近づきません。どうすればよいのでしょうか。（母親）

よく観察し適切な助言を授ける、また高校受験への意識を高める

A　不登校はかなり高い比率で睡眠の問題が随伴します。多くは、寝付きが悪い、朝方まで眠れない、夜すぐ目が覚める、トイレに何回も起きるという訴えがある一方、テレビゲームやＣＤなどでの夜更かし、メディア漬け、そして怠惰などによる昼夜逆転またはそれに近い生活の影響です。不安からの過剰睡眠も結構数多くあります。不登校の長期化による深刻な二次的問題です。

　不登校に随伴する睡眠の問題は不登校であるから生じる問題であることに刮目します。睡眠の問題に気をとられて不登校問題の解決に目を向けないと、この問題がいつまでも続きます。

　そのような主張がある場合、当分、学校へ無理して行こうとしなくてもよいことにします。そうなれば、眠れないなら学校へ行かなくてもよいという密かな疾病利得（病気になることで得をするという感覚）の状態が消え、安心して布団に入れます。これで意外に睡眠が深まります。問題は本人がそれを続ける

かどうかです。睡眠が十分になれば、学校を休む理由がなくなるからです。専門医に行かないのも、恐らく同じ理由です。よく観察して対処します。

　３年生ですから高校受験が控えています。中学生の不登校は、この時期に相当数、解決に向かいます。高校受験の意識が社会化（集団参加能力）を一気に高めるからです。お手紙を読む限り、わが子は本来のいわゆる不登校とは違うような気がします。ともに苦闘している担任の先生のお力をもうしばらく感謝しながらお借りします。登校する時間を決め、朝のある一定の時間先生に対応して貰います。回数を重ねますと感化を受けて登校意欲が高まります。

　それから一般論ですが、子どもは実際のところは熟睡しているのですが眠れないと思い込んでいたり、一度でも眠りが間欠的であるときは眠っていないと思い込んでいる場合があります。このようなときは、「睡眠記録表」（睡眠時間を記録する図表）の作成が有効です。

　付け加えます。精神的な疾患による本格的な睡眠障害の場合があります。本当に夜眠っていないような場合は専門医の診察が必然です。

【付言】不登校の睡眠障害は不眠と過眠です。不眠の多くに概日リズム睡眠障害の診断名がつきます。睡眠を促すのに「夜、眠ってはいけない」と逆説的な指示を与えるのが短期療法です。厄介なのは過眠への対処です。

III　大震災等による避難、不登校の質問事例と解明のしかた

1　避難し、苦労して辿り着いた学校で不登校、どうしたらよいか

Q　中学1年の息子は原発事故で避難して、今春、苦労して辿り着いた当地の中学校に入学しました。通学の便を考え、住所のある避難先の中学校に入れましたが、5月の末ころから学校に行くのがつらそうになり、6月に入ると登校しなくなりました。どうもクラスに馴染めないようです。学力のレベル、言葉遣い、地域の事情を知らない、クラスメートの人たちの名前を覚えられないなどがあるようです。どうしたらよいか困っています。（母親）

学校へ向かう姿勢をつくる、先生方と連携して対応する

A　お手紙に、東京電力の原発事故のために避難先を4か所回り、ようやく当地に一軒家を借りることができたとありました。ご苦労のことを察します。そんな中でわが子が不登校とは、心配事が重なり大変ですね。覚悟を決め、腰を据えて苦難を乗り越えられますよう祈ります。

　対応のしかたです。学校を休んでいても、起床と就寝の時刻、食事の時間を一定にします。これが大事です。また親子の会話、家族団欒の時間を確保します。親子の会話は必ず1日1度、最低でも15分間は行うようにします。笑顔でわが子の目をしっかり見て語り合います。これが再登校を実現する決め手になります。そんなことを思われるかも知れませんが、確かです。

　勉強はとても大切です。中学1年の1学期の数学と英語が分からないと、再登校をしてもまた不登校になる恐れがあります。将来に渡って不登校が回復しない重大な要素にもなります。毎日、自分のすぐそばで勉強させます。そして、今がこの機会と思うときに、やさしく学校のことを尋ねます。本人が「学校へ

行けるようになればいい」、または「学校に行く」と答えたときは、「そうなったらお母さんはとてもうれしい」と親のうれしい気持ちを表現します。登校の意志が確認できないときは、また次の機会をつくります。根気強く目標を明確化します。親の忍耐力が試されます。ご努力願います。

　登校の意志がはっきりしたら、具体的な行動の話し合いになります。当地の中学校に通うのか、故郷の町が設置した中学校に通うのか、1度は話し合い、わが子の意志を確認します。わが子の自己決定を尊重します。通学する学校が決まったらその学校に連絡し、先生方との連携を図ります。学校は必ず協力します。具体的な登校計画を共有し、行動計画もできるなら一緒に作ります。先生方はわが子の意志に添って適切に援助の手を差し延べてください。

　地域によって学校文化はかなり違います。隣の学校でもです。転校生はその学校文化に慣れる、それが第一義です。同時に、転校生を新しい環境に適応できるようにするのは転校先の学校の先生方と子どもたちの配慮と努力です。

【付言】昨今、転校したとき、どんな子どもでも転校先の学校に馴染むのに苦労しています。一昔前と異なります。人にかかわるわが国の文化が以前とはすっかり異なっているからです。これが学校文化の変容を促進しています。

2　避難の小学校でいじめられ不登校に、中学校でも、どうすべきか

Q　中学2年の息子は、大震災と原発事故後、強制的な避難を余儀なくされ、当地の小学校に転校し不登校になりました。その小学校でひどいいじめに遭い、それ以降学校に行けない状況になり丸2年が過ぎようとしています。現在、中学校とのかかわりもほとんどありません。進路のこともあり、どうにかして登校させたいと願っています。当地には親しい知り合いもおらず、また故郷に戻りたくても戻れず困っています。どうすべきでしょうか。(母親)

子どもの心の傷に的確に対応し、当該中学校と連携する

A やむを得ず避難してきた転校生をいじめ、不登校に追い込むなんて許せないことです。いじめをした子どもやその保護者、問題解決を怠っている学校の責任は重大です。在籍する中学校とのかかわりがないのも問題です。大震災と原発事故後、被災地からたくさんの子どもたちが被害の少ない地方の学校に転校しました。どの学校もあたたかく配慮のある受け入れをしていたはずなのに、このような事例を知りとても残念に思います。

不登校は不登校を引き起こす素因（発生脆弱性）に学校での誘因（きっかけ）が加わり発生します。また、ごくすなおに育ってきた子どもがひどいいじめや暴力に遭いますと、それだけで不登校に陥ります。わが子の例は恐らく、誘因（きっかけ）そのものが素因になったのであろうと思われます。

どうするかです。中学校に登校できないのはそこに小学校のときのいじめ集団が在籍しているからかも知れません。そうであってもその中学校に通うのか、他の中学校にもう一度転校するか、本人に確かめます。再登校を目指す、高校進学に向かうという前提に話し合いを進めます。この前提が大切です。本人の意志の確認ができましたら、どのような手だてで登校するかを話し合います。父親の中学校生活の思い出、母親の高校生活の状況などを謙虚に語り、学校生活の大切さを悟らせる配慮が大切です。親がもつわが子への願いもしっかりと語ります。具体的な展望が開くことができるまで話し合いを続けます。

もう一つ重大な問題はわが子の心の傷の深度です。相当な痛手と想像できますので、これに誰がどう対応するかが課題です。親で十分か、親戚の誰かに話を聴いてもらうか、夫婦で語り合い目星をつけます。近くに存在しない場合、それに相応しい人の１人はスクールカウンセラーです。

さらにかかわりのない中学校との連携の問題も前に進める必要があります。勇気を鼓して当該の中学校と話し合いを求めます。学校は明確な支援の体制をつくり、親とともに具体的なかかわりをともにすることです。わが校に所属する子どもです。速やかな対応を求めます。

【付言】この問題は捨て置けないので、私が当該の中学校を訪問し校長先生と

対応について協議しました。具体的なことは省略しますが、好ましく連携が成立し再登校が可能な状態に進展しています。(2013年)

3 　長い不登校、災害時、一押ししてもよいか

Q 　長く不登校を続けている中学2年の息子に「千年に1回の大震災のとき、いつまで不登校を続けるのか。いい加減にしなさい」と叱りましたら、息子は「そうだと思う。でも長く休み過ぎたから行きようがない」と呟きました。これまで何人かの専門家の助言をいただいてきました。どなたからも登校刺激を与えないように注意されてきました。それでこの状態です。一押ししてもよろしいでしょうか。再登校を図るよい機会だと考えています。(母親)

積極的に後押しすべき、災害の意味の話し合いも深める

A 　大震災と原発事故を千載一遇の機会として、不登校の子どもたちに再登校を迫った親と学校があるようです。親と先生方が「こんなときに何してる。学校に行きなさい（来なさい）」と声をかけたら、かなりの数の不登校の子どもたちが学校へ行った（来た）と聞き及んでいます。

　「こんなひどいときに何してる」、「もし津波で親が亡くなって、不登校のお前はどうやって生きて行くんだ」、「そんな大きな体をしていて、恥ずかしくないのか」、「大丈夫？　独りで食べて行ける？」など、不登校の子どもにふだん言いたくても言えないようなことを話したようでした。不登校問題は再登校がゴールですから、その結果が示されれば何よりです。

　ところで、「一押し」していいのです。一押しして登校すれば、うれしいことではありませんか。長い不登校に登校刺激云々はすでに無用の産物なのです。押すべき機会に押さなかったために、不登校を長期化した事例が数限りなく存在しています。押すときのこつは笑顔と正視です。こんなときは学校へ行くのが当然という表情があると、なおよろしいかと思います。

　「長く休みすぎたから行きようがない」を長欠感情と理解します。これは学校を長く休んだために、教室に行くのが気恥ずかしい、きまりが悪い、誰かに

何か言われそうでいやだという気持ちです。長く休めば誰もが感じる心情ですが、不登校の子どもたちは特に強く保持しています。殺し文句は「3分耐えなさい。それで大丈夫なら30分、耐えなさい」です。笑顔ではっきり何度も何度も言い聞かせます。繰り返されるとだんだん納得します。実際、久し振りに教室に入った子どもたちの述懐です。実際そうなのです。

　時間割や教室の位置、教室内の机の位置などは事前に、担任の先生が説明してくださいます。登校時刻、通学の方法、給食はどうするかなどについては、なるべくさりげなく本人の意向を確かめます、当日は親が一緒に行き、担任の先生に玄関で待っていていただくのがよろしいかと思います。

　繰り返し付け加えます。一押しのとき、大切なのは笑顔と正視です。

【付言】長期化した不登校はそうなったときの心情にはありません。きっかけがあれば登校可能な状態にある子どもが相当数います。大震災と原発事故はきっかけになり得ます。一押し、二押し、三押し、親も先生も粘ります。

4　避難した当地の中学校で不登校、どうすればよいか

Q　津波と原発事故で避難してきました。子どもが3人おりいずれも当地の学校に転校しました。中学3年の二女は、転校して最初の期末テストの結果はこれまでになく思わしくなくショックのようでした。避難して勉強する環境でなかったからと話して聞かせても納得せず涙を流していました。クラスの友だちとも話が合わないようでだんだん欠席が多くなり、2学期以降は不登校状態です。近くに相談する人もなく困っています。（母親）

親子で苦難を乗り越え、希望の中に早期の再登校を目指す

A　避難の上、わが子が不登校状態とは、つらいことですね。でもわが子のために一踏ん張りご努力願います。親の真剣さが子どもを救います。
　原発事故の直接の被災地と当地では学校文化が異なります。どんな子どもでも転校してきて馴染むまでにはかなりの時間を要します。特に、学力にもかな

りの差があります。ほとんどの転校生が苦慮している問題です。しかし、当地の学校の授業や教室の雰囲気に慣れてきますと、だいたいはそれなりの学業成績を残すことができるようになるようです。その意味では、もう少しのしんぼうであるかも知れません。

　朝起きてから夜休むまで、規則正しい生活をしていることを前提とします。時間をとり親子で、避難の現状から、今後の中学校生活、高校や大学への進学、何をして食べていくかなど、時系列で話し合います。親からも、生活再建、どこに住むか、経済的問題、健康維持、家族のあり方などを率直に語ります。一度にたくさんの話でなく、少しずつありのままに親の自己開示をします。

　この機会に1冊、絵本を読み合うことを勧めます。親子で、いせひでこ『チェロの木』を読んでみてはいかがでしょうか。森の木を育てていた祖父、楽器職人の父、そして音楽にめざめる少年、季節のめぐりの中でチェロを媒介にして、少年が爽やかに成長して行く絵本です。ごくごく平凡に今を大切に生きて行くすばらしさが美しい絵と文章で語られています。繰り返し読み続けますと「あるべき自分」が明らかになります。

　「悲しく辛い体験は、時が流れるなかで、人に新しい息づかいをもたらし、新しいものを生み出す。（それは）新しい生き方への決心や他者を思いやる気持ちや人の絆の大切さなど、人によってさまざまだけれど、人生の大事なものであることが少なくない」（柳田邦男『生きる力　絵本の力』、括弧注は私）のです。新しい息づかいをわが子と試みてはいかがでしょうか。それは学校に行く目的の再確認です。わが子が大事なものに気づきますと生きる道筋が見出され、再登校の契機をつくります。さまざま、も大切なキーワードです。

【付言】「心の危機、人生の危機に直面したとき、絵本によって生き直す力を取り戻した人々（がいる）、絵本には（それを助ける）秘められた可能性がある」（柳田邦男、承前）。困ったとき、絵本に頼りますと心の糧を得ます。

［第5章］
高校生に関する質問事例と解明のしかた

I　一般的な質問事例と解明のしかた

1　不登校の攻撃性、どう対処するか

Q 娘は高校1年に籍はありますが、もう2年ほど登校していません。何もせずぶらしているだけなのに時折、私に対して「お金の無駄遣い、止めろ」、「化粧が濃い」、「部屋が汚い」などと責め寄ってきます。たびたびなので無視していますと暴言を浴びせられます。腹が立つので言い返しますと部屋に引き籠もります。それでも大切な娘と思っていますので何とか立ち直らせたいと考えています。これからどう対処するのがよいのでしょうか。（母親）

無視や無策は親の責任放棄、真剣に娘のあるべき幸福を考え、行動する

A 高校生でありながら登校できない、何もしないでいるという後ろめたさや罪悪感のために、不登校の子どもたちは責められたり批判されるのを恐れてしばしば攻撃的になります。言われる前に言う、やられる前にやるという態度です。親子でこのような攻撃、反攻撃を繰り返している限り問題は決して解決に向かいません。大切なわが子です。わが子がどうなればよいと願っておられますか。長くなっています。これまでのわが子へのかかわりのあり方の変革が必要です。そして解決には例外を探し、現状の悪循環を断つ必要があります。同じような事態で問題を解決した事例を紹介します。

　高校入学後すぐに退学した子ども（女性）の事例です。お寺が本家、家でぶらぶら暴言の女性を見かねた住職が寺に通うように誘いました。与えた仕事は寺が経営する幼稚園の清掃でした。この女性、幼児と接してすぐ目が覚めたそうです。幼稚園の用務員を続けながら夜間の短期大学を卒業し、今はその幼稚園で先生をしています。幼児という外的資源との遭遇が例外でした。

ある母親、高校休学中の娘がいました。出会った心理職に提案されて自分で娘をどう導くかを考えました。娘と一緒の高齢者施設のボランティアを思いつきました。誘いましたが断られたので母親だけがボランティアになりました。毎日夕食時に、高齢者施設での出来事を語り続けました。ほんの少し娘が関心を示したころまた誘いました。すなおに付いてきたそうです。

　高齢者施設のボランティアで大変なことは入浴時、高齢者が風呂の中で洩らした大便を素早く網で掬い取る仕事だそうですが、しばらくしたら娘が進んでそれをするようになりました。続けていくうちに人相が変わってきたそうです。娘の穏やかな笑顔を見るたびに母親は涙が出て困りました。この娘、現在、大学在学中です。勉強では学力不足で相当に苦労したとのことです。

　わが子が暴れたり何もしないでいることに憎さを感じるのは仕方がありませんが、無関心や無視、無策、無関与は親の責任放棄です。わが子の幸福は親の幸福と考え、真剣に悪循環を断つべきです。

【付言】子どもが問題行動を起こす要因の根源に親の子に対する無関心、無視、無関与、無策があります。愛情の反対語は憎しみではなく、無関心です。愛情への転換がない限り、子どもの問題行動はシフトしながら続きます。

2　不登校からの解放、自立の条件とは何か

Q　今春、高校に入学したばかりの娘は1か月足らずで理由も告げずに学校を休み始め、現在では不登校状態です。トイレや風呂、食事のとき以外は、自分の部屋に引き籠もっています。ある相談機関の先生から「自立させなさい」と諭されました。「具体的にどんなことをすればよいのか」と尋ねましたら、「まず親が自分で考えなさい」でした。自立の要件とは何か、よい知恵が浮かばず困っています。教えていただければ幸いです。（父親）

わが子自己抑制に気づき、緩める努力をし、わが子に誠意ある関心を示す

A 不登校問題は、「教えられたこと」のみの実践では解決に至らないのが現実です。相談機関の先生もそんな意味で申されたのだと思います。不登校問題の最終課題は自立であることに間違いありません。ご質問ですのでご参考までに一般論で、自立とは何か、一通りの要件を示します。

　自立の要件の第1は、年齢相応の身辺自立です。高校生の年代のレベルでは挨拶、衣服の整理、部屋の整理整頓、食事の準備や後片づけ、洗濯、清掃などが自分の意志で人並みにできることです。食事の自立はもっとも大切です。自分に食べさせ、また家族に食べさせる意志とその実際がその要件です。

　第2は、人づき合いがうまくできるということです。うまくとは同世代、目上、目下の人それぞれに応じたそれなりの交流ができる、です。第3は、自己実現に対する意志をもつことです。人生においてこれから何を目指すのか、将来への展望をしっかりもつことです。第4は、失敗体験を糧にして成長意欲を抱くことです。挫折に対する耐性と言ってよいかも知れません。

　さて、何から始めるかです。不登校問題をどう解決するか、同時に挫折を乗り越え自己実現に向かって何をするかが課題です。現時点での自己実現の目標は学業の成就です。両親が誠意をもってわが子に関心を示しわが子が今していることの正当性を認めるのが話し合いの糸口になります。

　しかし、いろいろ努力しても親が望むように進展しないのが不登校問題の特徴です。親の意図とわが子の考えの統合が課題です。恐らく、わが子は自分にきびし過ぎ、強い自己抑制にも縛られているのです。それで自分の希望する願いが果たせず、何もしない状況にあるのだと思われます。

　父親とわが子（特に娘）との話し合いの成立はなかなか困難ですが、父親の誠意と熱意次第です。わが子がもつ自分に対するきびしさや自己抑制をちょっぴり緩める、これが目標です。ちょっぴり「まあいいや、どうだって」となりますと視野が広がり、「何をする」が明らかになり行動化が進みます。なお、相談の先生の「自分で考えよ」は父親に対する自立の促しです。

【付言】引き籠もりは自分に対する懲罰と捉えます。強迫的に自分を抑圧した

姿です。ここから解放するのが親のわが子に対する誠意ある関心です。わが子が今していることの正当性を認めることが懲罰から解き放ちます。

3　高校に入学後すぐ退学希望、不登校状態、どうすべきか

Q 娘は4月に入学したばかりの高校を1週間も経たないうちに「この高校は私の行くところではない」と言って欠席を始め、1か月後の今では「退学する」と言い張っています。現在は不登校状態です。親は苦労してせっかく進学校に入ったのにと思いますが、娘の主張はかたくなです。先の見通しもなく退学してしまうのでは後で困ることが出てくるのではないかと思っています。娘と折り合いをつけたいと願っています。（母親）

学校を頼り進路の方針を明確にし、同時に家族のコミュニケーションを再生する

A ご苦労を察します。数は多くなくてもよく聞く話です。いくら尋ねてもわが子は親が納得したり了解できる理由を示しませんから、「せっかく入ったのに」とか、「高校くらい出ないと」と願う親の気持ちとなかなか噛み合いません。でもよく考えてみますと、わが子はもう高校生です。自分のことを自分で決める能力が身についており、置かれている状況も分かっています。「この高校は…」にはきっとそれなりの理由や考えがあるはずです。親身に話し合い信じて待てば、必ず親が理解できる考えを述べることと思います。

とはいえ、高校には欠席日数の制限の問題があります。時間は無限に待ってはくれません。また、困っている最中や強烈なマイナスの感情にとらわれているさなかにあるときは「大切なことの結論は出さない」のが賢者の知恵でもあります。従って、今すぐの「退学届」の提出はすべきでありません。

どうするかです。最初はまず学校を頼るのが、今親が行うもっともよい対策です。かかわるのがもっとも適任な先生に時間をとっていただいて、学校の何が問題で、それをどう解決したいのかについて、わが子が納得するまで話し合って貰います。先生は子どもの迷いの内容を十分承知です。わが子が明るい表情で現実を語り、進路の方針を明確にしたらそれを受け入れるのが親の立場で

す。気がついたらすぐ行動する、これが不登校を長引かせない秘訣です。遠慮は無用です。敷居が高いと感じてもすぐに学校を訪ねます。

　それはそれとして、お住まいはかなり地方（辺地）です。通学可能な高校は限られています。代わりに通える高校はさらに遠方になるような気がします。現実問題として、家の経済力、両親の年齢、家族構成などの諸条件から教育に出せるお金のこともきちんと伝えるべきと思います。

　苦しいことやつらいことは人生の糧にすべきです。今回のことでわが子が親に訴えたいことは何だったのか、振り返ります。理由も告げずが、理由を告げる家族になるよう祈ります。わが家のコミュニケーションの再生が課題であるように思います。親が積極的に語る、この問題に何よりも大切です。

【付言】家族間のまずいコミュニケーションは、相手の言うことを聞かない、聞いているふりをしている、自分の言いたいことだけを言う、感情的になる、何でも結局はと一括りにまとめてしまうなどです。よい会話の家庭は安楽です。

4　新年度早々転校希望、不登校へ、どう始末をつけるか

Q 高校２年の娘は新年度早々、「普通科で勉強したい。転校したい」と言い出し登校しなくなりました。親と学級担任とで「高校は転校できない」と言って聞かせても納得せず、今は「転校できないなら高校をやめる」と言い張っています。学校で何かあったようですが話しません。担任の先生も心配して家に来てくださいますが、剣もほろろの態度です。幼いころから聞き分けのよくない子どもでした。どう始末をつけたらよいでしょうか。（母親）

親身に言い分を聴き取り、現実に即した対応をする

A お困りですね。お気持ちを察します。すでにご承知と思います。高校の転校は通信制単位制の高校への転学を除いて困難です。それでも転学可能なのは保護者が現在の居住地から通学不可能な遠方の学区または県外への一家転住のときに限られます。これは公立でも私立でもほぼ同様です。わが子は

それを知っての主張であるとの理解が必要です。悩んでいる、でも誰にも言えない、このことに気づくのが大切です。

　お手紙に、「働く気もなく将来が心配」ともありました。普通科へ転校したいと転校も目的を明確に表明しているのですから、学校を休んでいても神経症を背景にもついわゆる不登校とはちょっと違うのではないかと思われます。高校は出席日数の問題がありますので、あったかも知れない「何か」の問題は棚上げにして、今の高校に行くのか、休学するのか、進路変更（退学）をするのか、就職するのかの話し合いをします。休学及び退学の場合は、具体的に「何をするか」を明確にしてから認めます。家事従事も了解します。

　ところで、普通科を志望する意味は大学へ進学したいという意志表示かと思われます。大学に行きたいのか、どんな職業に就きたいのか、について親身に話し合うことを勧めます。担任の先生に対しては剣もほろろのようですから、それは親の役割です。やさしく親身に傾聴しますと、わが子は語ります。

　傾聴とはわが子の言葉にわが心を合わせて聴くということです。感情的にならず非難や批判も言葉を遮ることもなく、時々わが子の言葉を繰り返します。この上なくあなたが好きという態度と笑顔で聴き取ります。これがわが子の存在を肯定的に容認することです。それで先に進みます。理性も感情も大切にした話し合い、それが始末のつけ方です。念のためです。わが子がこのような状態に至ったのは、親がこれまで十分なことをしてこなかった、関心を寄せるのが薄かった、親が先取りして手を出していたから、と悟るべきと思います。

　それから現実問題として、１、２年学業の達成が遅れる、或いは進路変更になるについて、親があらかじめ覚悟しておくことも必要です。

【付言】剣もほろろの態度は非難や批判に晒されているからです。これは過去へのしがみつきでもあります。存在の承認はその人にこれからの行動への責任を自覚させます。"doing" と "being" とを区別した配慮が大切です。

5　体調不良で欠席し不登校状態、パソコン三昧、どう対処するか

Q 高校2年の息子は夏休み明けから「体の具合が悪い」と言って学校を欠席し始め、現在不登校状態です。やっとの思いで近所の内科医に連れて行きましたが、どこも異常なしでした。欠席2週目ころからパソコン三昧の暮らしになりました。たびたび注意しても登校の気配がないので取り上げました。今は携帯電話に没頭し不規則な生活を続けています。進級のことが気がかりで話しかけようとしますと逃げ出します。どう対処すべきでしょうか。（父親）

父親が息子の道を拓く知恵を働かせ、行動する

A 不登校か否かの分析をしたり、他に連れて行ってもこの問題の埒があくことはありません。このような息子にしたのは親であると自覚し、父親が自分で道を拓くのを覚悟することです。ほとんど同様の事例を紹介します。

　高校2年の10月、前期の成績表が出た直後から息子が学校へ行かなくなりました。欠席の理由を尋ねても一切答えません。1日中新聞を読むか、テレビを見て過ごしています。登校を促しますと部屋に引き籠もり出てこなくなります。困り果てた母親（妻）は父親（夫）に「今まで、あなたは子育てに何の関与もしてこなかった。今度はあなたの番だ」と通告しました。仕事中毒の父親は仕事と息子の狭間で悩んだようですが、父親としての責任を感じ、伝手を辿りある心理療法家を訪ねました。有料でした。次のことを実行しました。

　家族は子どもがもう1人中学生の娘がおり、事情を話し妻と娘を妻の実家に一時帰し、自分は会社へ1か月の休暇願を出しました。その日から父親は息子とまったく同じことを始めたのでした。新聞を読めばその後に新聞を読み、テレビを見れば一緒に見ていました。父親は食事はつくらず、息子がコンビニに弁当を買いに行けば、同じようにしていました。風呂に入らなければ入らず、夜更かしをすれば同じように夜更かしです。10日後、息子が「お父さん、仕事は？」と尋ねてきました。「お前の学校と同じだ」と答えました。3週間後、息子が「お父さん、明日から学校へ行く」と告げてきました。

後日談です。この息子が登校しなかったのは学業不振による前途悲観でした。でも3週間、父親と2人で生活し、今のままでは「人間でなくなる」、に気づきました。わが子とわが家の現実に照合して具体策を考える、それが思春期の子どもの問題に対峙する父親の責任です。

　このような極端で過激な方法を積極的にお勧めするつもりはありません。簡単にはできませんし、1か月の休暇内で収まりましたが長引いたら中途半端でした。不登校問題は簡単には解決しないので、このくらいの覚悟と実行力を必要とすることをご理解願うための事例の紹介です。親の覚悟が肝要です。

【付言】見知らぬ土地を訪れ家に帰りますと、わが家に新鮮な感覚や感動を覚えます。父親が息子を見知らぬ土地に導きますと、これが例外ですが、その体験が息子に自分の道を拓かせます。ブリーフコーチングの知恵でもあります。

6　不登校で昼夜逆転、引き籠もりに対してすべきことは何か

Q　高校2年の息子が半年余り学校を欠席し、現在休学中です。一時壁を蹴ったり、襖を破ったりしていましたが、今は自分の部屋に引き籠もっています。食事は日に2度、私が部屋の前まで運んでいます。はっきり昼夜逆転の生活をしており、風呂にも入っておりません。いろいろな所で相談し種々試みましたが、それが現状です。どうすればこの閉塞状態から抜け出せるのか、毎日暗い気持ちで考えています。すべきことをお教え願います。（母親）

すなおにわが家を振り返り、父親の指揮のもと家族の運営を変える

A　不登校問題に限らず、子どもが非行も含めて何らかの問題行動を起こすときには、その子どもが親や家族にわが家のあり方の修正を望んでいると理解すべきです。何人かの親はわが家の不登校問題を「子ども自身の問題」または「問題は子どもが学校に行かないだけ」と考える傾向がありますが、問題とするところは親の親たる資質への問いと家族のあり方への警鐘です。

　半年余りも学校に行かない子どもに、ただ「昼夜逆転の生活を止めなさい」

と説諭しても聞く耳をもたないのが実際です。改善には、わが家は健全であるとの信念らしき心情を抱いてわが子の問題行動を軽視または無関心、無視してきた親の家族の運営に対する反省が必要です。

家族の運営で修正すべきことを思い当たるでしょうか。生活習慣や言葉のやりとりの癖など、変えた方がよいと思うことを探し出します。探せば必ず見つかります。わが家の例外探しは徹底して行います。

ある家族の例です。それまでトイレ掃除をはじめ家の清掃はすべて母親の仕事でした。それで息子の不登校を契機に、父親が早起きしてトイレ掃除に取りかかりました。父親の朝のトイレ掃除は画期的なことでした。家族全員がピカピカに磨き上げられた便器を見て、トイレを大切に使うようになりました。これが変化です。家族に小さな変化が起きると大きな変化が訪れます。

それからしばらくして、父親の指揮のもと毎週日曜日、時間を決めて一斉に全員で家屋の全部の清掃に取り組むようにしました。娘（妹）が引き籠もりの息子（兄）の部屋にも入り清掃を行いました。最初は拒否していましたが、笑顔で入って来る妹につられて自分も清掃に参加するようになりました。仕事の後のお茶も一緒に飲むようになりました。ケーキの準備がありました。

これは家族相互のあたたかい思いやりの表現です。家族が一つにまとまり、コミュニケーションが盛んになりました。信じられないかも知れませんが、これで昼夜逆転がなくなり、引き籠もりを解消したのです。そして１年遅れの再登校も実現しました。父親の知恵の創出と実践が問題を解決しました。

【付言】「犠牲のない奉仕はない。奉仕には自分の一番大切なものを差し出す」（佐藤初女『おむすびの祈り』）。奉仕とは言えませんが、企業戦士の父親が朝の貴重な時間と労力を家族に差し出しました。これが例外探しです。

7　孤独感がたまらない、学校を休むことになる、どうしたらよいか

Q　高校２年生です。学校で先生と話していても、教室で友だちがそばにいてわいわいしていても、いつも独りぼっちという感じから離れられません。この孤独感がたまらないのです。つらいという意味です。そして、どこか

へ行ってしまいたいと思うことがしばしばです。このままでは学校を休むことになりそうです。大学にも行きたいし、どうしたらよいのか、自分で満足のいく答えは出せそうにありません。（高校生・男子）

今、ここを大事に、「日の要求」を心を込めて行う

A 世の中が人を傷つけず傷つかずの風潮ですから、人と深いかかわりをもつのがつらい時代になってきました。思春期の課題である自分らしさ（自己同一性）を確かなものにし、人のために役立つ生き方をしようとしても、同じような志（こころざし）に向かう仲間に出会いませんと、誰かが近くにいても独りぼっちという感じにかられます。

ですが、思春期に孤独感を抱いたり、どこかへ行ってしまいたいと思うのは、恐らく真剣に生きようと願う誰もが一度は感じることなのです。思春期は満ち足りたという感覚とは別な世界に生きています。大切なのは、その感覚と真正面から向き合い、それをよく味わってみることです。そして、孤独感のようなものは今の自分の心から決して去らないことを自覚すべきです。その感覚をあるがままに受け入れ、それはそれとして日常すべきことを心を込めて真剣にこなし続けることが若い人たちの生きる使命です。

私たちが生きるのは、過去でも未来でもなく「今、ここ」です。孤独を感じたら、自分が今、ここで何をしているかを問い直します。さびしさや孤独感だけに耽っている時間がもったいないことに気づくと思います。好漢、新しい感動を味わうことを期待します。

ところで、「日の要求」という言葉があります。朝起きる、顔を洗う、家族と挨拶をする、トイレを済ます、朝食を食べる、登校する、授業で学ぶ、友だちと語り合うなど、朝起きたときから夜寝るまでの一連の当然しなければならない行動のことを「日の要求」と称します。意味深い言葉です。日の要求を心を込めて真剣に行いますと不思議に新しい感動を体験します。そんなことがと思うかも知れませんが、日の要求の一つ一つを大切に行いますと、学校を休みたいという心情が心に残っていても、それが気にならなくなります。

蛇足です。人生をどう生きるかの答えは、自分自身で生み出すのが理（こと

わり）です。孤独感の反対語は連帯感です。それは日の要求を成就させ、自己を知り人とかかわる意志をもつことで到来します。人生の真理です。

【付言】不登校の永続は生きる希望の消失をもたらします。希望をもつ限り人生には明るさがありますが、それがなくなると目前の現実に身が焦がされます。暗い挫折の出現です。希望を語り合うのは不登校を救う手だての一つです。

8　「遊ばず、学ばず、働かず」に対し、何をすべきか

Q 高校生の息子は出席日数が不足し1年間休学しました。現在、強要すれば数日登校しますが、またすぐ休みます。教科書は学校へ置いたまま、口を開けば「だって、することがない」、「でも、暑い」と訳の分からないことや弁解だらけです。「家の仕事を手伝ったらどうか」と言ったら、「どうせ、つまらない」とぐうたらを決め込んでいます。そのうち高校から、休学か、退学かを迫られるのは目に見えています。息子に何をすべきでしょうか。（父親）

3つのＳで対応し、より肯定的にかかわり、変化を起こす

A よく見かける現代の若者によくある「遊ばず、学ばず、働かず」の姿を感じます。無気力、無関心、無感動の子どもたちは、自分がある程度できると思っていたり、他人からそれなりに評価されていること以外は、自分からは何もせず、いつも言い訳がましく、「だって」、「でも」、「どうせ」と「3つのD」を使うのが特徴です。注意したり、脅したり、叱っても、そのときだけ仕方なく動きますが、すぐ元の木阿弥です。

　3つのDの表現は、かつて所属する集団で恥をかいたり、屈辱を得たことによる心理的外傷体験が影響しているのかも知れません。それによって、敗北や恥辱に遭うのではないかと予想される場を避けているものと思われます。学業やスポーツ、家族や友人との交流を楽しいことと思わず、それらに恐怖すら感じ本来すべきことから身を引き、無為に過ごすことを習慣化しているのです。思いやり深く、「心が傷ついている、今は仮の姿」という理解が必要です。

ほんの少し、行動を変えるようにするのが当面の目標です。先ずは、3つのDに対して、「せっかく」、「せいぜい」、「すてき」の「3つのS」を使い分けて対応してみてはいかがですか。親が「せっかく、お腹が空いたのだからしっかり食べよう」、「せいぜい、ご飯を3杯食べてみるか」、「ご飯をそんなに食べて、すてきだな」と意識して語りかけますと、わが子は「おや」と思い、また「はっ」として、自分を見詰め直す機会を得ます。食べるということ以外にも、3つのSは活用自在です。3つのSは親がわが子により肯定的にかかわる象徴です。必ず変化が生じます。

わずかでも変化が起き、わが子がふだんとちょっぴりでも異なる行動を示したら、それをたっぷりほめるようにします。例えば、昨日より30分早く起きたら、「すてき（すごい）、随分早起きになった。早起きは三文の得。今日はきっといいことがある」などと話しかけます。繰り返し話しかけ、会話のやりとりができるように配慮します。言葉のキャッチボールができるようになるのが変化です。変化が起きれば、わが子が真剣に将来を考えるようになります。

【付言】無気力、無関心、無感動は仮の姿です。誰でも自己実現を欲しています。私たちはそれを信じる必要があります。3つのSはちょっとした工夫の産物です。人生を"yes"と肯定する、とても大事です。

9　不登校から高校中退、何もせず、どう対応したらよいか

Q 娘は小、中学校でそれぞれ2年間、不登校でした。高校は1か月通学した後に欠席し始め、出席日数が不足し中退しました。そのうち、大学に行く、働く、家の手伝いをする、などと言いながら何もせず、間もなく19歳になります。「親はお前より早く死ぬ。いつまでも養えない」と言い聞かせても効果がありません。3人姉妹の2番目で、他の2人は問題なくそれぞれ大学生と高校生です。この子だけがという思いです。困っています。（父親）

親が探し、身近な第三者の力を借りて勤労体験に導く

A お手紙に、これまでたくさんの医療機関や相談機関を訪ね、いろいろと対応をしてきたが、効果が見られずとありました。よく聞く話です。誰かに教えられたことだけを試みる、余り成果がないと知るべきです。

現在、居場所が家に固定されてしまっていることが、問題の解決を阻んでいると考えます。不登校や引き籠もりが長くなった場合、親や家族だけで問題を解決するのはなかなか困難です。第三者の力を借りて勤労体験に導く、このような事例では、働く体験こそが新しい人生を築く第一歩です。

第三者とは、第一義として不登校問題に詳しい医師やカウンセラーです。専門性の高い医療や心理療法を受けることで解決を図るようにします。但し、本人に問題解決に対する意欲が乏しいと、20歳近い本人をそこまで連れて行くことに難儀しますし、例え出かけても気に入らなければ、次は行かなくなるだろうと想像します。私の経験では、予想される成果は五分五分です。

専門家ではなくても、「この人なら」と思える身近な人に出会う機会をつくることも好ましい対策です。私が知る事例では、近所の茶道の先生のお世話になった女子高校生がいます。登校したりしなかったりを繰り返し進級が危ぶまれるころ、近所の茶道の先生にお願いし、お茶を学びにその家に通うことになりました。そこでお稽古やお茶会の下働きをするよう諭され、人の役に立つ体験を重ねながら新しい生き方を模索することができました。進級もできました。

女子では生花店の手伝い、建設会社のお茶出しやコピー取り、男子ではガソリンスタンドの助手、消防団への入団、測量会社での道具運び、高齢者が飼う犬の散歩の奉仕、等々です。ここでいろいろな人たちと話す機会を得、感謝され、ねぎらわれ、時には叱られで、そして何よりも「高校くらい行け」、「学校が一番楽だ」などと言われ続けたのが効果的でした。

身近な第三者の協力を願うのも解決の方法です。協力先を探し依頼するのは親の役割です。わが子につらい思いをさせるのは可哀相と思い何もしないでいては問題の解決はないのです。親の渾身の力の発揮が待たれます。

【付言】成人した引き籠もりの男性、地元の消防団に入団しました。身近な第

三者は消防団長でした。いざ出動、すると母親が車のエンジンをかけて待っていました。結果は引き籠もりの延長です。真の母性の喪失の結果です。

10　不登校問題、父はわが子をどう導くか

Q 高校を中退して何もしないでいる娘がいます。以前、この欄（ふれあい相談）に、高校中退か、進路変更かを迫られていた息子に、「家を出て、働け」と言える父親か、という言葉があり、父性原理の大切さが説かれていました。私は父親でありながら娘にとてもそんな言葉は言えません。でも娘を何とかまっとうな生活ができるよう導きたいと考えています。何を目指してどう導いていくべきか、教えていただければ幸いです。（父親）

家族に変化を起こすことを考え、自分らしい父性を発揮する

A 問題解決のためにすべきこと、それは変化の促進です。変化を促すのは例外探し（これまでしてこなかったことを探す）です。しかもそれは思い切った手段であるべきです。気弱な父親像の放棄が課題の一つです。

　いくつか事例を示します。さる男の子の事例です。父親は高校中退瀬戸際の息子に30万円を出し、「もう学校には行く必要はない。家を出て、これで自活せよ」と迫りました。息子は驚きやっとのこと、「1週間考えさせてほしい」と答えました。いくらか紆余曲折はありましたが再登校を果たしました。またある父親は、同様に家でぶらぶらしている息子を、知り合いの設備会社（水道工事業）に連れて行き、そこで働くよう強制しました。息子は炎天下働いてたくましくなり、その会社の人たちの説論や働きかけがあり1年遅れて高校へ戻って行きました（仕事がつらく1日おきに出勤したこともありました）。

　女の子の事例です。大工の親方である父親は「俺は口下手。自分の体でかかわる」と言い、不登校の中学生の娘を自分の建築現場で働かせるようにしました（児童福祉法違反ですが、わが子は許容範囲です）。それから6か月、もうすぐ家が1軒完成するころ、娘は「お父さん、この家ができたら学校へ行く」と告げました。この娘、大学の建築学科に進学しました。また別の父親は、高

校を入ってすぐに欠席を始めた娘が本格的な不登校になるのを危ぶみ、求人情報を調べて「書店」でアルバイトをするよう運びました。書店の女主人が仕事の合間に、高校へ通うことの大切さを説き、高校へ復帰させました。いずれも仕事場での人生を語る感情交流が集団からの退却を元に戻しています。ここではまた社会のごく当たり前の常識を教えています。わずかでも常識に浸りますと問題が解決し易くなります。確かな事実です。

　これらの事例では、第三者の教えが例外でした。コミュニケーションの質と量が家庭では不十分であったから、仕事先でのそれが例外と見做されました。わが子の成長のために父親が父親らしい愛情を示す、その心の動きが父性でもあります。第三者の教えを参考に、わが家の例外を探すことを勧めます。

【付言】時代とともに父性原理の内容が変遷しています。従って父性の発揮とは具体的にどんなことか、混沌としています。でも明確な判断力、たくましい行動力、他者に対する細やかであたたかい心遣いができるは不易です。

11　大震災と原発事故で避難、途切れがちな登校、どうすべきか

Q　大震災と原発事故により当地に避難しています。高校2年の娘はサテライト校に在学しています。避難後、食欲がなくなり、滅多に入浴もせず、着替えにも時間がかかります。臭くなる、不潔、病気になると口を酸っぱくして説得して、ようやく体を動かします。サテライト校はかなり遠くにあり、親が送り迎えしていますが、途切れ途切れの登校になってきています。なお、本人は自室でなく台所に寝ています。どうすべきでしょうか。（母親）

親身に寄り添い、母子で悲しみの分かち合いを行う

A　不条理な避難に心からの御見舞を申し上げます。
　わが子はそうせざるを得ないのだろうと理解します。災害に遭い、それも強制的にふるさとを追われているのですから、わが子のしていることも非常時の通常の反応と理解します。人は誰でも、あのような大災害に遭遇し、心身

が耐える限界を超した出来事に出会い続けたら、自分の心身の状態や今起きていることを正しく理解できなくなり、抑うつ状態に陥ります。食欲の減退、入浴の忌避、着替えの遅滞も喪失体験が引き起こす反応の一つです。台所に休むのもまたセルフコントロールと自己表現の手だてを失い、迷いの中にいる証しです。救いの手を求めていると捉えます。

　災害には、人や価値あるものを失うこと、即ち喪失が伴います。そして喪失には必ず悲しみ（悲嘆：grief）が生じます。悲しみのケアが十分でないと、非常時の通常の反応が継続します。このことが心のケアの中核です。具体的には悲しみの分かち合いです。それは悲しみを語り合うという意味です。

　心のケアは親でも十分可能です。母と子の時間を十分に確保します。わが子に災害に遭い避難してきてからのことを語らせ、真剣に聴き取ります。自分のことも語ります。泣いたときはともに泣き、不条理にはともに憤ります。笑顔には笑顔を添えるようにします。母子が気持ちを一緒にすることで悲しみの分かち合いが成立します。悲しみが和らげば、以前のわが子の再現が近づきます。

　それから相変わらず台所に寝る状態が続くときはさりげなく一緒に休むようにします。きつくても我慢です。母親の添い寝、それがあると恐らくそう日を置かないで、自室に戻ることと思います。カウンセリングの理論も技術も必要でありません。親身に寄り添うことが大切です。

　学校はこの上なく大切なところです。非常時ですから出席日数の配慮はあると思いますが、進級できなくなるようなことは避けるべきです。わが子のための送迎を続けます。

　ご一家での避難を希望のある新しい人生の第一歩とされますよう祈ります。

【付言】災害は嘆くだけでなく子どもの成長に役立てることが親や学校の役割です。すべきことは責任感の育成です。困難なとき、生きるための責任感を旺盛にして学ぶわが子に育てるのが親の役割です。

Ⅱ 不登校問題、特有の随伴症状を示す質問事例と解明のしかた

1 退学希望、不登校状態、社会不安障害の診断、どう取り組むか

Q 高校１年の息子が夏休中に「９月に中退する」と言ってきました。理由は「今の高校に行く意味がない。恐いのもいる」でした。「志望校に入学できたのに高校を辞めてどうやって食べていくのか、困るだろう」と言い聞かせても聞く耳をもちません。今不登校状態です。ようやく精神科医のところに連れて行きましたら「社会不安障害、普通に登校は無理」と言われました。この状態を打開するためにどんなことに取り組むべきでしょうか。（父親）

学校の価値を語り、親の熱意で高校生活を継続させる

A お手紙に、「高校中退は中卒と同じ。未来がない」とありました。中学校卒だけでは働くところが容易に確保されないのは事実です。それなのに医師に「普通に登校は無理」と断定されては、と続いていました。未来がないのは困ります。確かに打開が必要です。

「恐いのもいる」のために社会不安障害の診断になったのでしょうが、社会不安障害に折り合いをつけて高校や大学に通っている人たちが数多くいます。社会人もです。その方が圧倒的に多いのが社会の現実です。学校は大切な人生の修行の場ですから続けさせるようにします。それが目標です。

わが子が「今の高校に行く意味がない」と語るのは、入学前に抱いていた高校生活のイメージが崩れたからかも知れませんね。私もごく最近、高校１年生の「自分より頭のいい人間がたくさんいると思って入ったのに皆、俺くらいだ。イメージダウン。張り合いがない」という呟きを聞いています。わが子も同じような状況からの迷いに捉われたのだろうと想像します。わが子のものの考え

方を転換し、新しい責任ある人生を築くための支援が必要です。

　「教育は人に人間としての利点を付加すること。学校は、自分自身になり、人間としての多様なあり方を学ぶところ」（M・J・ランゲフェルド、『教育の人間学的考察』）なのです。学校はこの上なく価値あるところであり、本来なら這ってでも行くべきところです。父親は高校生活の意義、学ぶよろこび、人とふれ合うことで得る感動、職業観、恋愛論などを自分の体験を交えて熱く語ります。親の誠意と熱意でわが子の心を動かします。

　しかし、退学の一念にあるわが子が簡単に意見を翻すとは限りません。休学させてしばらく働かせるのも選択肢の一つです。労働の体験で人生観を変え、改めて学業に復帰した子どもたちがたくさんいます。社会不安障害は人との交流を困難にする病ですが、人は人によって癒やされます。

　何をどの順序に取り組むかについては親の課題として考えます。わが子の問題を自分のこととして考えますと、答えは明らかです。

【付言】社会不安障害とは子どもで言えば「同年代の子どもや注視を浴びる状況を恐れる」（DSM-Ⅳ）のことです。不登校問題では本来のそれなのか、不登校に随伴するそれなのかの判断が必要です。対処のしかたは同じです。

2　摂食障害、それから不登校、休学寸前、どう対応するか

Q　高校1年の娘が過食と拒食を繰り返し現在は拒食の状態です。同時に不登校も始めました。現在は休学寸前です。最初は気づかなかったのですが、学校からの連絡で分かりました。親として情けなく思います。保健室の先生の紹介があり、精神科の病院に連れて行きましたが、娘は1度きりであとは行こうとしません。理由を尋ねても黙して語らずです。親がすることが思いつかず困っています。どう対応したらよいのでしょうか。（母親）

医療を優先、家族のコミュニケーションのあり方を改善する

A 詳しい状況が分かりませんので、一般論でお答えします。
摂食障害は生命の危険がある心と身体の病気ですので医療機関での適切な治療が必要です。基本的には心身症と呼ばれる病気です。心療内科か精神科の受診が原則です。但し、食事の状況の監視も必要ですので入院施設があるところにします。医療機関を広く調べ、場合によっては問い合わせも行い、本人にもきちんと言い聞かせて、至急にここと思える医療機関での受診、これが親の責任と役割です。治癒までにはかなりの時間がかかることを覚悟します。

摂食障害の子どもたちが不登校になるとは限りません。私が知る限る摂食障害の子どもたち（大半は中・高校の女子生徒）でもほとんどが登校しています。過食の子どもは肥満で動きは鈍いのですが、拒食の子どもたちは意外に活動的ですので、余程の体重減少がない限り気づかれ難いように思います。

摂食障害と不登校の問題を同時に解決するのは困難です。病気の治療を優先します。摂食障害の深度にもよりますが、いくぶん快方に向かいますと学校へ目が向く子どもが多いように思います。病気の場合、高校では欠席日数の配慮をするはずです。少々の遅れは覚悟します。

一言申し上げます。拒食の子どもたちは、自分が食べない、或いは食べても吐くということを知られないように懸命ですので家庭でも気づかれないことが多いのですが、子どもとふだんからコミュニケーションをよくしていたり、家事の共同作業をしていれば気づきます。摂食障害は時代が生み出している病気ですが、家族のシステムや感情交流の障害、過度な支配と依存の問題でもあります。この機会に両親でわが家のあり方の振り返ることが大事です。

結婚しても、子どもをもっても、40歳、50歳を過ぎても、摂食障害を続けている人たちがいます。これらの人たちの学習会に参加しますと、皆さん苦しい表情をしています。母と子がともに気が休まる時間をたくさん確保し、ゆったりと笑顔が交換できる家庭であるよう祈ります。この機会に家族成員がお互いを愛おしむ家族システムの構築を目指すよう期待します。

【付言】 食べて吐きながら体重減少をそこそこにしておく苦心を重ね医学部に

合格し、まだ同じことを続けている医師がいます。苦笑いで止められないと言います。テスト前の断食が動機でした。食行動異常の執念のすごさを感じます。

3　不登校、自己愛性人格障害の診断、どうすべきか

Q 高校1年の息子は入学して間もなく、「ここでは俺の才能は生きない。俺が来るべきところではなかった」と言って登校を止めています。担任の先生が出席日数の不足のことで家庭訪問に見えられたときも同じことを言いました。先生に勧められて精神科を受診させましたら、「自己愛性人格障害」と診断されました。一応説明は受けましたが、驚き、何のことか分からずにいます。息子も相変わらずです。どうすべきでしょうか。（父親）

余りこだわる必要はないが、自分は特別という感覚の昇華を助ける

A 「そんなに才能があるはずもなく、やっと入った高校なのに」とお手紙にありました。私たちの周囲には、自分を誇大に評価したがる人、自分に過剰な賞賛を求める人、自分や身内の自慢話に明け暮れる人をよく見かけます。これが病的な状態に陥った人たちを「自己愛性人格障害」（ＤＳＭ－Ⅳ）と称します。成人期早期以降の発症と言われています。

　この人たちは、自分を好ましいとは感じ強い自尊心をもちますが、他人を好きになったり愛するのが困難な人たちです。そして過大に膨れ上がった自尊心が挫かれると急速に落ち込むことがあります。不登校や引き籠もりがその事態の一つです。修正には家族皆の努力が必要です。

　まだ成人期とは言えませんが、恐らく自己愛（ナルシシズム）のことが目立ったので、医師はそのような診断をくだしたのだと思われます。社会には、そのような人は数多く存在し、それなりに適応して学業生活や社会生活を送っています。参考にするにしても、その問題に余りこだわる必要はありません。目標はあくまでも高校への復帰です。そのために必要なことは、自分がもつありのままの個性や能力に気づき、結果がすべてでなく地道な努力によって実際にできることを増やす援助を試みます。

1日1時間くらい、わが子と父親が2人きりで接する時間を確保します。父親が誇大な自尊心の背後にある不安や恐れをしっかり受け止めます。そしてわが子のよさをなるべくたくさん見つけ出し、それを言葉に表現し続けます。同時に他人からそれなりに評価される何かを見つけ出し実践に移します。休日に、家族がともに奉仕活動に取り組むのも一策です。何かの行動をすることが偽解決を消去し、良循環をもたらします。

　他人からの評価をたくさん受けますと、内面から自分は特別であるという感覚が昇華（価値ある別のことに変換すること）します。そのことをほんの少しでも自覚できたときが不登校の解決です。子ども任せではこの現実は現れません。父親の同行が必要です。ご努力を信じます。

【付言】不登校に関連する人格障害は「演技性、自己愛性、回避性、受動攻撃性、依存性、強迫性」（承前）の範疇です。不登校に随伴する性格傾向として理解します。人格障害がすべて不登校に陥るのではありません。

4　不登校、顔を直したら（醜形恐怖）学校へ行く、どう対処するか

Q 高校2年の息子は、休学をして半年、現在俳優になると言い張っています。最近、一重瞼を二重瞼にする、髪の生え際をきれいにするため皮膚を移植する、顎の骨が張っているから削る、と話し始めたので驚いています。それよりも高校を卒業することの方が大切だと話しましたら、「顔を直したら学校へ行く。だから早く医者に連れて行け。手術の費用を出さないなら死んでやる」とまで言いました。これからどう対処すべきでしょうか。（母親）

医療を優先し、訴えには耳を傾ける

A 覚悟を決めて、早く専門医（精神科が適切）のところへ連れて行くべきです。いわゆる不登校の範疇とは異なる状態と理解します。欠席が増え休学になったとしてもやむを得ないことと心得ます。

　精神医学の領域で言う「醜形（醜貌）恐怖」（ICD-10）を疑います。普

通の人がごく正常だと思っている顔（容貌）の状態を本人だけが醜いと思い込む症状です。医療を優先すべきなのはこの症状にまた別な精神的な病気が隠されていることがあるからです。また「死んでやる」と言うほど本人は顔を直すことに執着しています。しかも、「死んでやる」は時には本気のこともありますので、要注意です。「早く医者に連れて行け」ですから早急に、形成外科でなく精神科へ連れて行きます。専門医は醜形恐怖の人たちの主張や手術のことは十分承知です。適切に対応するのは確かです。

　これまで私が出会ったこれらの人たちは、一重瞼を二重にする（実際は二重瞼）、にきびの痕が醜い（実際はほとんど目立たない）ので美容外科に行きたい、鼻を高くする（結構、高い鼻）、目尻を上げる（ほどよい目尻）、唇を薄くする（決して厚い唇ではない）、喉仏が大きいから削る（理解も実施も困難）など、さまざまです。いずれも私から見て、直す必要のない容貌でした。

　醜貌恐怖の人に、あなたの顔（容貌）は正常だ、十分に美しいのになどと本人の意に反する意見を述べても聞き入れることはありません。いっそう激しくいかに顔を修正しなければならないかを主張します。時間が経つと、声優になる、選挙に出る、結婚相手が見つかり易い、などの表現に変わります。思い込んでいることに、他者は口（表現力）ではかなわないが実感です。否定したり批判したりせず、よく本人の訴えに耳を傾けます。

　当分の間、休学を続けざるを得ないだろうと思います。高校には医療を優先すると伝えます。どのくらいの期間かは医療の進展によります。ほぼよくなるまでの期間は覚悟します。不登校問題には医療の状況に合わせて対応します。快方に向かえば本人から申し出があります。

【付言】わが家に精神科の病気、ほとんどの人が「まさか」と思い、次にそうでないことを期待します。それは自然の感情ですから否定の必要はありません。完全な治癒、または寛解のために関係者が真摯に努力することが肝心です。

5　大量に食べ肥満（過食症）、そして不登校、解決する手だては何か

Q 高校2年の娘は半年前から大量に食べるようになり超肥満化し、みっともないから学校を休むと言い、現在は出席日数が不足して、担任の先生の勧めで休学しています。毎日1度に大量にバナナやあんパンを食べます。制限するとにらみつけ、時には暴れます。それまで50kgくらいだった体重が今では90kgを優に超えています。「こんなデブでは人前に出られない」と言って病院に行くのを拒否します。解決する手だてはあるのでしょうか。（母親）

適切な医療と社会・心理的な援助を求め、再登校の実現を目指す

A 摂食障害の過食症であることはすでにご承知のことと思います。適切な医療と心理療法が必要です。高校生の年齢ですから、理を尽くして説得し速やかに医療機関に連れて行くことです。なかなか聞き入れないときは、本人が病院に行く条件を聴き出し、その条件に応えたり、説得に説得を重ねるべきと思います。納得させて病院に連れて行くのは親の責任です。

　それでも行かない場合は、親だけでも精神科の門を叩き、医師の知恵をお借りします。なお、この病気は服薬だけでは根本的な治癒は期待できませんので、入院して食事のコントロールが可能で、かつまた質の高い社会・心理的援助が提供される医療機関の選択が肝要です。

　過食症の人たちは短時間に大量の食べ物を摂取します。人によっては太りたくないので過食と拒食を交錯させたり、口の中に指を入れて吐き、或いは下剤を用いたりもします。私が知る過食症の人たちは「いつも食べることばかり頭にある」、「食べだしたら止められない」、「空腹感もないのに我慢できない」などと語ります。それでいて自分の体型を好ましくないと捉えています。

　治療は、入院の必要性の検討、食事量の制限と規則正しい食生活の再形成、特有の抑うつ感や不眠に対する薬物療法等です。自宅での対処が無理な場合はある一定の期間の入院治療が必要です（私が知る限り、通院のみの治療では容易に治癒しないように思います）。加えて、百人百様であるきっかけの把握、

罪悪感の軽減、正常な身体像の理解、家族関係の調節などを行います。それには専門性と人間性が豊かで人生観の陶冶ができる医師や心理職の存在が不可欠です。経済的な事情が許せば、全国レベルで適切な医療機関を捜します。

　過食症と不登校の問題を同時に解決することは困難です。過食の問題が解決しますと、必然的に学校の問題が再現します。過食を過食で終わらせない対処が大切です。同じ病気で休学を続け、３年遅れて高校を卒業した女性がいます。その後大学から大学院に進学しました。適切な支援があったから、そうなることができました。希望をもち、医療に専念されますよう祈ります。

【付言】摂食障害は家族のあり方に課題をもつ家庭に出現するようです。家でも職場でも唯我独尊の父親や無為無策の母親の家庭がその例です。根源には愛着体験の乏しさを感じます。修正には親自身の格段な努力が必要です。

6　心身症の診断、服薬、それから不登校へ、どう対応するか

Q　高校２年の娘が心身症と診断されました。朝めまいがして起きられない、無理に起きると吐く、顔が真っ赤になるので血圧を測定したら200近く、近くの心療内科医の診断です。５種類の薬を処方され、服用していたら昼でも眠いと言って寝てばかりです。それで学校へも行けなくなり不登校状態です。高校は出席日数のことがあり、娘の病気とこれからの高校生活のことが気になります。娘の行く末が心配です。どう対処すべきでしょうか。（母親）

医師の診断を具体的に求め、そして心理的な問題の解明と治療を継続する

A　お手紙に、処方された薬品名が書かれておりました。私は医師でありませんので、薬の適否や数量の問題の判断は避けることにします。ご了解願います。薬の副作用については医師か薬剤師にきちんと尋ね、治癒のために本当に５種類の薬が必要なのかを確認すべきです。

　すでにご存知のことと思いますが、念のためにふれることにします。心身症とは「その発症や経過に心理社会的因子が密接に関与した病態」（日本心身医

学会）であり、「神経症やうつ病など、他の精神障害に伴う身体症状は除外する」（承前）とあります。簡単に言えば、心理的な理由により体の病気が発症したということです。心身症の症状は、嘔吐、片頭痛、過敏性腸症候群、摂食障害などから、起立性調節障害といった自律神経の障害まで多岐にわたります。

　「心身一如」という言葉の通り、本来心と体は一体であるはずなのですが、何らかの理由で心と体が切れた状態に陥りますと、病的と思えるいろいろな症状が現れます。もし本当の心身症であれば、正しい診断名が必要です。心身症という告知だけの場合は正確な病名を尋ねます。また薬の服用だけで治り難いのがこの病気ですから、治療には社会・心理的援助も必要です。医師に、そのことをどうするかも尋ねます。

　不登校には、体の症状がよく随伴します。その心身症が本来の病気なのか、不登校に伴う症状なのかの見極めが必要です。このこともきちんと医師に確かめます。よい兆しが見えない場合は、セカンド・オピニオンを求めます。大事なわが子のためですから遠慮は無用です。副作用の問題がありますから、薬の服用を勝手に止めるのは避けなければなりません。

　加えて、心身症を引き起こした事態の解明も再発防止のために重要です。問題解決能力の不確実さや硬直性、過保護や依存の程度、肯定的なコミュニケーションの有無などの問い直しが必要です。

　なお、症状が朝の時間に限定されているとしたら不登校問題の対応が必要です。よろしければ、そのときは改めて福島民報社にご投稿願います。

【付言】抗不安薬や抗精神病薬の処方は医師の権限ですので、多薬の処方などに「おや」と感じても意見を言えないのが現実です。困るのは当該の子どもと親家族です。心配事は確かめます。セカンド・オピニオンも大切です。

7　家庭内暴力、不登校状態、どうすればよいか

Q　高校2年の息子が6月初めから学校を休み始めました。学級担任から「このまま休めば休学（留年）か、進路変更になる」と注意されました。後期の始業式の日に登校するよう促しましたら突然殴られました。それ以降ほ

とんど毎日殴られています。父親（夫）が注意しますとにらんで立ち去ります。息子の将来がどうなるのか、またこの状態がいつまで続くのかと思うと悲しくなってしまいます。どうすればよいのでしょうか。（母親）

犯罪の回避を考慮、父親が立ち向かい、暴力が消えるまで真剣にかかわる

A　家庭内暴力の子どもは難癖をつけては暴力を振るいます。被害者の大半は母親です。家庭内暴力は、犯罪防止の観点からは「逃げる」が原則ですが、これもなかなか難しくあります。逃げたくても逃げられない事情があるからです。実家がなくなっている、年寄りや子どもの面倒を見なければならない、職業上家を離れられないなどの理由です。また、殴られても蹴られても私がいなければと思って踏み留まる人もいます。しかし、逃げるだけ殴られるでは根本的な解決になりませんので、誰かが子どもの前に立ちはだかる必要があります。強い父親（夫）の登場が待たれます。

　家庭内暴力を行うのはほとんどが男の子（女の子も稀に）です。誕生以来、母と息子のおかしな依存関係に育ち、思春期に至り何となく生き難くなっている子どもが引き起こします。最初は遠慮がちにですが、きちんと止める人がなく成功体験を確認しますとエスカレートします。

　父親（夫）が注意をしたら、母親（妻）への暴力はなくなったのでしょうか。学校に行かないことよりもこの問題の解決が先決です。年寄りや弟妹がいるときはその人たちの精神衛生も大事ですから、暴力の状態によっては家族全体での避難も考慮します。程度によっては警察への相談も行います。

　同じような事例で、息子が母親を殴ったとき、3時間ほどしっかりと抱き締め続けた父親がいました。最初はもがいた息子も父親の体温を感じるにつれておとなしくなりました。そこに母親も加わりました。以後暴力が消えました。また別の父親は、息子を無理矢理車に乗せ、ひなびた温泉宿に連れて行きました。そこで、父親の至らなさを詫び、母親を大切にするよう語り続けました。口先だけでは困りますので、大丈夫と感じるまでの3泊4日の旅でした。

　暴力がなくなれば、学校をどうするかの問題がクローズアップされます。わが子の自己決定を尊重します。過剰な口出しは暴力を再現します。親にとって

の要注意です。改めて、学力、通学距離、最低１年は遅れるという覚悟などについて、父親が親身にわが子の自己決定を促します。父親の登場、必然です。

【付言】家庭内暴力は時に精神疾患が隠されています。その場合の暴力はほとんどパターン化されています。暴力の対象、時間帯、暴力行為の方法、殴る蹴るの位置（胸や腿など）、吐く言葉などが一定です。専門医の領域です。

8　仮面うつ病の診断、登校させてよいか

Q 高校３年の息子が「夜眠れない、胸が苦しい、だるい、下痢が止まらない」などとたくさんのことを訴えたので内科に連れて行きましたが、診断名がはっきりせずはかばかしくありませんでした。それで保健室の先生に勧められ、精神科を受診しましたら、「仮面うつ病」と診断されました。あと４か月で卒業なので登校させていますが、そうしてよいのかどうか迷っています。お医者さんは状況をみて判断すればよいとおっしゃっています。（父親）

完治まで専門医の治療を続ける、登校は状況をみて判断する

A「本人は休む素振りも見せず登校しており、学校で不調を感じたときには保健室で休んでいる。保健室の先生がよく連絡をくださる。ありがたい」とお手紙にありました。養護教諭の気づきと配慮は適切です。

仮面うつ病は病気ですから、医師の指示や指導に従い、「状況をみて判断」の通りにします。本人に登校したい気持ちがあり、実際にそうしているのならそのまま認めます。「無理かな」と感じたときには予約の診察日ではなくても、医師の診察を受けるようにします。学校の出席日数のことは病気ですから少し余裕があると思います。卒業のこともあり学校も配慮すると思います。

仮面うつ病とは「頭痛やめまい、動悸などの身体症状が前面に出て、抑うつ気分や意欲低下などのうつ病本来の症状が覆い隠されているうつ病がある。身体の病気をかぶっているという意味で仮面うつ病という」（『精神科ポケット辞典』）のことです。内面性うつ病とも言われてます。薬物療法の有効性が検証

されています。適切な医学的治療と社会・心理的援助が不可欠です。

　完治するまで専門医の治療を続ける必要があります。養護教諭のカウンセリング的対応も期待し、保護者からの学校への連絡も密にします。スクールカウンセラーが関与する場合は必ず医師の指示を受けるようにします。独りよがりの間違ったかかわりを避ける必要があるからです。

　わが子が仮面うつ病と知り、驚きまた衝撃を受けておられることと思います。親はまず「識る」ことから始めます。きちんと医師に質問し、この病気がどんな病気なのかの説明を受け理解します。インターネットでの学習も有益です。発症から完治までどのような症状を辿り、その時々に必要な対応を心がけます。医師の説明不足や症状の改善が見られないときにはセカンド・オピニオンも考慮します。わが子の問題です、勇気を鼓して申し入れます。

　重大な病気と心得ます。希死念慮には特に要注意です。本人の苦しみをしっかりと理解します。また独りぼっちにしておかないことが大事です。なお、知らず知らずの激励は禁じ手です。

【付言】仮面うつ病とは古い診断名です。その方が、病態が分かり易いので今でも症状の説明ときに使われている名称のようです。医療関係者以外にはなかなか理解が困難です。完全な寛解には時間を要すると言われています。

［第6章］
小・中学校、高等学校教員からの質問事例と解明のしかた

I　不登校宣言、保護者の問題等への対応

1　不登校宣言、どう対処するか

Q 中学2年の子ども（男子生徒）が1年以上不登校状態です。家庭訪問のときたまたま茶の間にいれば会えますが、そうでなければ出て来ません。会えたとき話しかけても反応はわずかです。もっと話そうとすると「いつ帰るのか。用がないのだから帰って欲しい」と言われてしまいます。親にもそう言うよう強制します。めげずに話し続けますと、「学校にはもう行かない」という不登校宣言があります。何とかしたいと考えています。（中学校教員）

学習性無気力を前提としてかかわり、再登校を目指し、自己肯定感を育てる

A 不登校問題を一番数多くしかも適切に解決しているのは学級担任を初めとする学校の先生方です。これらの先生方は不登校の子どもを再登校に導くのは「私」という自覚が明白です。子どものために知恵と体、自分の時間を使うという意識も明瞭です。この意志と実行力が問題を解決しています。

　不登校の子どもたちは、いじめられた、成績が落ちた、友だちに勉強ができないと思われるのがつらい、勉強がいやになった、クラスの雰囲気がきらいなど、それらしい理由や学校を休む言い分など、きっかけになる出来事を言葉にしますが、本当の理由を述べるのは困難です。子どもには不登校に陥った「心理的理由」の説明はできないと理解します。

　この子どもの場合、先生に怠学であること疑われるのがいやで、先生との会話を避けているのではないかと考えます。お手紙から最近増えている、怠学のように思えるが実は「学習性無気力」（何をする気にもならない。だからあきらめる）に捕捉された不登校のように感じます。

これまでの生育歴の中で、小言ばかり、失敗をすると叱られる体験の積み重ねによって、気力を失わせてきたのではないかと考えます。学力も思わしくなく、それらの結果として自己肯定感や自尊感情が低いのです。「帰って欲しい」はラポートが未成立であるからの表現です。表情、言葉遣い、態度、語ってきたことの内容などについての自分自身の振り返りが必要です。
　また、不登校宣言は苦し紛れの表現と受け取ります。でも、その言葉は話し合いの拒否を意味することと理解すべきです。初心に返り、笑顔、やさしい言葉かけ、話題の慎重な選択、感情交流の意図などを明確にしたかかわりを心がけます。わずかの配慮ややさしい心遣いがラポートを形成します。その子どものよさを綴る「黒字ノート」の作成と継続も有効です。
　子どもが、ほんのちょっぴり、自分のよさやそれなりの能力に気づきますと先生に対して受容的になります。問題解決はここから始まります。これらは不登校問題にかかわる教員としての心得です。

【付言】学習性無気力は相当にがんこです。一言二言のほめ言葉では決して自己肯定感への変容は望めません。好転のためのもっとも有効な手だては笑顔を伴う「ほめる」です。その子がもつ「一番」を探し表現するのも有効です。

2　不登校の子をもつ保護者への対応に苦慮、どうするか

Q　中学3年の学級担任です。1年生から持ち上がりの小学校以来の不登校の子ども（男子生徒）を抱えています。母子家庭で、母親は毎年1度だけ私を訪ねて来て「先生、私の子どもを登校できるようにしてください。お願いします」とそれだけ言って帰ります。当然ですので「はい」と答えますが、連携のために連絡しても「仕事が忙しい」と言われ、母親に会うのは困難です。苦慮しています。どう対応すべきなのでしょうか。（中学校教員）

親の能力を見極める、同時に、つねに誠意を尽くして子どもと親にかかわる

A 同じような親は少数ですが時折存在しています。めげずに肯定的に対応すべきです。不登校の親には概ね3段階のレベルがあります。

1つ目のレベルは無責任と言える親たちです。わが子が不登校に陥っても「学校に行かないのは子どもの勝手」と何もしない、或いは一応心配し困った表情を示すが具体的にはほとんど何もしない親がこれに当たります。「私の子どもを…」も恐らくこのレベルです。でも怒りや失望は禁じ手です。

2つ目は、わが子の不登校を心配し、参考書を読み、頼りになりそうなところを訪ね、学校の先生方ともよく連絡をとる親です。医師やカウンセラーに対応のしかたを尋ね、その通り実行しようとします。知恵や知識は借りても自分で考えて実践するのが少ない親たちです。かなりの数、途中で挫折します。

3つ目は、わが子の不登校を心から反省し意志を固めて主体的に解決を図ろうとする親です。参考書や専門家からも学びますが、それを咀嚼して実践します。学校の先生とも適切にまた謙虚に連携します。何よりも問題の所在をはっきりと摑んでいます。高い確率で再登校が実現します。

不登校問題に対処するときには、親の真剣さの度合い、それから問題解決能力の見極めが必要です。親の対処能力の違いによって、学校の先生方の対処のしかたも変わってきます。レベル1の場合は、直接子どもの成長に視点を定めます。教師が親と先生の二役をつとめます。レベル2の場合は、ちょっぴり意見を述べ親自身の自己決定力と成長力を引き出します。また絶えずそれに基づく実践を称えます。レベル3の場合は、問題の所在を共有し親の意志を尊重しながら具体的な解決策の協同実践に取り組みます。解決までの時間の長短の差はありますが、再登校が実現します。

どのような親であっても苦しんでいます。真摯なかかわりは学びという恵みをいただきます。それが教員としての成長につながります。楽ではありませんが、知恵を働かせ誠意をもってかかわり続けます。このような先生の姿が明瞭なら、どのような親も必ず目覚めます。

【付言】子どもへの関心、問題意識、解決意欲、実践力、幸福の共有、これら

はすべて親の能力です。人は能力に応じた対応しかできないのです。能力の見極めはしても評価はしないが教師の鉄則です。

3　登校を止められ困惑、それでも登校、どう対応すべきか

Q 担任する中学３年の子ども（男子生徒）は小学生のときから精神科の薬を服用しているようです。親に尋ねても病名と薬品名の答えはありません。最近学校を欠席することが多くなり、子どもに理由を訊きましたら、親と医師に「無理は禁物」と登校を止められているとの答えでした。親に確かめましたらその通りでした。それでも子どもは家族の目を盗んでこれに逆らい登校してきます。成績優秀で学校では問題なく過ごしています。（中学校教員）

自発的な登校は子どもの自然な姿、かかわりに遠慮は無用と心得る

A 不登校問題によくある困った話です。本人が登校意欲を示すのに、「無理しないこと」と告げ、子どもの登校を禁じる親や医師がいます。自発的に登校する子どもの意志を尊重しごく当たり前に対応します。

現実、一時的に子どもが登校し難くなったときに、医師や心理カウンセラーを含む専門家と称する人たちが親を巻き込み、「学校は無理、無理は禁物」、「自分を育て直しよう」、「治ったら登校すればよい」などと指示命令され、あっという間に数年が過ぎ、それこそ無業者になってしまっている子どもたちが数多くいます。子どもの未来を考えれば、本当に困った問題です。

このような事例では、無理は禁物と登校を止めても、「それでは家にいて、何をする」という提案や指導は何もなく、ただ家にいなさいという指導です。親が共働きであれば、テレビやゲーム機、スマートフォンなどの餌食になっているだけです。弧食も継続します。問題です。

何もしないでただ「家にいなさい」と、言われるのは誰にとってもこの上ない苦痛です。人は誰でも何かをせずにいられない存在です。子どもは、何もしないでいることに耐えられず、また将来のことに危機感を抱いて自分に忠実に登校します。学校は子どもの気持ちを察し快く迎えます。本人の意志を確かめ、

ふだん通りのクラスメートとの交遊や学習支援を行います。

　同時に、親との話し合いを誠意をもって行います。本人が自発的に学校に来た回数と過ごしている様子を知らせるとともに、現在本人がどのような医学的な問題を抱えているのか、親が子どもの将来をどのように考えているのか、について確かめます。必ず複数の教師でかかわるようにします。内容によっては医療と心理的援助双方のセカンド・オピニオンを勧めます。でも、わが子の将来に危機感をもたない親は抵抗します。心得ておきます。

　心すべきは親との信頼関係の形成です。あたたかく適度な時間的間隔をおいて、ワンダウン・ポジションでお互いに了解し合うよう語り合います。このとき忘れてならないのは子どもの将来に対する責任は親にあるということです。

【付言】医師や心理カウンセラー、その人たちに影響をうけた親に登校を止められ、困った状態に陥る子どもたちが少なくありません。この人たちに人生を壊される子どもたちです。良識ある人たちが勇気を奮って支援しています。

4　卒業間近の不登校、皆と一緒に卒業させたい、どうするか

　Q　中学校卒業を間近に控えた11月の末から、担任する子ども（3年男子生徒）が登校しなくなりました。家庭訪問をすれば会えますが、学校に来ない理由は語りません。入学時から学業成績不振で勉強には苦労していました。進路をまっとうさせ、皆と一緒に教室から卒業させたいので、なるべく早く再登校させたいと考えています。このような事例に出会った体験がありませんので、お知恵を拝借できればありがたく思います。（中学校教員）

親身さと創意工夫、根気強い誘い、そしてクラスメートの働きも活用する

　A　卒業間近になると登校してくる不登校が多いのに、その時期に学校に来なくなるなんて心配なことですね。恐らく知的な能力のことがあり、心理的に萎縮して進路に対する強い不安によって教室から撤退しているのだろうと思われます。また、何かがあって挫折感を味わったかについても情報を収集

し、子ども本人の身になって的確にかかわります。

　家庭に特に深刻な問題がなく、クラスにいじめがないことを前提としてお答えします。卒業までの時間が制約されていますから回数多く家庭訪問をします。校務繁忙のときに本当にご苦労様ですが、その子どものために時間の都合をつけるようにします。最初にクラスの人間関係に「何かあった」の何か（理由）の探求が必要です。理由がはっきりしていても先生に話したくない事情も考慮し、学級内外でその事態を上手に見つけ解決を図ります。

　正直のところ卒業間際のこの時期に、それまで順調に登校してきた子どもが不登校になるには余程の事情があるはずです。考えられるのは学業成績不振からの進路の迷い、または高校進学は困難と思い込んでいての挫折感があるのではないかと想像します。将来就きたい職業についての考えを聞き出し、その可能性を分かりやすく丁寧に言葉を選んで答えます。それから本人の能力や個性に適合する進路先（高校）を紹介します。資料を一緒に見ながら、結論を急がず話し合い、最後に述べる学級担任の「大丈夫」という明確な安堵を促す保証が子どもを救います。

　クラスメートにも、受験間際であっても、「教室から一緒に卒業」を実現する提案と実際の行動を求めます。子どもたちは、「待っている」という寄せ書きをする、何人かが訪ねたり電話をする、クラス独自の行事を考え誘うなど、自分たちなりに種々考えることと思います。苦楽をともにした仲間を大切にする中学生最後の道徳の時間の実践となるよう期待します。担任の先生ご自身の真摯なかかわりと子どもたちの使命を果たそうとする熱意と誠意が「教室から一緒に卒業」を実現することを確信します。

【付言】知的な能力によって不登校像はかなり違います。知的能力がもう一息の不登校は「行かない」が多数です。強烈な自己否定がありがたくなです。再登校には徹底した激励と肯定的なかかわりが必要です。

5　週1日の怠学欠席が全欠席に、善導の手だては何か

Q 高校1年の子ども（男子生徒）が火曜日の某コミック誌の販売日にコンビニで買うために毎週欠席していました。親から聞ききびしく注意していたのですが、欠席が週2日、3日と増え、遂には全欠状態になってしまいました。本人にも親にも、学年主任とともに「進級できなくなる」と警告を発しました。行動の改善がなくただ日数だけが過ぎていきます。この子の将来が気の毒でなりません。善導の手だてはあるのでしょうか。（高校教員）

善導の見地で愛情深く、しかし現実をきびしく見詰めてかかわる

A 本当に稀な事例と思いますが、似た話がない訳ではありません。教師はいかなる子どもに対しても誠心誠意でかかわるのが使命とはいえ、学級担任としては本当にあきれもし困ることですね。でも、否定的なお気持ちが微塵もなく、善導をと考える先生のお人柄に心からの敬意を表します。

　心理的な理由による欠席が不登校の定義です。怠惰という勝手な利得による欠席は心理的な理由にはなりませんので、「校則」に基づく対応をするのが当然かと思います。新聞の読者にご理解いただくために、対処の方針はすでに明瞭なことですが、意見を述べることにします。高校によりいくらか対処の違いがあるかも知れませんが、基準はどの高校でも明確化されていることです。

　まだ欠席日数に余裕がある間に、校長名の文書で学校に本人と親（保護者）を呼び出します。校長先生から学校の今後の対処について正式の見解と警告を発します。それはお言葉の通り、善導の見地でなされることが望ましく思います。この事例での善導とは、心あたたかくそれでいて明確に、その親子が現在の事態をどう改善するのか、そのためにどのような意志をもって努力するのか、進路変更もやむを得ないのか、その場合本人と家族にどのようなことが生じるのかなどについて、はっきりとした意志表示を求めことであると思います。

　人間にはすべからく責任能力があります。コミック誌を求めて読むために欠席を始めるのもその子どもとそのような子どもに育てた親の能力です。責任感

がつよく賢く生きるのとは反対の人生を選択する人たちに出会うのは、人間として、特に教師として本当に残念で悲しく感じます。幼いときから倫理観に乏しく自己指南力を培う子育てに恵まれなかった子どもたちの宿命です。

　善導の手だては、少なくとも自分の懐にいる間は、愛情を注ぎ続けることであると考えます。「愛は寛容で、情けあつく、誇らず、たかぶらない」（新訳聖書「コリント前書13章」）であるようです。私たちは親の代わりはできませんが、親のような心がけはできると信じます。きびしさとやさしさの調和のあるかかわりを期待します。この子どものすばらしい明日を創造願います。

【付言】怠学や惰弱と片づけてしまうことができる事例です。よく考えて見ますと気の毒で可哀相な子どもです。親に見捨てられている、親に困らせられている、親に迷惑をかけられている子どもと言えそうです。親の責任重大です。

II 不登校問題、特有の随伴症状を示す質問事例と解明のしかた

1 広汎性発達障害と診断された不登校、どう対処するか

Q 不登校状態の小学5年の子ども（男子児童）の学級担任です。保護者が「広汎性発達障害」という診断書をもってきました。落ち着きがないのは確かですが、そう手のかかる子どもではありません。母親の職場の同僚に勧められて専門医の診察を受けさせたそうです。「登校刺激は控えること」という言葉が添えられていました。母親は困っています。欠席が続けば子どもの損失になるのは明白です。どう対処すべきでしょうか。（小学校教員）

診断書は参考事項、不登校問題解決の手順に従って援助する

A 学級担任として困る問題ですね。そもそも学校は大切なところ行くべきところ、来るべきところです。広汎性発達障害を初めとして発達障害をもつ子どもには学校教育は特に必要です。実際、発達障害をもつ子どものほとんど大部分は普通に登校しています。忘れてならない事実です。

広汎性発達障害の子どもは人づき合いが苦手ですが、それを不登校の要因とするのは正しくありません。この事例は発達障害でなく、不登校としてかかわります。不登校に至った経過、学級での出来事、友人関係、いじめの有無、家庭での過ごし方の様子などを確かめ、誘因（きっかけ）を特定します。それが特定できたら、その問題の解決を本人が納得できるように解決します。この段階で再登校できない場合は、素因（発生脆弱性）の問題に取り組みます。

具体的で達成可能な目標設定と、行動療法などによる再登校の手だてを講じます。親と学校との協同実践が大切です。そのためには最初に問題の所在を把握することが必要です。特有の随伴症状の理解が手がかりです。母子手帳、入

学以来の通知表が役に立ちます。

　明らかに重度であれば別ですが、広汎性発達障害の正しい診断は実に困難です。よく間違えます。しかもこの疾患は、障害の内容が文字通り広汎であるはずなのに一括りにされているのも問題です。恐らくよく分からないか、明確な診断がつかないから広汎性となるようです。またこれは学習障害や注意欠陥多動性障害ともよく混同されます。この診断を正しくできる医師や専門職はそう多くはありません。時間をかけて行動を記録し、心理的な検査を重ねてようやく結論に至ります。重度以外は、それでも誤りがあるのです。

　学校は医師の診断を尊重しなければなりませんが、「広汎性発達障害」というだけの診断書は参考事項でよろしいと考えます。学校は不要なラベリングは慎みます。発達障害とは「支援が必要な個性」ですから、十分な配慮のもとに「個性に応ずる」教育を行う必要があります。現実、広汎性発達障害を随伴する不登校は問題解決困難です。腹を据えた個性に応ずるかかわりが必要です。

【付言】「広汎性発達障害とは、自閉性障害、レット障害、小児期崩壊性障害、アスペルガー障害、特定不能の広汎性発達障害」（DSM-Ⅳ）が内容です。一括りにした広汎性発達障害の診断には一応疑問視を付けておきます。

2　不登校、母子のあつれき、黒字ノートは有効か

Q　担任する子ども（中学3年女子）が部活動の夏の大会終了後、学校に来なくなりました。説得し、現在は週に3回、夕方4時ころ登校して来て1時間ほど勉強らしきことをして帰ります。本人は父親が嫌い、父親の言いなりになっている母親もいやだと言っています。親と子どもの人生は違う、受験が近い、授業に出なさいと諭しています。母と子の和解ができれば登校できるのではないかと考えています。黒字ノートは有効でしょうか。（中学校教員）

適応のために新しい家族像の構築が肝要、黒字ノートは家族を変える

A お手紙に、父親は社会的地位も経済力もあり近寄り難い威厳がある、母親は頭がよさそうなしっかり者、子どもが４人おり末っ子、家庭訪問のとき母子は同席しない、お茶を出す母親をにらむ娘の目つきが異様に感じる、末っ子なら本当なら甘えん坊のはず、本人の投げ遣りな態度も気になる、このままでは受験もままならない、何とかしたい、黒字ノートのことは、この欄（ふれあい相談）で知ったとありました。

　この事例は、学校は長期欠席ですが、世にある不登校とは様態が異なるような気がします。不登校の範疇に入れてよいのかどうか判断に迷います。一昔前は、家庭にあつれきがあっても学校は学校と捉えて、子どもは登校してきました。おっしゃるように親子の和解があれば、登校が可能になると思います。そのために「黒字ノート」は有効です。赤字は短所、黒字は長所を意味します。

　事例を紹介します。わが子（中学３年男子）の家庭内暴力に困り果てた両親が住まいのある教育相談機関を訪ね、そこの心理職から「黒字ノート」をつける提案がありました。黒字ノートとは、わが子のよさ（黒字）をノートに書くことです。帰り道、コンビニでＡ５判のノートを購入し、毎晩寝る前に夫婦で、息子のよいところ、長所を記入し続けました。３行以内でよいという指示でしたが、探すのに苦労しました。でも、その心理職を信頼し藁にもすがる思いで必死に書き続けました。約３週間後、不思議に息子への憎しみが消えたといいます。すると息子の暴力が自然なかたちで止むようになりました。

　黒字ノートは短期療法の手法の一つです。わが子のよさを虫眼鏡を使ってでも探し出します。あの憎たらしいわが子に長所なんてない、と言う親には、私は「それなら顕微鏡を使いなさい」と申し添えます。黒字ノートの最初は言葉や行動のみの記録ですが、だんだんとわが子の人間性のよさを見つけて記述するようになります。その経過が家族に変化を生み出します。

　両親に「わが家に必ずよいことが起きる」と保証し、夫婦で書き続けることを勧めます。時々拝見するのが長続きのこつです。

【付言】 目的達成（黒字ノートの記述）のためには、威厳のあるしっかり者に

正面切って「書こう」と働きかける必要があります。加えてこれまでの子育てを支持し、今までと違うことをする利点を共有しますと目的達成が可能です。

3 選択性緘黙、不登校状態、どう対処するか

Q 小学6年のクラスに選択性緘黙の子ども（女子児童）がいます。いつかは会話ができるように願って声をかけ続けてきました。最近ようやく「はい」という返事がごく小さく聞こえるようになりうれしく思っていました。その途端、学校を休みがちになりました。クラスで何かあったのだろうと思い母親を通して訊いてみましたが「何もない」ということです。クラスに小競り合いはあってもいじめはないと信じます。対処に苦慮しています。（小学校教員）

登校を妨げている何かを探し出し、大丈夫と伝える

A せっかく会話ができるようになったのに、欠席とは残念ですね。
選択性緘黙とは家では話すが、それ以外の場所では話をしないことを称します。場面緘黙とも言い、特に学校で話さないのを学校緘黙、家でも話さないのを全緘黙と呼んでいます。

これらの子どもたちは、話をしない以外は他の子どもたちと同じように学校のスケジュールをこなします。授業もテストも清掃も、その他の活動もです。この子どもを十分に理解したクラスでは、作文の発表で事情を知っている隣の席の子どもが代わりに原稿用紙を読んだりもします。笑顔も見られます。

教師の働きかけによって最低限度の話を交わすことができるときがあります。何もしなければ話すことはないようです。その意味で先生の献身的なご努力に敬意を表します。働きかけは、「はい」か「いいえ」で答える発問をすることです。頷きか首を横に振る動作が見られれば、いずれ声に出して答えるようになります。あくまでも笑顔とやさしい口調が大切です。また、声をかけ続けていますと、ついうっかり声にして答えることがあります。失敗したという表情を示しますが、それを契機に話をするようになることがよくあります。継続した努力が大切です。さらに、仲のよい同性の友だちができますと、その子たち

とは最低限度の話をするようになります。

　選択性緘黙には、話はしないが休まず登校するタイプと対人交流を避け登校しなくなるタイプとがあるように思います。前者は話さないという自己主張をする一方で集団に馴染んでいます。後者は集団参加を拒む主張による不登校です。再登校は容易ではありません。

　これらの子どもには感情が細やかで傷つきやすい性格的特徴が顕著です。幼少時の心理的外傷体験が緘黙にさせています。今回も恐らく、教室内外のどこかで何かがあったのだろうと思われます。探し出し、大丈夫というメッセージを伝えます。これまで順調に登校していたのですから、あたたかで忍耐強い働きかけを続ければ、再登校ができるのではないかと思います。

【付言】選択性緘黙の不登校は教師の情けない言葉で生じることがよくあります。「話せ」の強要、「口を開けるのは給食のときだけか」などの暴言です。緘黙になる動機は幼児期の心理的外傷体験です。感受性豊かです。

4　視線を気にして（視線恐怖）不登校に、どうかかわるか

Q　高校2年の子ども（女子生徒）が、「私の目が鋭いのでクラスの人を恐がらせている。だから私もクラスの人たちと話すとき、どこを見ていいのか分からず困っている。すまない。だから学校を休む」と言って不登校状態です。視線恐怖であろうと考え、また出席日数のこともあり、学級担任と家庭訪問をしました。母親はその事情を知りませんでした。話したことで子どもに恨まれています。今後どうかかわるべきでしょうか。（養護教諭）

対人不安の自分を受容し、「それはそれとして」の気持ちに導く

A　正視恐怖や自己視線恐怖とも言います。高校生レベルではこのような子どもが現れるのは稀のようですが、時々聞く事例です。対応の基本は、家族が問題意識をはっきりともち、精神科医の診断と治療に委ねるよう助言することです。そして主治医の治療方針に基づき学校が協力できることに親身に

そうするのが適切な対応です。蛇足ですが、病気欠席の扱いです。

　視線恐怖は赤面恐怖、表情恐怖、醜貌恐怖、自己臭恐怖と同じ対人恐怖の亜型です。人に対する恐怖です。しかし特定の人を意識した恐怖ではなく、人前で緊張する、他人の目が気になるなど、人に接する自分、人前に出たときの緊張を恐れ、避ける症状です。一般的に対人恐怖はほどよい親しさの人たちを恐れることですが、視線恐怖はより範囲を広げた人たちを恐れるようです。子ども本人の訴えに対して「そんなことはない」、「誰も気にしていない」などは当該の子どもが決して受け入れない言葉です。要配慮です。

　ある家族の事例です。ほぼ同じ訴えで、不登校気味でした。近くの精神科病院を受診して抗不安薬の処方を受けました。しばらく服用を続けましたが効き目が感じられないので本人が勝手に止めてしまいました。在籍校のスクールカウンセラーから「森田療法」が適切な治療法であるという助言を貰いましたが、そのような医療機関が近隣には見つからないので、スクールカウンセラーの援助を受けて養護教諭がかかわることになりました。

　養護教諭は子どもの話を徹底して聴くことにしました。1週間に2回、放課後1時間程度の面談の時間を設定しました。元々、好ましい人間関係ができていたので、本人から家のこと、学校でのこと、友だちのことをたくさん聴き取りました。そしてあるとき、「視線（目つき）は自分でコントロールできるものではない。大切なあなたの一部よ。無理に取り除こうとしてはいけない。それはそれとして、目の前の勉強やクラスでの生活を大切にしよう」と語り続けました。本人はすなおに受け取りました。会うたびにお互いに笑顔で、「それはそれとして」と語り合っていました。無事卒業しました。

【付言】 森田療法に取り組む医療機関が減少の一途を辿っているのに気づき残念に思っています。私のところに来た子どもたちの何人かが森田療法を専門にしていた医院でお世話になり感謝していました。

5　妄想を訴え不登校に、どのようなかかわりが適切か

Q 高校2年の子ども（男子生徒）が家で自室に引き籠もりの状態です。この問題をどうするかで母親が学校に来て話すには、本人が夏ごろから「父親に殴られる」、「隣の家のおばさんがいつも僕の部屋を覗き込んでいる」などと、一人言みたいに語っているそうです。父親は子どもに手をあげるような人でなく、隣の家は壁なので覗きようがないとのことです。精神的な病気の妄想を疑います。どのようなかかわりが適切でしょうか。（養護教諭）

医療優先、速やかに病院への助言、そして守秘義務を遵守する

A 対応には十分な配慮と心遣い、加えてある程度専門的な症状に対する知識が必要です。適切に対応されますよう祈ります。

　ある精神疾患を疑います。親に対して、「医療優先」の助言をします。親はわが子を速やかに入院設備のある精神科の病院に連れて行くことです。病院に連れ出すのは至難の業でしょうが、連れて行くまでは親（保護者）の責任と役割です。学校が先取りしてかかわる問題ではありません。本人がどうしても行かない場合はまず親だけが行き、医師の知恵をお借りするよう助言します。これ以上の関与は余計な手出しです。

　診察後は医師の診断と指導に従います。一時的な心因反応であるときはそれなりの対応がありますし、何でもないときは安堵です。そのときはまた新たなかかわりを考えます。もし想像していたような病気でしたら、ある程度の治療の期間を覚悟しなければなりません。そのときは、休学の手続きの助言が必要です。学級の生徒には、詳しい説明は省きます。

　もし精神的な病気でしたら、是非、それをわが家の出来事のように考えてみます。平常心ではいられないだろうと思います。不登校がわが家に生まれた親は、まず驚きます。まさかわが子がという認識です。次にそんなはずがないと否定し、迷惑がり、途方にも暮れます。それから恥やわが子と自分に対する怒りの感情にもかられます。そして原因探しや犯人捜しをして思い当たることが

ありますと無念な気持ちや悲しみがこみ上げてきます。普通であればここで冷静になり再登校に全力を尽くします。わが子の精神疾患の場合も同じです。その親や家族は頼りになる誰かを必要としています。できましたらあたたかな気持ちで寄り添います。時間を割いての折々の面談がそれに当たります。

　適切な治療があればかなり高い比率でその病気は治癒すると言われています。退学は避けるようにします。所属がなくなりますと適応意欲が薄れます。実際、同じ病気で何年か遅れて高校を卒業した子どもを何人か知っています。最後に決して忘れてはならないこと、それは守秘義務です。

【付言】この欄（ふれあい相談）にカウンセリングの技法に関する質問がよくあります。「生兵法は怪我のもと」の恐れを抱きます。例えば認知行動療法は学問的背景と修練、賢い頭脳が必要です。生兵法は禁じ手です。

III 心理療法の実際に関する質問事例とその用法

1 再登校を目指す、積極的傾聴はその手だてになるか

Q 中学2年の私のクラスに男女1人ずつ不登校がいます。家庭訪問を繰り返し、1人は登校したりしなかったり、1人は登校しそうになるがしないです。反省しますと、私のペースで事が運んでおり、自分の意志でなく動かされているという感覚のようです。自らの意志で再登校を可能になるようにしたいと考えます。この欄（ふれあい相談）に時々「傾聴」とありますが、それは適切な手だてになるのでしょうか。（中学校教員）

ひたすら聴き、自分の考えや意志を表現させる、問題解決に役立つ

A 積極的傾聴（active listening）は高い比率で不登校の問題解決に導きます。一般的な教育相談（カウンセリング）の基礎基本でもあります。

積極的傾聴とは、その言葉の通り、ひたすら相手の話を聴くことです。「その働きは治療的人間関係を構成する要素。しかも話し手に対してなされる能動的対人的行為。そして聴き手は話し手に十分に心を配っていることを示している」（アン・ワイザー・コーネル、「フォーカシング入門」）です。傾聴されますと自己の存在感が確認されます。これが効果です。

傾聴は受容と共感が明確な「頷きと相槌」を基本にして聴き手がひたすら話し手の話を聴くことです。このときの聴き手はアイコンタクト、姿勢、位置、声のトーンや大きさ、仕草、表情などのノンバーバルな面と、相槌、支持、繰り返し、明確化、沈黙の活用などのバーバルな面での配慮が必要です。

相槌は「あ、い、う、え、お」での対処です。以下はその具体例です。
・あ＝はい、はいはい、あそう、なるほど、あっははは、ははーん、など

- い＝いえ、いえいえ、いやぁ、いやいや、イエス、など
- う＝うん、うんうん、んまぁ、うわあー、すごい、うんそうか、など
- え＝ええ、えっ、えーっ、えまぁ、えへん、えーそうなの、など
- お＝おー、おーおー、おっ、おやおや、おほほほほ、それで、など、

　積極的傾聴は、"not talk, but listen, no judge"に徹します。自分は語らず、でもしっかりと聴き、しかも相手の考え方や人格を評価しないのが真髄です。頷きと相槌はあっても、「私も…」の言葉や話の遮りはありません。

　人は誰でも心にあるよろこび、苦しみや悲しみを人に聴いて貰いたいという欲求をもっています。積極的傾聴は話し手が自らの存在を確かめ、心に安堵感を抱くよう導きます。そして、傾聴されることでそのときまで気づかない心の問題を言葉にして語ることができるようになり、改めて新たな課題に挑戦するようになります。不登校の子どもも、自分の心を語ることで問題の所在に気づき、傾聴され続けますと自ら問題解決に挑戦します。

【付言】積極的傾聴には相手に対する配慮と集中するエネルギーを必要とします。但し、聴く人がわが心を傾聴モードに入れると容易です。なお、傾聴は解釈、忠告、教示、説教、説得、否定、批判、禁止、命令、嘲笑とは無縁です。

2　行動療法による不登校問題へのかかわりは、どう行うか

Q　担任する小学4年の子ども（男子児童）が4か月ほど前から不登校状態です。でも朝起きる時間や日中家に居るときの過ごし方のルールが守られつつあり、再登校の準備ができてきたように思います。親も解決のために積極的で真剣です。行動療法に取り組んでみたいと考えています。不登校問題の解決に有効な具体的な方法と留意点をお教え願います。古典的条件づけなどの基本的な行動主義の心理学は一応理解しているつもりです。（小学校教員）

漸進的接近法（形成化法）とトークンエコノミーを併用して援助する

A お手紙を拝読し、当初から現在までのかかわりが適切と判断します。
行動主義の心理療法は、子どもの問題行動は生育の過程で好ましくない学習をしたためか、未学習のためによるものと考えます。行動の変容は根拠が明確な条件づけによってなされます。またその効果が客観的に評価されるのが特色です。中学２年生程度までの不登校問題の解決に有用です。

ご連絡の経過から想像しますと、道具的条件づけである「漸進的接近法」と「トークンエコノミー」の併用によるかかわりが適切と考えます。具体的には「形成化法（shaping）」による段階的な新しい行動の形成です。子どもとの話し合いによって、最終的な目標「教室で学ぶ」を設定し、そこに至るまでの何段階かの下位目標を決め、それを表または図にします。確実に下位目標が遂行できるようになったら次の目標に移行します。一つ一つの段階で、模擬貨幣（トークン：token）による報酬を与えます。言葉や態度によるねぎらいとほめることの報酬を伝えるのは当然です。

ある事例です。以下は段階的に取り組む項目です。①朝６時半に起き着替える、②家族と一緒に朝ご飯を食べる、③７時半に鞄を背負い玄関に出る、④同時刻に一歩家の敷地の外に出る、⑤同時刻に家を出て300㍍のところまで行く（家から学校まで約600㍍）、⑥母親と一緒に校門の前まで行く、⑦母親と一緒に昇降口まで行き担任に会う、⑧放課後出直し母親と担任の先生と一緒に教室に入る、⑨朝８時に母親と一緒に職員室で担任に会う、⑩朝８時に母親と一緒に登校し職員室から担任とともに教室に向かう、⑪母親と一緒に登校し担任と教室に入り２時間学習する、⑫１人で登校し１人で教室に入り全日を学校で過ごす。これらは子どもの意志を尊重し事情に合わせて組み立てます。

実行するたびに、トークンを親が与えます。一定の金額なったらその金額の範囲内で本人が望むものを買い与えます。なお、各段階は子どもの表情や態度から推察して日数を定めます。漸進的が原則です。行動主義であっても、笑顔と感情交流を必要とします。小学校の不登校問題の対処に特に有効です。

【付言】 日ごろ、学校は行動主義に基づく教育活動を行っています。授業にお

けるほめるは強化です。他にも、子どもを助ける系統的脱感作やモデリング、曝露妨害法などがあります。問題解決の方法をもつ、成果が顕著です。

3　長期欠席、じっと母親の顔を見ている、適する心理療法は何か

Q 学級に不登校の子ども（小学6年女子児童）を抱えています。半年近くになります。時々私に会いにきます。母と子1人の母子家庭です。母親が在宅のときに家庭訪問をします。気になるのは、私が母親と話をしているときの子どもの恐い目つきと表情です。態度も反抗的です。学校は欠席していますが、どうもいわゆる不登校ではないような気がしています。早く再登校させたいと考えています。適切な心理療法は何でしょうか。（小学校教員）

欠席理由の多様化に気づき、雑談的アプローチを試みる

A いわゆる不登校の発生脆弱性をもたないで学校を長期に欠席する子どもがいます。ご承知のように、理由はさまざまです。また一方理由づけが困難な事例も多くあります。例えば、学級担任が嫌い、許せない（その先生が転勤したり学級担任でなくなると登校する）、いじめの仕返し（いじめをした子どもたちはその子どもが登校するまで非難される）、親や家族への恨みつらみ（虐待、物を買い与えない、親が異性の大人を家に入れる、貧困など）、地域社会に対する反抗（子ども会などでの叱責、えこひいき、不正行為、など）です。本当かと感じるかも知れませんが現実です。不登校か否かの判断のときに一応念頭に入れて置くべき事柄です。

　この事例は、恐らく母親への不満または反抗による欠席と思われます。そう数多くはありませんが女の子に結構多いのです。先生が感じていることは正しいと思います。愛着関係を結ぶころからの無意識レベルでの不満の表現です。何があった、親がいやなのか、恨みつらみがあるのか、などの質問はしないのが原則です。子どもは表現することで、そのことを確認し問題を深刻化します。

　問題の所在がどこにあるのか、気づき難い事例です。要注意です。

　同じような女の子を受け持ったある先生（当時、40代の女子教員）のかか

わりの事例です。子どもと会話を繰り返すことで、直感的に母親への不満を感じました。不満のレベルの深刻さ（深度）もです。その先生、自分のその年齢のときのお話をしたそうです。学業成績、運動能力、絵を描くのが好きだったこと、友だちのこと、そして親ときょうだいのことなどで、さりげなく母親への不満とそれを克服した経緯をたくさんの話に交ぜて語りました。

　さらに、これまたさりげなくその先生の女性の友だちの例を引いて、母親との少々の争いと和解の経過を話し、女の子なら誰にでもあることで話を結びました。それからしばらくして、その女の子、きまり悪そうに、それでも明るく登校してきました。先生の自己開示を勧めます。子どもが笑顔で聞き、いくつか質問をするようになったら、再登校が期待できると思います。

【付言】教育相談のとき、あるエピソードや物語、事例を雑談的に引用したり、自己開示して私を語ることを「雑談的アプローチ」と言います。体験や見聞きした雑談らしきことを雑談のように語るのです。問題解決に有効です。

4　不登校、行動療法、系統的脱感作の方法を用いた援助はどう行うか

Q 中学2年の子ども（男子生徒）が授業中、強いめまいと吐き気を訴えた後、休みがちになり最近では不登校状態になっています。家庭訪問では「やっぱり学校に行きたい」と語ります。その気持ちを尊重し、なるべく早く登校させたいと考えています。研修会で不安階層表を作成して少しずつ学校への不安を取り除き、再登校を実現する方法についての指導を受けました。具体的にどのようにするのか、教えていただければ幸いです。（中学校教員）

子どもとの共同作業、不安階層表の作成と実践、強化を大切にかかわる

A 脱感作技法は行動主義の理論を根拠にしており、学校の先生方が不登校の子どもに適用して再登校を目指すのに適切な方法です。実践をしている先生方はかなり多数です。最初に、子どもが学校へ行く、だから担任の先生と一緒に努力するという意志を確かめます。それがなければ無効です。

次はおおよその順序です。①契約（再登校に向かう行動の約束）、②自発的な最終目標（再登校）の設定、③登校を阻む要件（不安または恐れに限定）の抽出、④不安階層表の設定、⑤行動計画の立案、⑥強化と消去、です。この順序を丁寧に辿ります。自己流はご法度です。

　時間をかけて十分に話し合います。そのポイントは、①どんなことで悩んでいるか（登校に対する不安または恐れは何か）、②その結果、どんなことが生じたか（教室で起きたこと、授業中に起きたこと、体調とその変化、など）、③そのことに周囲の人たちはどう反応したか（気づかれていない、先生に心配をかけた、仲のよい友だちは知った、分からない、など）、④現在の心と体の状態はどうか（不安または恐怖のレベル、行動意欲、体調、など）です。

　そして登校を阻む要件、つまり不安または恐れの内容を書き出します。書き出したらそれらを軽度から重度までの順に「階層表」にまとめます。最も軽度な不安（以下、不安に統一）を10、最重度のそれを100にして少ない順から並べます。本人と確かめながら作成します。

　以下は私からの提案です。①朝起きる10、②トイレでの気分と用足し20、③朝食を食べるときの心情30、④家を出て自転車に乗るときの気分40、⑤登校中の不安感50、⑥校門を入り教室に向かうときの気持ち60、⑦授業中気分が悪くなる70、⑧教室でめまいがする80、⑨教室で吐き気がする90、⑩教室でめまいと吐き気がする100。一つずつ不安の克服を図ります。

　各段階をクリアするのに大切なことは強化と消去です。強化は言語強化（称える、ほめる、激励）で、消去は課題を乗り越えたことの確かめです。

　なお、行動療法の本を1冊、お読み願います。

【付言】 吐く子どもには人に対する強度の依存があります。「この人たちは否定的な生き方をしているが、何らかの生の充実を求めている」（カレン・ホーナイ『自己実現の闘い』）のです。教育相談の大切な視点です。

5　不登校問題、短期療法での援助で解決は可能か

Q 中学3年の学級に不登校の子ども（男子生徒）がいます。半年近く面会を拒否されていたのですが、家庭訪問を重ね、やっと会えるようになりました。受験のための勉強をさせたいと思い、土曜日の誰もいないときに登校を勧めましたが返事がなく、しばらくして訪ねましたら出てきませんでした。何がまずかったのでしょうか。対応の難しさを感じています。短期療法が有効と聞き及んでいます。それで解決は可能でしょうか。（中学校教員）

子どもの自己決定の尊重に徹し、短期療法の手順に従い援助する

A 不登校問題で、学級担任が何かをするよう勧めても、それが生徒の意志と境遇にそぐわなければ抵抗されるのは当然です。また生徒が提案を承諾したとしてもそれに応えられる心理的条件になければ、一時的に取り組んでも長続きしないのが実際です。私も苦い体験を味わっています。不登校問題への対応は子どもの自己決定の尊重が絶対的条件です。

　会えるまで数多くの家庭訪問を重ねたことと推察します。敬意を表します。一度会えたのですから、必ず近いうちにまた話を交わす機会が訪れます。そのとき、真顔で「君（あなた）の心の中に、どんなすごいことが起きたのか。感心する」と語り、子どもの答えに「君（あなた）の勇気に感服」と続けます。これを短期療法でサバイバル・クエスチョン（survival question）またはコーピング・クエスチョン（coping question）と言います。困難から生き延びたことを称える表現です。ここでは「困難を自分の力で乗り越えた。偉い」という意味です。問題解決への自信と意欲を高める表現です。

　問題解決のための目標設定と方法の具体化、そして実行が短期療法の手法です。まず「これからどうなればよいのか」と問いかけます。先生が答えを示さずに待てば、生徒は自分で当面の目標を明らかにします。次にどのような手だてで行うかを共有できると変化のための新しい行動を始めます。子どもの自己決定と急がずたゆまずの教師のあたたかな寄り添いが原則です。

先生から子どもに、「かつて元気に登校していたころを『10』とし、学校に行くのが大変になり一番つらかったころを『1』とすると、今の数字はどのくらい（の数字））？」と尋ねます。もし「3」と応えたら、「それじゃ、『4』ではどんなことをする？」とまた尋ねます。その内容は子どもの自己決定に基づきます。これをスケーリング・クエスチョン（scaling question）と言います。「4」を実行したら「5」に進みます。目標が自己決定であれば1段階ずつ数字の課題をクリアーし教室に辿り着きます。サバイバル・クエスチョンの返答の累積が否定的な自己像を肯定的に変え、問題を解決に導きます。

【付言】短期療法は多彩です。質問法の他にさまざまな技法が準備されています。いずれもゴール（解決であろう地点）へ到達する手法が明確で具体的です。短期療法にはあたたかい心と明晰な頭脳が必要です。お勧めです。

6　不登校の回復期、教室に導くのにミラクル・クエスチョンは有効か

Q　中規模の中学校の養護教諭です。常時数名の保健室登校の子どもたちがいます。毎日、まとめて相手をしています。テレビ番組、歌手や俳優、ファッションなど話題は多様です。保健室から教室へ導きたいと考え、基本的には行動療法で対処しています。子どもがそろそろと考え始めたときに行動療法に誘いますとうまく行きます。仲間の養護教諭が教室復帰のためにミラクル・クエスチョンを活用しているようです。有効でしょうか。（養護教諭）

十分に安心の人間関係をつくり、上手に活用する

A　安心安寧の保健室のようで何よりです。この時代にあっては、保健室登校の子どもを教室に導くのは養護教諭の大切な役割です。根拠のある手法で成果を示すことが期待されています。

　ある養護教諭が行った事例で話を進めます。この方は40代、大規模校といわれる中学校の養護教諭です。養護教諭仲間で短期療法を学んでいます。

　2年生の子ども（女子生徒）です。不登校に陥り半年、学級担任が主となり

家庭訪問を重ね、1日1時間保健室に来ることができるようになりました。日を追うごとに保健室に入ってくる元気さが増してきたので、そのことを毎日なるべく違う言葉を使ってねぎらいほめていました。

　ある日、「今、このとき」と心がひらめきました。2人きりの時間をもちたい、だから帰る時間を20分伸ばす、と提案しました。子どもは笑顔で了解しました。過去のことを問うことなく「今、ここ（すぐ目前のこと）」のことに話題を限定しました。傾聴に徹していたら、これもある日、子どもから「先生、私が教室に行くことをどう思う？」という質問がありました。「そうなれば、とてもうれしい」と答えました。その日も笑顔で別れました。

　いよいよと感じたその先生、しばらくして「あなたは魔法って知っている？信じる？」というきっかけをつくり、2人でハリー・ポッター、アラジンの魔法のランプ、魔女の宅急便などの話題で盛り上がりました。そしてもしかしたら、魔法ってあるのではないかということになりました。短期療法のミラクル・クエスチョン（miracle question）の技法です。

　また数日後、その先生が尋ねました。「もしあなたが夜寝ているときに魔法にかかってしまった。気がついたら、教室の自分の席にいた。どうやってそこに行ったと思う？」でした。その子どもはかなり長い時間考えて、「先生（養護教諭）が校門のところに待っていて、そこから一緒に教室に行った」と答えました。次の朝、決めておいた時刻の通り校門から2人で教室に向かいました。手法は短期療法ですが、その前に治療的人間関係の醸成がありました。

【付言】ミラクル・クエスチョンはごく簡単な質問です。これを有効にするには、ラポートの形成といかに魔法についてたくさん話を交わすかにかかっています。ほんの少し「信じるかな？」が大切です。

7　高校休学中、時々登校、自己像の変容にリフレーミングは有効か

Q　高校2年生の子ども（男子生徒）が出席日数不足で休学になりました。その途端、週に2度ほど登校してきます。出席日数に数えることはできないと説明していますが、登校してきます。ほっとく訳にも行かず授業の合間

を見て私が相手をしています。自己像が相当に否定的なので復学までの間に、前向きの生活ができるよう援助したいと考えています。リフレーミングは有効でしょうか。一通り教育相談の勉強をしています。（高校教員・生徒指導部長）

否定的な自己像の変容が可能、積極的に活用する

A　この欄（ふれあい相談）で時々、教育相談の理論や技法の解説があるので重宝している、とお手紙にありました。ご愛読に感謝します。また、この欄で紹介した理論や技法の参考書をお買いになるのもご立派です。

　「リフレーミング（reframing）とは、その人にとっての『真実（意味）』を変えるために、その人がもっている考え方の枠組みを変えること」（国谷誠朗「ファミリーセラピー講義録」）です。いくつかの方法がありますが、よく使われるのは、「あなたがそんなつらい目にあったのなら、一晩眠れなかったのは当然です」というノーマライジング（normalizing）の手法です。自己像の変容に有効です。子どもが話す内容を意識してリフレームするとなお効果的です。

　ある高校の先生の実践です。休学中の子ども（高校3年）が丸1日パソコンとスマートフォンに溺れていました。そんな生活を2年も続け、親が何もしないので見るに見かねて援助の手を差し延べました。月に2回会うことにし、1回は先生が家庭訪問、もう1回は子どもが学校を訪ねるという約束です。

　その子どもはいわゆる「オタク」と呼ばれる人たちの1人でした。アニメーションに詳しく広い知識をもち、先生が尋ねたことには詳細に説明することができました。親は「マンガなんて、それで飯が食えるか」でしたが、先生は「貴重な体験を重ねている。自分のやりたいことをもっとやれ」でした。パラドックス（逆説）です。硬直した行動パターンの人が変化するのに有効です。この子どもは自分のしていることを初めて肯定されたのでした。

　会うたびに、「ご先祖様が許している、今のままでよい」（先祖の原因帰属）、パソコン三昧で朝起きられないことには「君のせいでない、体のせいだ」（二元化）、パソコンのやり過ぎで指を痛めたことには「パソコン以外に何か新しいことを学ぶ必要が出てきたということ」（内容のリフレーミング）とリフレーミングが繰り返されて、この子どもは自己像が変容し、復学できました。

リフレーミングの活用は不思議に周囲を明るく肯定的にします。私まで成果の報告をお願いします。

【付言】「宿題なんかしたくない」に対し、「今するか、後からするか」も順位づけというリフレーミングです。「したくない」には反応しないのです。不登校の子どもとの会話の注意点です。否定語に反応しない練習が大事です。

8 動き出さない引き籠もり、ナレイティブ・セラピーは有効か

Q クラスに在籍4年の子ども（女子生徒）がいます。週に2回、レポート提出と出席日数の確保のために私のところにまいります。しばらく話して帰ります。聞けば毎日パソコンで世界地図を眺めているそうで、世界地理をよく知っています。このままにしておくのは気がかりなので、何とかしたいと考えています。先日、同僚がナレイティブ・セラピーなるものを学んで来て、「やってみよ」と勧められました。有効でしょうか。（通信制単位制高校教員）

問題と人間は違う、問題の外在化を促し、新しい物語を構成、有効と心得る

A 「知的な能力は高い。世界地理は知っているが学力は低い。働く意欲はない。来年は高校5年生、今年のうちに新しい進路を目指すようにさせたい」とお手紙にありました。これまでしっかり面倒をみてくださる方に出会わなかったのであろうと思われます。救助が必要です。

ナレイティブ・セラピー（narrative therapy）とは、読み方でナラティブ・セラピーとも呼ばれます。物語療法のことで、「クライエント（カウンセリングの対象者）にとって健全で肯定的な人生、家族生活の『意味づけ』を創造するのを援助するセラピー」（国谷誠朗「ファミリーセラピー講義録」）です。クライエント（生徒）と援助者（先生）とが、協同作業に従事しつつ、新しいナレイティブ（物語）を構成します。これによって、クライエント（生徒）は、これまでの人生のできごとと感情を関連づけ、「うん、なるほど」と納得し、新しい人生を歩み出します。

子どもに、引き籠もりになったとき以来の感情（気持ち）を語らせます。真剣に傾聴します。「こうあらねばならない」、「こうすべきだ」という規範に支配されているかをどうか見極めます。多分あるはずです。それが表現されたら「いつころから、そういう考え方にこだわるようになったか」と揺さぶります。すると「こうすべきだ」というこだわりが解除されます。

　やりとりの中で例えば、「私は何をやっても自信がない」という訴えが出たら「どんなことがあって自信をなくしたか」と尋ねます。もし「テストの勉強をたくさんしても思うような点数がとれなかったから」と答えたら、その答えを２人でよく味わいます。「思うような」は相対的なものに過ぎないことに気づきます。問題と人間とは違うことを強調します。これが問題の外在化です。

　加えて、「魔法である朝、突然、自信を回復したら、あなたの生活はどう変わるか。具体的な例を挙げよ」と迫りますと、具体的な自信の例がたくさん語られます。新しい物語の誕生です。

　知的水準の高い子どもに対して有効です。参考書を１冊お求め願います。

【付言】ナレイティブ・セラピーとは否定的な思い込みの人生物語（dominant story）を肯定的な新しい人生物語（alternative story）に代える療法です。問題の外在化の手法は自己確実感を培うと言われています。

9　不登校家族との実りのない会話に困惑、どう対処すべきか

Q　担任する子ども（２年女子生徒）が不登校状態です。家庭訪問をして母親と話し合いをしていますが、実りのない会話に困り果てています。私の言うことは聞かず、発言を遮り自分の言いたいことだけを言い募る、「結局こうだ」と自分の枠組みでのみ語る、子どもの不登校問題の対応には聞いているふり、「困っている」と明るい表情で話す、建前と本音のずれ、等々で、いつも虚しく帰ります。これからどう対応すべきでしょうか。（中学校教員）

傾聴と意図的に肯定的な表現を心がけ、道を拓く

A そのような家族であるために、子どもが不登校状態に陥ったのであろうと忖度します。ご苦労様です。でも、担任する子どものために心を確かにして問題解決にご努力願います。恐縮ですが先生ご自身の対応のしかたの一工夫とコミュニケーションの錬磨が必要のように感じます。

対処の基本は、広い心で、受容的に母親の話を傾聴することです。そのようなコミュニケーションの特性（くせ）をもつのは相手との会話を拒否し避けている姿と理解します。いわば相手が「たこつぼ」に入っているような状態との理解です。ここから引き出すのは傾聴の力です。これをパーミアビリティ（permeability）と言いますが、ひたすら母親の言葉を笑顔で真剣に頷き続けますと本題に入れます。想像力と忍耐が大事です。

また、母親との会話においては、感情の表現のしかたにも気づきを深めます。「困っている」と明るい表情で話す、このことによく気がつきました。他に、不登校の対応で「はい、そうします」と賛成するが声の調子は不満そう、などはありませんか。このようなときは、「今、どんなお気持ちですか」と尋ねることが大切です。本音が示されます。それが具体的な対応の参考になり問題点が意識化され、本筋に向かうことが可能になります。適切な気づきがありますと効果的なフィードバックがなされます。肯定的なかかわりが必然です。

建前と本音の明確なずれは二重拘束をもたらします。恐らくですが、これが子どもを不登校に陥らせた要因ではないかと想像します。つねに否定的なメッセージが与えられ、それに抵抗するのを禁止する陰のメッセージが密かに伝えられているのです。子どもはそれに対応する手段として不登校状態にあると判断できると思います。

このような母親に対処する場合、先生の言葉や態度が母親に与えている意味に気づく必要があります。意図的に傾聴というパーミアビリティの徹底と肯定的な表現、つまりリフレーミングを心がけますと道が拓けます。難題への取り組みです。これはご自身の精神的成長をもたらします。確かです。

【付言】発する言葉は、それぞれにプラス、マイナス、中立の意味をもちます。

これに気づきプラスの表現を心がけると相談関係の活性化、信頼感の成立、情報の交換の増大が促進されます。成果を目指す人間関係が成立します。

Ⅳ 学校の指導援助の体制に関する質問事例と解明のしかた

1 原発事故、避難先の小学校での不登校、どう対応するか

Q 大震災と東京電力の原発事故により転校してきた子ども（5年女子児童）が不登校状態にあります。3週間くらいは登校していましたが、だんだん遅刻気味になり、ある日からぷっつり来なくなりました。家庭訪問をしても会えません。聞けば、低学年のころから長期間不登校状態にあったようです。原発事故で避難を余儀なくされ、深く同情しています。家族も途方に暮れています。どんな順序でどうかかわればよいのか悩んでいます。（小学校教員）

学校の規模に即した組織体を編成して対応する

A 大震災や原発事故で強制的避難の学校から各地に転校して不登校に陥る事例に遭い、調べてみますと元々不登校であった子どもが一時的に登校しまた不登校に戻ったという場合と、転校して馴染めなかったり、何らかのつまづきによって登校し難い状態に陥っている場合とがあるようです。前者は元々の不登校と転校の問題がありますので解決のためには思慮を重ねた対応が求められます。後者は不登校問題解決の手順によって解決可能と思われます。

お尋ねの件は、以前からの不登校の継続のようですので、偽解決の状況を洗い直してかかわるのが手順です。小学生の不登校の要因は案外固定されていますが、それが正しく理解されず、偽解決が連続していたものと思われます。改めて個人レベルでなく体制を整えてかかわるべき課題であると考えます。

学級担任だけではなく、学年主任、生徒指導主事、養護教諭などで援助の組織体を編成します。組織形態は学校の規模と組織実態に即します。組織体のリーダーを中心に事例研究（カンファレンス）を続けます。子どもと家族の実態

を把握し、援助の目標と手だてを明確にしてかかわります。子どもの担当は基本的には学級担任が当たり、できれば複数の教師でかかわります。

　保護者には保護者より年上の教師が対応します。子ども理解には、小学校からの「指導要録抄本」が役立ちます。わが子の不登校問題をどうしたいのかについて、保護者の意向も聞き取ります。全面的に協力するというあたたかい配慮を伝えることも大切です。先生方は子どもの本質に明敏です。

　援助の実際は、親が子どもに行うことの共有から始めます。親が何をするか、学校の誰が何をするかを協議し、実行に移します。念のためですが、長期化、先生に会わないことを考えれば、恐らく子どもは、過去に学校でつらい体験があり、教師からの評価に敏感でうちに秘めた怒りがあるのではないかと推察します。親と親密な関係をつくり、本人と会う努力を続けます。会えたら受容と共感的理解の態度で対応します。子どもに、「おや、ちょっと違う」と感じられたら、事態は好ましく進展します。

【付言】子どもは担任の先生の言葉や態度に共感したら必ず変化します。そのために教師に必要なのはわが身の感化の意識です。それは笑顔、礼儀、丁寧な言葉遣い、しっかり目を見たやさしい頷きです。感化力は教師の魅力です。

2　不登校の家庭訪問、母親が質問に答える、どうするか

Q　担任する不登校の子ども（2年男子生徒）の家庭を、「家庭訪問百回」という先輩の先生の教えに従い、週に1、2度の割合で家庭訪問を続けています。その都度、母親が必ず同席し、子どもと私の会話に割り込んできます。私の質問に対し、子どもが母親の顔色を伺ったり、ためらいがありますと、母親が素早く答えます。少し時間がたつと生徒は母親の顔を見ているだけになってしまいます。会話が成り立たず困っています。（中学校教員）

謙虚な姿勢でかかわる、教師の対応の工夫が変化を生む

A　不登校問題によくある状況です。子どもと2人で話したいと願ってもいつも母親がそばにいて話に割り込み、或いはとってしまい必要な話し合いができない例がたくさんあります。母親によっては、「この子は私がいないと不安定になる」とすら言いますので、先生もついこの言葉に負けてしまうことがあるようです。どうしたら子どもと2人きりで話すことができるかも学校の先生方の悩みの一つになります。

　不登校問題の対応の基本姿勢は、急がずたゆまず、です。そして大切なのは解決を図るための創意工夫です。「子どもと2人で話す」のが困難なとき、それを実現するためにいろいろと工夫している先生方がおられます。対処の基本は、母親にはっきりと「子どもさんと2人で話したい」、「席を外していただけると感謝です」と言うことです。そうならない場合は工夫します。

　ある先生、訪ねると座布団を持って飛んで来る母親に「○○君に出してもらえるとうれしい」と言いました。「○○君、よろしく」とつけ加えます。別の先生、いつもお茶菓子を2人分だけ（煎餅2枚、みかん2個、など）を持参し、「お母さんの分がなくて済みません」と呟きながら2人で食べるようにしています。他の先生、母親の言葉に頷いてもいつも子どもの顔を見ています。返事が必要なときは子どもに答えます。また別の先生、お茶のお代わりを子どもに頼みます。さらに別の先生、話題を母親が口を挟めないことに限定します。これらをしんぼう強く繰り返しますと、母親も気づいてだんだん姿を消すようになるようです。変化はちょっとした工夫で生じます。

　実際に、母親に対して失礼或いは子どものためにならないことをしていると気づいたら、無礼をお詫びします。また、まずいことをしていなくても、母親へはワンダウン・ポジション（1歩下がった姿勢）でお詫びの言葉を発することも大切です。不登校問題の変化の方向は母親への依存からの脱却です。母親がそれを理解するよう計らうのも大切な援助の一つです。

【付言】先生方は親の教育も役割です。そのとき必要なのはワンダウン・ポジション（one-down position）の姿勢です。謙虚にということです。特に自分

より年上の親には十分配慮します。反対は上から目線（one-up position）です。

3　不登校問題にかかわる教師の基本的な心構えは何か

Q　この欄（ふれあい相談）に対する教員の投稿に敬服です。数が多いのはそれだけ遭遇する教育問題の対応に困っていることと感じる一方、質問の回答にも感銘しています。高校では不登校は欠席日数によって結末がついてしまうので、的確な対処ができなかったことに申し訳ない気持ちと後悔の念に苛まれます。また学校を去った子どもや保護者の皆様に対する心持ちや態度はどうあればよかったのか、悩みます。ご意見を伺います。（高校教員）

慈悲の心と憐憫の情をもつ、これこそ真の心構えと弁える

A　不登校の子どもを担当し日夜苦闘している教員は多数です。恐らく24時間脳裏から去らない事態にあるのだろうと想像します。そのような先生がたくさんおられます。尊敬の一言です。

　教師が子どもの問題行動に対処する基本的な心情と態度は子どもと親及びその家族の再生に貢献する意志と実行力をもつことです。不登校問題では、子どもが学校に行くと決意し実行に移す、また親と家族がわが子をもう一度学校に行かせることができるよう励まし、事情によってはありったけの力で援助し、再登校の実現に貢献することです。

　これを成し遂げた教師個々とその集団には、「私が解決する」という明確な決意とあたたかな配慮、つまり人間愛と教員としての使命感及び責任感、そして知恵の創出が明瞭に存在しています。これらの心情と意志、そして実行力の発露の根源は諸先生の慈悲の心と憐憫の情の深さです。それからもう一つ、共通して「意地」を張っています。子どもとも親及び家族はこの姿勢に感化され共感し、好ましい方向への変化を成就すると言っても過言ではありません。

　不登校問題の解決にはそのための知恵の創出が不可欠です。「慈悲はすなわち智慧、智慧はすなわち慈悲なり」（関口真大校注『摩訶止観』）です。慈悲の心を起こすのは智恵の創出そのことです。あたたかな慈しみの心が問題解決の

知恵を生み出します。

　憐憫とは憐れみ同情し、情けをかけるの意です。この感情は、一見上から目線の感覚を受けますが、不登校の子どもと親及び家族に対する深い同情と至高の思いやりの感情です。よくよく心を見詰めますと、憐れむから寄り添うことができるということに気づきます。

　不登校問題に対する教育相談（カウンセリング）では、すぐれた理論や技法に基づくかかわりだけでは必ずしも好ましい成果は生まれません。決め手はこよなく子どもとその親に注ぐ「愛情」です。慈悲の心と憐憫の情の深度が望ましい変化を生み出します。これこそ真の心構えです。

【付言】不登校は子どもにとって学校の喪失を意味します。喪失には悲しみが伴います。悲しみの癒しは悲しみの分かち合いが必然です。分かち合いには慈悲の心と憐憫の情が必要です。この心をもつ教員が問題を解決しています。

4　不登校、保健室登校の対応のあり方で工夫することは何か

Q　中学校の養護教諭です。教室に入るのが困難な子どもたちが保健室に登校して来ます。健康状態を確かめるとともに、話し相手になったり勉強したい子どもの相手をしておりますが、人数が多くて子どもが満足いくような対応ができません。それで、よい取り組みをしている養護教諭の様子をご紹介いただければ幸いです。また特に工夫することは何でしょうか。なかなか応用発展した対応ができず、子どもらに申し訳なく思っています。（養護教諭）

ここへの質問自体が応用発展力、親身で専門性の高い対応をする

A　小・中学校、高校を問わず、保健室が子どもたちの身の寄せ場になっています。困難の中にある子どもたちの大切な受け皿です。ご苦労様です。申し訳なく思うのはまったく不要です。保健室登校の子どもたちに対する対応は各学校それぞれです。いくつかの事例を紹介します。

　ある中学校では、割り当てによって全部の先生が週１時間、保健室で保健室

登校の子どもに勉強を教えています。自分の学年学級に不登校がいなくても担当しています。特にこの学校が特筆に値するのは、5教科を原則として子どもたちの所属学年の進度に合わせて教えていることです。また個人ごとの学習記録が準備され、その時間に誰が何を指導したかが記録されています。次の時間の担当が何を教えればよいのかを分かるようにもしてあります。時間帯は2校時から5校時までの4時間です。保健室登校の子どもがいないときは除かれます。また健康診断やインフルエンザの流行などがあるときは別室です。養護教諭の役割は、これら一切のコーディネートです。保健室での学習を契機として教室復帰が実現し、不登校の数が減少しています。

養護教諭個人の努力も頭が下がる事例がたくさんあります。子どもを助手にし、保健室の整理整頓、清掃をともに行い、特に清掃は念入りにしています。その間、たくさん話を交わし、子どもに教室に戻ることの大切さを悟らせ、自発的に教室に戻しています。

教育相談関係の研修会に参加したさる養護教諭は、保健室で子どもたちと一緒に表現療法に取り組んでいます。風景構成法やMSSM（mutual squiggle story making）で対話を重ね、子ども自身の気づきを深めるよう導きました。また学習の遅れを回復させようと考えた養護教諭は、数学の指導書を自費で購入して勉強し、子どもたちに教えています。いずれも教室復帰を早めています。

多くの学校で、保健室の1時間ルールを設定しています。保健室にいてよいのは1時間だけという決まりです。困っている子どもたちには気の毒なルールです。要改善と思います。

【付言】養護教諭が描画などの表現療法を学びますと保健室登校の子どもたちの自己への気づきが促されます。指示されて仕方なく動くのが少なくなり自発的な発言や行動が顕著になります。養護教諭のかかわりの貴重な手法です。

5　不登校問題、家庭訪問の心得は何か

Q　経験の浅い中学校教員です。担任する2年生の学級に男女各1名の不登校がいます。なるべく数多くと思い、時間を見つけては家庭訪問を繰り

返しています。女の子は出て来ますが、会話が思うように弾みません。先輩の先生からは、話題の選択が子どもに相応しくないのではないかと指摘されています。男の子は現れません。うまく行く家庭訪問のしかたと、その際の注意事情や心得を教えていただければうれしく思います。（中学校教員）

常識に即して、あたたかい心であたたかく接する

A 頼りになる立派な先輩の先生がそばにいてよかったですね。目的をもちあたたかい心でこよなくあたたかく接するのが家庭訪問の要諦です。ご質問ですので、いくつかの心得を述べることにします。

　教員が行う家庭訪問の心得は、不登校であるかどうかに関係なく同じです。大切なのは、子どもと親の人格を尊重した礼儀正しい訪問です。また不登校の家庭訪問で重要なのは、「僕（私）は君（あなた）を気にかけている」というメッセージを届けること、感情（気持ち）の交換、学校や学級の情報提供、そして状況を判断しての再登校への話し合いです。学習や進路のみを話題にする家庭訪問はしないのが原則です。集金袋を届けるだけの訪問も慎みます。

　不登校の子ども宅への家庭訪問は、朝迎えに行く、昼訪ねる、夕方保護者に会う、休日に家族揃っているときに訪問するなど、訪ね方はさまざまです。玄関先、家に上がる、子どもの部屋に行くなどで、これも時と用件に応じて配慮します。多くの先生方の意見を集約して言えることは、回数は週1回程度、茶の間に入る（玄関先は家庭訪問にならない）、時間は長くて30分、短くて15分、平均20分程度、お茶はいただくがお菓子は食べない、が家庭にも先生にもよいようです。お菓子を食べないは、いやしさの排除です。

　注意事項の基本は、教師として人間としての常識ある言動です。それ以外にはありません。ついでながら常識ある言動とは、親の前での子どもの名前の呼び捨て、強制的な登校の促し、冷たく生意気な言葉遣いや態度、知ったかぶり、目的不明の訪問、大声多弁、他人の悪口、批判や非難、嘲笑、子どもや親の言葉の遮りなどを決してしないことです。

　なお、不登校の家庭訪問にでは、子どもが出て来ないことがしばしばです。そのようなときは親と大きな声で話すようにします。子どもは往々にして、近

くで聞き耳を立てています。親と先生に隠し事や自分の批判がないことが分かりますと、いずれ出てきます。面接の強要、子どもの部屋への無理な入室は禁じ手です。子どもが現れなくても同じ頻度で訪ねます。

【付言】教師はいつも尊敬される立場であるべきです。「あの先生、来て欲しくない。お茶を飲むときの、あのずすーっとすする音が下品でたまらない。いやだ」、不登校の継続です。子どもは見ています。礼儀作法、要配慮です。

6　不登校状態、学習室から動かない子どもにどう対処するか

Q　不登校状態になり学習室や保健室になら来ることができるが教室には行けない子ども、また不登校状態が好転し登校はできるが教室には行けない子どもたちが学習室（生徒の数が減り空いた教室）に集まっています。在室時間はまちまちです。問題はそこに居座って動こうとしない子どもがいることです。数か月も半年も、子どもによっては1年以上そこにいます。本当は早く教室に戻したいのですが、思うように行きません。（中学校教員）

学校の規模に応じ工夫する、学習室に教員がいて、子どもの相手をする

A　古くて新しい問題です。普通の親や教師はここまで来ているのだから早く教室へと感じても子どもはそこに居続けます。ここで十分という認識です。多くの学校で対処に苦慮しています。しかし真剣にこの問題の解消に取り組んでいる学校が少なからず存在しています。

　少々規模の大きい中学校です。学年ごとに相談室があります。空教室の活用です。学年ごとに対応しています。学年主任が毎週、曜日ごとに空き時間の先生（授業のない時間の先生）を学習室の担当に割り当て、当該教科を教えています。保健体育の先生は雑談でもよいことになっています。子どもが学校にいる時間の全部を対処しています。そして学年主任とスクールカウンセラーが教室を目指す援助にかかわっています。基本的には2か月、長くて3か月が教室復帰までの目標です。先生方には相当の負担ですが、自発的に始めたことです

ので不満はないようです。何よりも子どもが教室復帰を果たしたときのよろこびが大きいから一生懸命になるということです。

　中規模の中学校の例です。全教員が持ち時間を毎週1時間、学習室の授業に拠出しています。教員の数の都合で校長と教頭も入っています。時間割に組み込み、その時間は学習室で授業を行います。5教科限定ですので、音楽の先生も国語や数学を教えています。指導書を読み対応しています。この取り組みを始めたら、不登校の子どもの数が減少し、全校で不登校が2、3人から多くて5、6人で推移しています。休み時間に同級生が話や遊びに来たり一緒に学校給食を食べたりで、それらの子どもたちに誘われて教室復帰になる子どももいるということです。

　これらの学校の特色は、不登校問題に真剣に取り組むことによりふだんの授業がきめ細かくなり学力が向上し、学校全体が思いやりのある協同的集団になっていることです。一方、不登校が学校に来ているのだからそれで十分とか、出席確認だけで後はそのままにしておく学校もあります。学習室が長期化しますと教室復帰に導くのは実に困難です。配慮が望まれます。

【付言】学習室に教師がいないと雰囲気は暗いまま、子どもたちも黙々としています。教師がいると笑い声がこぼれ、話題が豊かになります。なお、不登校のための学習室を廃した中学校もあります。これも識見です。

7　不登校の学習と評価に疑問、配慮が必要でないか

Q　不登校の子どもたちを教員が協力し合って学習室で面倒を見ています。学習室では、子どもたちそれぞれが問題集を出したり、教科書とワークブックを開き、当該の子どもの学級担任が来れば担任の教科を教えます。このあり方に疑問を感じています。また、学習成績の評定は子どもと保護者宛には「評定しない」としていますが、指導要録はすべて"1"の評価です。子どものために配慮が必要です。ご意見をいただきたく思います。（中学校教員）

教室の学習進度に合わせて学ばせ、子どもの力量を適切に評価する体制をつくる

A　「学力は生きる力の根源。不登校であってもそれなりの学力を身につける必要がある。現状はただ勉強まがいのことをしているだけ。改善したい」とありました。同感です。

不登校の重大な二次的な重要な問題は、学力の問題です。家庭によっては、通塾、家庭教師などの配慮をしていますが、子どもが学習意欲に乏しかったり、それを拒んだり経済的な問題があって思うように行かないのが現実です。

不登校の子どもの学習内容は所属するクラスの各教科の進度に合わせて取り組ませるのが適切です。小学校は国語と算数の２教科、中学校は国語、数学、英語の３教科、３年生には社会と理科を加えます。教室での授業内容のすべてでなく、教員が基礎基本の部分をピックアップして学ばせます。勉強は一部が分かり、できればよいのです。先生が「それで十分。教室に行っても大丈夫」と保証すれば子どもは達成感を味わいます。それは教室復帰の動機づけにもなります。学校は最大限の援助をする、その後のことは子ども自身の責任であり、自己成長に対する意欲と実行力如何と弁えます。

学習の評定の問題はおっしゃる通りです。「不登校になるべく"１"をつけない」運動をしているごく少数の先生方がおられます。学習室にいても家庭にいても、本人に会い、テストをしたり面談をして、なるべく１以外の評定をするよう心がけています。周囲からの圧力があるようですが、「教科の評定権は教科担当にある」と信念を通しています。

本来なら当然すべての先生方そうすべきです。音楽でも図工や美術などの教科も、担当の先生が学習室などに赴き、教材を提示して指導し評価すべきと考えますが、それらの事例はごく稀です。多忙の問題があるようですが、子ども一人一人の将来をどう考えるかの意識の問題です。調査書（内申書）の評定が受験でどれだけの不利を被ることになるのか、先生方は十分承知です。

ご質問のおかげで福島民報紙上で明確に意見を述べることができました。感謝します。不登校でも教室での学習の進度に合わせて学ばせる、適切に本人の力量を評定する、これらが課題です。

【付言】不登校の学習は現在の学力に即して学ばせようとしますが、学年相応にするには膨大な時間を必要としほとんど途中で挫折します。学習は教室の進度に合わせます。つまずいたときにそこにだけ遡ります。これが最良策です。

8　不登校問題に対応する学校の体制をどうつくるか

Q　大規模の中学校に勤務しています。各学年に相当数の不登校の子どもたちがいます。まったく登校してこない子どもと保健室や教育相談室に滞在可能な時間に登校してくる子どもがいます。学校行事や部活動だけに来る子どももいます。基本的には学年単位で対応していますが、時間のやりくりがつかなく対応し切れないのが現実です。どのようにすればもっと適切にかかわることができるのか、知恵をお貸し願います。（中学校教員・学年主任）

複数の教師でかかわる体制をつくる。組織体でかかわる役割と責任と分担する

A　数が多くて対応が困難、対応し切れない、それが中学校の現実です。ですが誠実で真剣なかかわりが役割です。ご期待申し上げます。

　不登校問題には、学級担任が責任をもってかかわるのが原則です。ほとんどの先生が学級担任になりますから、すべての先生が不登校問題解決の意欲と専門性をもつ必要があります。しかし、１つの学級に３人も４人も不登校の子どもたちがおりますと、学級担任１人だけの対応では困難です。その意味で学校はつねに学校全体で不登校に対応する心構えとシステムを構築しておくことが求められています。次はある中学校の場合です。

　ある学年、ある学級に不登校が発生したら、必ず学級担任１人でなく複数でかかわるようにしています。学年での対応を基本として、ある学級に不登校が発生したら学級担任プラスもう１人の教員を加えて複数で対処する体制です。学年主任または副担任も担当に加わります。不登校の数が多くて学年で対応し切れなくなった場合は教務主任か生徒指導主事、または養護教諭も加わります。絶えず２人で協議し情報を共有し、保護者に協力してかかわります。スクールカウンセラーとの連携も密にしています。そして定期的に校長・教頭が主宰し

て事例のカンファランスを開いています。

　参考までに、組織体として何に、どの順序でかかわるかの図を示します。誰がどこからかかわりを開始するのが効果的かが明瞭にしてあります。不登校問題の指導援助の体制をどうつくるかは校長の見識と組織形成力次第です。校長の責任と役割の重さは一般教員とは比べものになりません。

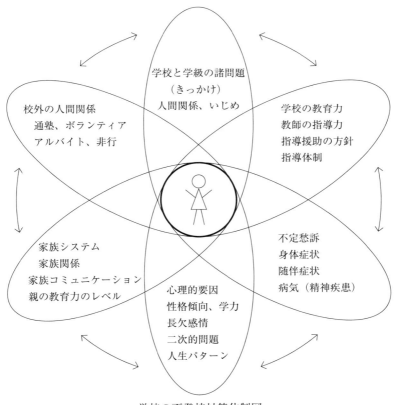

学校の不登校対策体制図
（国谷誠朗「登校拒否の原因と多次元性」を改変）

9　学校における不登校の予防策、どう構築するか

Q 年々子どもの数が減少しているのに不登校の数はほぼ横這いか増え気味です。これは不登校の出現率が高まる傾向にあることです。不登校になったらどう対処するかではなく、不登校の予防策を構築することが大切と考えています。すでにそのような対策を講じている中学校をご存じでしたらご教示願います。私どもの学校では、生徒理解の深化、分かる授業の徹底、協同的集団の形成を基本として取り組んでいます。（中学校教員・生徒指導主事）

教育活動の原点回帰を目指す、また予防策を明確にし、全教員が共有する

A ご炯眼に敬服です。ある中学校の事例を紹介します。生徒数が学年およそ150名、全校450名程度の中規模校です。各学年に10数名の不登校がいて、卒業すれば新入生がまた不登校でした。これではいけないと考え、全教員で予防に重点をおいた対策を練りました。生徒本位の学年学級経営、真剣な生徒理解、基礎学力が定着する授業、レジリエンス（困難を乗り越える力）の育成を重視した生徒指導を基本的な実践事項にしました。

　変化したことは、学年学級経営に学年主任と学級担任の理念と責任、抱負を明確にしたこと、公正公平で積極的な生徒指導を心がけ集団の凝集性を高めることに腐心したこと、個に応じた学習指導を展開することで基礎学力の定着が図られたこと、そしてレジリエンスの力量を高めるために不登校生徒の内面の理解につとめたことで、それまでの学校とは異なる教育活動が展開され、部活動では勝利の運動部が増え、合唱や吹奏楽でも県大会や東北大会に出場できるようになりました。学年主任の1人は、「わずか半年でこれまでとは雲泥の差の中学校になった。現在、学年数人の不登校」と語っています。同時に、具体的な不登校の予防策も講じています。具体的には、「不登校の未然防止、早期解決のための実践事項」を全教員で共有しています。

　①「自分はかけがえのない大切な人間だという存在感を与えてクラスに居場所をつくる」。ここには欠席した生徒に対する配慮事項が細かく設定され、学

級担任が何をするかが明確にされています。

②「積極的に生徒理解につとめる」。この項目には1日1回は生徒全員と言葉を交わす、気になる生徒には全教員で声をかける、教科担任が授業において配慮すべきこと、が含まれています。

③「不登校の兆しに気づき、もしものときは早期解決を目指す」。横の連絡を密にする、保健室と連携する、不登校生徒の指導個票の記録、社会資源の活用のしかたなどが具体化されています。

　これらは学校教育の原点です。原点回帰が適切な予防策と言えると思います。

【付言】この中学校では不登校の生徒指導個票を「苦戦改善シート」と名づけて記録しています。不登校問題の取り組みは本当に苦戦であるからです。この認識が真剣な取り組みを促しています。詳細を紹介できないのが残念です。

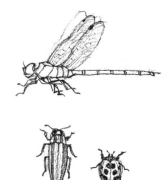

[第7章]
不登校の予後、告白

I 中学校卒業生の予後、告白

1 無業者である息子の将来、手つかず、どうすればよいか

Q 先日、息子は中学校を卒業しました。ずっと不登校で卒業式も欠席でした。今は、進学もせず、就職もしないでただ家にいてぶらぶらの状態です。最近、中学校の学級担任の先生が訪ねてこられて、いつまでも高校にも行かず就職もしない「無業者」にしておかず、高校進学を目指すよう諭されました。私たち親も切実に感じていますが、不登校当時から今も手つかずで困ったままでいます。どんなことをしたらよいのか、分からずにいます。(父親)

親の真剣さと徹底さが問われる、進路の話し合いを行う

A まず諭してくださった中学校の先生に感謝します。それから親がわが子を高校進学に向かわせる方法を考え、その通りに行動します。

親にはこれまで適切な手だてを講じてこなかったからそのままという認識が必要です。無業者はその延長線上にある事態です。ついでながら、社会的引き籠もりとは別に、無業者は相当数に上ります。

親子でこの問題をいつまでにどのように解決するか、よくよく根をつめて話し合ったことはあるのでしょうか。また自発的に、親子でともに或いは親と子が別々にでも、この問題を解決する目標を決めて、それに向かって努力してこられましたか。もし未だでしたら改めてここから始めます。

さまざまな人たちから知恵を授けられても、親または本人、或いは双方とも実行しない、またはできないことがままあります。長期化した不登校問題は第三者から知恵を拝借し、実行に移すことが肝要です。その知恵を実行しても好ましい成果が見られないのは偽解決です。以下は提案です。

最初は、何を目標にするかを共有します。このことについて、親子で了解し合うまで徹底的に話し合います。5時間でも6時間でも、或いは徹夜をしてでもです。不明瞭ならまた次の日もです。わが子が生きる目標と具体的な行動の内容を自発的に語るまで続けます。この徹底さがわが子を救います。

　なかなか埒があかない場合は、はっきり「働け」と言うべきです。親子でハローワークを訪ねます。そこへ連れ出すのも親の役割です。求人票を調べます。ご覧になると分かります。求人のほとんどすべては高校卒以上の指定です。高校を出なければ就職できないことが一目瞭然で分かります。世の中、高校卒以上でないと一人前に仕事をまっとうするのはほぼ不可能という理解が必要です。このことを話題にして、また話し合います。いつもこの欄（ふれあい相談）に書いていますが、大事なのは子どもの自己決定です。「高校に行く」という表明があったら、中学校の元担任に連絡します。きっと適切な助言と手続き等の計らいをしてくださいます。親の真剣さと徹底さが無業者を救います。

【付言】不登校の中学校卒業生が毎年相当数、無業者になっています。そうなる事情も分からないではありませんが、未来が拓けず困っています。生きる意欲は涸渇していませんのでしんぼう強く救出の手を差し延べる必要があります。

2　中学校卒業生の高校での不登校、どう対処すべきか

Q　この3月に私のクラスを卒業した子ども（男子生徒）が高校に入って間もなく不登校になりました。親から「困っている。親から子どもに会って欲しい」という電話があって知りました。寝耳に水で驚き、またあの生徒がと思うと残念な気持ちです。具体的にどう対処したらよいのか見当もつかず、また高校の先生にも悪いと思い、親には「ちょっと待ってください」という返事をしています。お考えをお聞きしたく思います。（中学校教員）

早速訪ね援助する、元担任は頼りにされる存在、その自覚を深め対処する

A 教員なら、元生徒が進学先で困っていたら躊躇も遠慮もなく援助の手を差し延べるべきと思います。ましてや親（元保護者）からの依頼です。早速訪ね、事態に即した対処をすることです。

同じような問題に遭遇したある中学校教員の取り組みを紹介します。

親からこの先生（元担任）に「息子が高校２年生になって不登校になった。いろいろ手を尽くしたがよい方向に進まない。助けて欲しい」との電話連絡がありました。すぐに家を訪ねましたら、息子は部屋に引き籠もっていました。親の了解を得、部屋の前で「○○（先生の名前）だ」と告げたら、「はい」との小さな声での返事があり、その日から話を交わすことができました。

顔を合わせ「心配だから来た」と告げると、かなりの時間を置いて、この生徒は「学校に行けなくなった。駄目な自分。先生に申し訳ない」と語り始めました。元担任に対する信頼からの表現です。この先生が「中学校のときのあの元気を取り戻そう。何かしたいことはないか」と尋ねたら、またしばらくして一言、「けん玉」という答えがありました。思いもよらない言葉でした。

次の日、学級の生徒に聞くと、「○○（玩具店）で売ってる」という発言がありました。競技用のけん玉を２つ買い求めまた訪ねました。それから週１度の割合でけん玉で遊びに家庭訪問を続けました。お互いにけん玉を楽しみながら語り合いました。教室に居心地のよさを感じない、クラスの仲間の元気さに閉口している、自分が何者か疑問、人生に希望がもてないなどの述懐がありました。この子どもは、元担任に自らを語ることで、自分自身のことをよく知るようになったと思われます。肯定的な自己像を構築し、１年近くの休学後復学しました。今は大学生です。また２人ともけん玉道の名人級の有段者です。

けん玉は話し合いの素材でした。この先生は「２人で顔を見合わせて話し合うよりも、けん玉をしながら呟きを聴く方が本人は本音を語ることができたようだ」と話しています。

困っている人には親切です。それが利他の精神の基本です。

【付言】 思春期の発達課題は自分らしさ（自我同一性）の確立です。自我とは

主体我（自分が知る自分）、客体我（他人が思う自分）、理想我（あるべき自分）を意味します。この三者の同一化の困難が同一性障害です。私の認識です。

3　私は元不登校で"中卒"、学校だけが人生か

Q もうすぐ大人の年齢です。私は中学2年から学校に行かず今は高齢者の施設でボランティアをしています。友人とのあつれき、高圧的な先生らに反発し学校に行くのがいやになりました。一時は高校に進学しようかと思いましたが、高校も中学校と同じと思いそうしませんでした。この欄（ふれあい相談）にあった「不登校であっても、誰もが学校に行きたいと思っている」の考えに反対です。学校だけが人生ではありません。（成人前の女性）

学校は人間としての利点修得の場所、学校は大切な人生の一部と理解する

A 私は長年の学校現場や教育相談の場において、不登校の子どもたちが、学校なんて、行く気がしない、つらくていやなところ、もうたくさんなどと話すのをいっぱい聞いています。でも、そのように表現はしても、よくよくの本心はそうではないと確信しています。あなたの意見は尊重しなければなりませんが、私は同意できません。学校は大切な人生の一部です。

学歴無用論があり、また学齢期であっても、学校を離れて生きる自由があることは十分承知です。でも思春期の楽しい時期を、同年齢の仲間集団に参加しないで独りで長い人生を模索するのは大変なことです。学校の各段階で人間としての手本に出会い、切磋琢磨の仲間がいるうれしさは計り知れないと思います。また私たちは社会に参加し、社会を支え、社会の進歩に貢献する義務があるのを忘れてはならないとも信じています。それはそれとして、ボランティアをされているのはご立派です。そのことがこれからの意味ある人生の構築に役立つよう祈ります。

ところで、学校は、倫理観や公徳心、生きるための知識技能を習得するところです。また、教え合う、親密になる、妥協する、耐える、喜ぶ、悲しむ、愛や憎しみを感じとるなどは、1人でなく集団で学び体験するからこそ人生の糧

になるのです。友人との笑顔の交換のよろこびは一入です。

　お手紙に、不登校の始まりのころ、ある医師に「学校だけが人生ではない。生き方は多様だ」と言われて「学校に行くのを止めた」とありました。でもよく考えてみますと医師は大学の医学部を出たから医師になれたのです。医師はもっとも学歴の恩恵を受けている職業です。ごく少数であるとは思いますが、そのような医師の発言に違和感やおかしさ、そして憤りを覚えます。

　学校は人間としての利点を修得するところです。学校の価値はそこにあります。しかしあなたが言うように、負（マイナス）の課題も多くあるのは確かです。それでも学校は学校の役割を十分に果たしています。学校の価値について考え直し、進学を目指すことを勧めます。

【付言】各地に通信制単位制の高校が誕生しています。これによって救われた不登校は多数です。ここで学ぶことで職務上必要な資格の取得、職場での地位の向上、ハローワークを通しての就職も大学進学も可能にしました。

4　中学校在籍中から卒業後もフリースクールに通学、どうなるか

Q　長く不登校であった娘を中学3年のとき、当地のフリースクールに入れました。卒業後も在籍しもう3年が経とうとしています。1週間に4日通い、勉強を少々、料理や清掃、小学生の勉強の手伝いなどをしてきます。「いつまでそこに通い、これからどうするのか」と問いかけましたら、「未定」という答えでした。同年齢の人たちは高校3年を迎えます。学歴をどうするか、何をして食べていくのか、話し合いの糸口が見つかりません。（母親）

家の仕事を手伝い、同時に高校進学を目指す

A　不登校の子どもたちが家を離れ、ある程度の集団の中で活動する場が増えているのはとてもよいことです。一昔前は、家庭か学校だけでした。それが現在では、各地域の教育委員会が提供する適応教室、NPO法人などが経営するフリースクール、保育所や学童保育が経営する学習教室（塾とは異な

る）が用意されています。問題解決に貢献しているのは確かと思われます。

　古い話で恐縮ですが、以前は小・中学校には原級留置（留年）があり、また15歳を超えて翌年4月になると学校が除籍することができました（法律上は存在）。根拠は学業不振か出席日数不足、不登校もその対象でした。ちなみに、就学義務違反の保護者には罰金の法律も存在しています。

　それはそれとして、フリースクールは不登校の子どもと親にとってありがたい施設です。一部のフリースクールのことしか存じませんが、不登校改善のためにプログラムが多様に準備され、臨床心理士によるカウンセリングも行われているところもあるようです。

　どうするかです。家業は自営業とか、しっかり手伝わせます。また問題は何かです。ある一定の年齢に達したときの進路をどうするかが問題です。フリースクールに何年所属しても高校卒業のライセンスは得られません。少なくとも高校を卒業しなければ仕事らしい仕事に就けないのがわが国の現実です。道は、全日制か定時制の高校への進学（後輩と学ぶ）、通信制単位制の高校を選ぶ（入学試験がない。年齢を気にしなくてよい）、高校卒業程度認定試験（旧大学入学資格検定）に合格する、の3つです。困難を排してわが子と話し合い高校進学を目指させます。それが話し合いの糸口です。

　最近、オルタナティブ教育（代替教育）のことが話題になっています。わが国ではフリースクールやインターナショナル・スクールなどで、従来とは異なる教科設定や柔軟性のある教育運営がなされているようです。但し、非正規の教育機関なので"卒業"という資格は得られないのが実際です。また、限られた地域での教育機関ですので、不登校には魅力的ですが就学困難です。

【付言】フリースクールでもオルタナティブ・スクールでも或いは各地の適応教室でも、大切なのは教育の理念、教育方針、プログラムの内容です。フリースクール等選択の大事な留意事項です。経済的負担も考慮の対象です。

5　元不登校、大学を卒業、就職、ほっとし、感謝する

Q 3月、娘は大学入学資格検定を経て25歳で大学を卒業し、希望するところに就職が決まりました。娘は中学2年のころから不登校になり、高校にも行かず家に引き籠もっていました。親は解決の手がかりを求めてあちこち歩きました。でも結局は夫婦で娘にかかわり続けました。苦しい日が続きましたが、今はほっとしています。この欄（ふれあい相談）と「親のための不登校問題学習会」が頼りでした。感謝します。（母親）

さまざまに上級学校が準備されている、しかし世の中は甘くないと弁えておく

A このようなお手紙をいただきうれしく思います。これまでのご苦労を察します。よかったですね。ますますの発展を祈ります。

不登校の予後（不登校の後、どうなったか）が気になる方が多いと思います。明確な統計が少ないので正確とは言えませんが、私が個人的にかかわった不登校の子どもたちの7割程度は再登校を果たし、かなりの数の子どもが上級学校へ進学しています。これは、中学生や高校生には上級学校への進学の勧めと学力補充の支援をしてきたからだと信じています。中学校で学校へ行けなかったら高校で行けばよい、高校で行けなくなったら大学に行けばよい、人づき合いが苦手なら通信制の高校も大学もあると語ってきました。

進路はさまざまです。会社員、職人、理容師、美容師、教員、警察官、消防士、医師、看護師、作業療法士など、そこかしこにいる人たちと同じです。人生のどこかで、できればなるべく若いうちに、何らかの折り合いがつけばよいと考えています。共通して勉学にはものすごく苦労しています。

わが子が不登校になったら、自立を目指して、新たな人生を拓く努力、つまり自己実現を目指すよう導く必要があります。そう心がけますと登校の予後は望ましく近づいてきます。しかしながら率直に言って、不登校の予後はかなりきびしくあります。それは、不登校問題に必然として発生する二次的な問題が立ちはだかっているからです。学力、対人不安、成長意欲、挫折感、人間関係

の乏しさ、人づきあいの苦労、体験不足、親や教師への不信、家族システムの機能不全、等々です。壁らしきものがたくさんあり、これらを克服しないと容易に道が拓けないのが現実です。「世の中甘くない」という言葉がありますが、その通りなのです。

　わが子の25歳での大学卒業、誠におめでとうございます。改めてご一家のご努力に敬意を表します。この欄（ふれあい相談）を読み、不登校の子どもと親たちが勇気を得られたことであろうと信じます。また親のための不登校問題学習会がお役に立ちうれしく思います。

【付言】この欄（ふれあい相談）を担当して10年になります。「親のための不登校問題学習会」の開催も10年です。30回を数えています。これからも年に数回のペースで開催の予定です。（2009年記）

6　高校に進学せず、自分の進むべき道、見つかるか

Q　最後の1年間はほとんど登校しませんでしたがこの3月に中学校を卒業しました。学校の先生と親が「無理」と言うので高校は受験しませんでした。家は専業農家ですが何の手伝いもせずにいます。親も働けとは言いません。このままでいいのかといつも思っています。自分の進むべき道を見つけたいのですが、勉強はできないし、できることは何もないと思っています。どうすれば自分の進む道が見つかるのでしょうか。（15歳・少年）

家の仕事を手伝い、同時に高校進学を目指す

A　自分の進むべき道を見つけたいという意志表示をしたことはとても立派です。手紙を読み、その意欲が伝わってきました。文章も文字もしっかりしており感心です。何が無理だったのか、疑問に思います。

　君の手紙を受け取ったときたまたま、星野道夫『ノーザンライツ』を手にしていました。これは1996年にカムチャッカ半島で不慮の死を遂げた写真家星野さんの遺作です。彼は龍村仁監督作品映画「地球交響曲第三番」の出演者で

もありました。映画では、死後のことでしたので、彼の周囲の人たちが彼の人柄や仕事振り、撮影した写真のことなどを語っていました。

　この著書の中で、星野さんは、「自分の人生に何かをしかけて（生きる人）、人生が自分に与えてくれるままに生きる（人）、でも別の道をとる（人もいる）」（括弧内は私の補遺）と語っています。人生は一度きりですが、人生の現実に起きることは複数です。人生にはたくさんの選択肢があるのです。できることは何もないのではなく、できることは探さないと見つからないのです。

　この本には、感じたことや考えたことをすぐに行動に移した人たちが数多く紹介されています。文字を味わいながら読み進めますとわくわくし、不思議に自分は何をすべきかの気持ちが湧き出てきます。一読を勧めます。自分の進む道を自分で考える機会になると信じます。

　当面、家の仕事を手伝い、高校進学を目指すべきです。「できること」の習得には、基礎的な学力と人と対等に交流できる能力が求められます。そのためには少なくとも高校を卒業する必要があります。自宅から通学可能な高校はどこか、学力のレベルはどうか、受験勉強をどうするか、これらのことは元の担任の先生が一番よくご存知です。全日制か定時制か、また通信制単位制かの選択も必要です。先生に自分で連絡し、親にもきちんと伝えます。

　最低１年の遅れになりますが、人生は長いのです。未来を見据え、目標を明らかにし、行動すべきと思います。福島民報社に手紙を出したのですから、どんなことも可能です。

【付言】「小さきは、小さく咲かん」という言葉があります。小さな花は小さく咲けばよいの意味です。誰もが学問に優れ、卓越した運動能力をもつわけではありません。あるがままの自分を悟ると不登校から解放されるのは確かです。

Ⅱ　高校の休学、中退、予後、告白

1　高校中退、夢は語るが何もしない娘、親がすべきことは何か

Q 高校を中退した娘は、高校卒業資格試験を受けるために予備校に行ったり、保母になると言って学童保育を手伝いに行き、さらには英語の仕事がしたいと英語塾に通うなど、いろいろなことに手を出しますがすべて途中で辞めてしまいます。現在も薬品関係の研究者になるから薬科大学に進学すると夢は語りますが、実際には何もしていません。あきれる一方でまた困っています。親がすべきことをお教え願います。（父親）

ユートピアでない、現実的な目標設定を、協同作業を行う

A それなりの年齢になってもわが子の進路が停滞したままなのは本当に気がかりです。わが子はその都度本気で夢を語り、予備校などに通ってきたのだろうと思います。でも何か違うと感じて今に至っているのに違いありません。親も学校の先生方に助言を求めたり、医療機関や相談機関の門を叩いてこられたのだろうと思います。本人もご家族も何とかしたいと懸命に努力されたのでしょうが、事態が思うように進展してこなかったのですね。

　相当に能力の高いわが子であろうと理解します。能力が高く誠実であるからこそ自分の気持ちを率直に述べ一心に努力するのですが、余りにも到達目標が高いので途中で息切れしてしまうのですね。達成できそうもない目標を掲げる人をユートピア・シンドロームの人と言います。本当に存在するのかどうか分からないユートピアという桃源境を目指す余り、目標値も方角も不明な状態に落ち込みます。行き先に到達するのは不可能に近くあります。わが子はその折り折りにある考えに心を占拠されています。親がこのことに気づき、解放のた

めに力を尽くす必要があります。その根源は愛情です。

どうするかです。わが子に今考えていることを語らせます。夢が大き過ぎ現実的でないと感じても、ひたすら聴き続けます。親はつい子どもの言葉にコメントを加えがちですが、聴くとはただひたすら頷きと「うん、うん」という相槌のみでの対応です。賢いわが子ですから、語り続けることで現実を知り、きっと自分で到達可能な目標を見出すことと思います。

ごく身近な習慣的なことを変える、わずかでも何かを変える、そんなことをわが子と協同作業をすることを勧めます。必ず「今、ここ」ですることが見えてきます。なお、「そんなこと」、「できもしないこと」などという批判や非難の言動はご法度です。人が動くのはどのようにしてか、同じことを繰り返さないようにするにはどうするかを考え指導するのは親の役割です。そして、親がどれだけわが子に親身に、しかも大人扱いをしてかかわることができるかが試されます。それができると問題解決です。

【付言】わが子の話を聴く上でしてはならないこと、①安易に励ます、②分析する、③感情的になる、④批判する、⑤否定する、⑥指示する、⑦命令する（海野聡子『脳卒中のリハビリの話』）です。肝に銘じます。

2 不登校、転校を主張する高校生の娘、どうすべきか

Q 高校2年の娘は新年度早々、「普通科で勉強したい。転校したい」と言い始め、学校に行かなくなりました。親と担任の先生とで「高校は転校できない」と言って聞かせても納得せず、今は「転校できないなら高校を辞める」と言い張っています。学校で何かがあったようですが話しません。高校の先生も心配して家庭訪問に来てくださいますが、剣もほろろの態度です。どうすべきか対応に困っています。（母親）

高校の転校は困難、予後の懸念を十分に考えて対処する

A わが子にも言い分があるのでしょうが、お困りですね。
　　すでにご承知のことです。高校の転校は、通信制単位制の高校、遠方への転居、そして大震災と原発事故のときの一時的な例外扱いを除いてはほとんど不可能です。これは公立でも私立でも同様です。わが子も実はこのことをすでに十分承知です。それなのに、そのような主張をするのは、何らかの理由があるからです。親はわが子の気持ちを察する努力が必要です。

　お手紙に「働く気もなく将来が心配」とありましたが、同感です。普通科へ転校したいと、転校も目的を明確に表明しているのですから、いわゆる不登校とはちょっと違うのではないかと思われます。高校は出席日数の問題がありますので、あったかも知れない「何か」の問題は棚上げにし、登校するのか、このまま休むのかの話し合いをすべきと思います。休むという意向の場合は、それを認めます。そのとき、働くか、またはアルバイト（高校在籍でないと困難）か、その前に家事にしっかり取り組む、その他何かをするという条件を示し、納得させてから了解します。蛇足です。無条件はないようにします。

　普通科を志望する意味は大学へ進学したいということなのでしょうか。学業成績の問題も関連しますが、将来どうしたいのかなどを親身に聴き取ることを勧めます。担任の先生に対しては剣もほろろのようですから、それは親の役割です。感情的にならずしんぼう強くが大事です。

　申し訳なく思いますが、ご質問の様子から家族の親愛感情の再生が課題のように感じます。家族相互の親身な話し合いを成立させることが大事かと考えます。親がわが子の非難や批判を一切することなく、言葉を遮ることもない話し合いを心がけます。わが子の感情的な発言もしっかりと受容します。そして、この上なくあなたが好きという態度と笑顔も必要です。

　それから現実問題として、きっぱり「働きなさい」という選択肢も意外に効果的です。一時働いてから高校に復学したり、新たな進路先（高校）を見出した子どもたちが大勢います。

【付言】剣もほろろの態度は非難や批判に晒されているからです。これは存在

を否定され、過去にしがみついていることです。存在の承認はその人にこれからの行動の責任を自覚させます。

3　高校休学、もっぱらテレビゲーム、将来はどうなるのか

Q 高校を休学中の18歳の娘は、もっぱらテレビゲームや騒音としか思えない音楽を聞いて1日を過ごしています。かつて相談していた医師と心理職の先生には「娘さんは今、自分探しに勤しんでいる。見守ること」と言われてきました。それで見守り続けてきましたが、休学が長引き退学も覚悟しなければならなくなっています。不登校の将来はどうなるのでしょうか。追い詰められている感じです。愚かな親と言われても仕方がありません。（母親）

将来の道を拓くゴールの設定、親子で真剣に話し合う

A 不登校問題の解決のしかたにはいろいろありますから、見守り続けるのも一つの方法かも知れません。しかし、多くの事例で、それだけでは問題が解決しないのが現実です。同じような指導を受けたある母親は、「見守っていたら、あっという間に2年が過ぎた」と語っていました。解決のためには具体的な対応が必要です。なお、愚かさの反省は不要です。

大切なことはまず、「解決したときどうなっているか」、または「どうなれば解決なのか」というゴールを考えることです。それが不登校の将来、または予後です。それをわが子と親とで共有します。わが子と親が同じゴールを目指すと解決が早まります。わが子の明日は、明後日はどうなればよいのか、についてともに考え、それを実行に移すのです。恐らくわが子は「私は駄目な人間」という観念はあっても、「明日、どうなればよいのか」という考えが浮かばないので、テレビゲームや音楽に埋没しているものと思われます。わが子の救出は目標（ゴール）の設定から始まる、と覚悟を決めることにします。

「今、このとき」と感じたとき（タイミングが大事です）、わが子に「1年後、どうなっていればいい？」と尋ねます。すぐに答えがないときは、「考えといてね」です。答えが出るまでやさしく、またしんぼう強く尋ね続けます。答え

が出たら、「もし、そうなったら、どんな気持ちになる？」とまた尋ねます。それが「うれしくなる」とか、「希望がわく」、「お母さんによろこんでもらえる」と肯定的な答えであったら、本人はやる気です。

　その次に「それじゃ、これから具体的に何をする？」と尋ねます。ここから変化が生まれます。ほんの少しでも変化が見えたら、その変化を言葉で表現します。わが子の変化は虫眼鏡を使ってでも探します。変化を見つけ、それを肯定的に表現することが、わが子が次のステップに向かう意欲を育てます。休学の期間がどのくらい続いているのかは存じませんが、自ずと時間の限界があるはずです。進路変更も視野に入れた将来の道を拓く幅広いゴールの設定について真剣に話し合う必要があります。

【付言】いわゆる専門家が「見守れ」と言うのは具体的な解決の手だてをもたないからと弁えます。親がいつまでもそこにしがみつくのも問題です。気づかず何もせずは他人に責任を負わせる姿勢です。長期化の要因でもあります。

4　自己万能感の強い引き籠もり、無業者、これからどうなるか

Q　娘は、ようやく進学した高校に通わず、出席日数不足のために中退になりました。「私はその気になれば何でもできる。そのうち○○大学に入るから心配しないで…」と言ってから２年近く経っています。今は○○大学への気配もなく、パソコンとテレビ漬けの毎日の無業者です。時々「どうするつもりだ」と尋ねても返事はありません。ただ服装はきちんとしており部屋も整頓されています。これからどうなるのか見当がつきません。（父親）

生き抜く力を信じ、外の資源に結びつける

A　不登校の子どもの中には、不登校に陥った後、高校中退でも「来年、○○銀行に入るから大丈夫」、「近いうちに復学する。勉強は休んでいても大丈夫、□□大学に入る」、「今すぐは無理だけどお金持ちになる」、「自分で事業を始めることを考えている」など、聞いて驚く発言がよくあります。このよ

うな発言を「過大な自己万能感（自分は何でもできるという感覚）」とでも言うのでしょうか、これは「自己不全感（自分は駄目な人間という感覚）」の裏返しとも言うべき心的状態です。この人たちは、空想化された非現実的な自己像が壊されるのを恐れて引き籠もります。要救出です。

　ある事例を紹介します。同じようにおかしな自己万能感にとりつかれ、長年の引き籠もりを続ける息子に困り果てた父親は、「働くか、家を出て一人暮らしをしなさい」と申し渡しました。その家族はついに、何度言っても相変わらずな息子を家に１人残し、夫婦と他の子どもとでかなり遠方のアパートで別な生活を始めました。父親が毎朝、出勤前にわが家に立ち寄り安否確認をし居間のテーブルに食費として千円を置いておく生活を始めて３か月、息子は「アルバイトをしながら高校卒業程度認定試験を受け、大学を目指す」と連絡してきたそうです。彼は今、確かに大学生になっています。

　このような過激と思える方法を決してお勧めするのではありません。ただ引き籠もりの解決には、そのくらいのきびしい決意と信念のある行動が必要だということです。わが子も困っています。ゆがんだ自己万能感は社会の現実に直面する体験によって修正されます。身嗜みのよさは引き籠もりをいつ止めてもよいというシグナルです。

　外の社会資源と娘を結びつけることが引き籠もりの解決法の一つです。親戚や知人を頼ってのアルバイト、ハローワークに連れて行っての職探し、広告紙を見ての応募など何よりも行動化を図ります。不思議なことですが、勤労体験を試みた不登校は、必ず何か月後には復学したり、大学進学を目指します。親の勇気ある行動が問題解決に必要です。努力は報われます。

【付言】不登校の予後が芳しくない理由には再登校を目指すことができない、及び目指さないがあります。前者は精神疾患の人たち、後者は生育歴の過程で主体的に生きるという生き方を学んで来なかった人たちです。前途多難です。

5　高校中退、引き籠もり、外に連れ出す手だては何か

Q 娘は高校2年で中退して以来、長い間引き籠もっています。最近「何かしたいが、何をしたらいいのか分からない。教えて」と迫るようになりました。よい知恵をもち合わせていないので病院や教育相談に誘いましたら、「いやだ」の一言で撥ねつけられました。親としての責任は感じていますが、子どもが自力で外にという思いも強くもっています。でも動かないとき、外に連れ出すにはどんな手だてがあるのでしょうか。（母親）

第三者の登場や社会資源の活用、まず親が積極的に考え、行動する

A 引き籠もりは「生き方の病」です。親としての責任を感じる、の言葉にほっとしています。でも、どのくらい時間か不明ですが、それだけの期間、引き籠もりを続けさせていることにいささか疑問を感じます。「病」ですから治療的な手助けが必要です。わが子が病院やカウンセリングを拒否するのも、これまでに余り心地よい体験をしてこなかったからではありませんか。

長くなっている不登校や引き籠もりの改善には、第三者の登場が登場しますと問題が解決し易くなります。第三者とは基本的には人ですが、事情や環境によっては、書籍や絵画、写真、音楽等であってもよいのです。

かなり以前の事例です。福島県立美術館で写真家の「土門拳全作品・傑作展」が開かれました。父親が引き籠もりの娘を連れ出し、2人で時間をかけてゆっくりと鑑賞しました。第二次世界大戦直後、学校に弁当を持ってこられない子どもたちや筑豊の炭鉱地帯の貧しい子どもたちの瞳をじっと見詰めていますと、今、自分がこんなことをしていてよいのかという気持ちにかられたそうです。また仏像の写真の前では心が豊かに拡がっていく実感を味わったといいます。将来への希望と勇気を抱いて帰ってきたとも語りました。彼女は大学を卒業した後家庭をもち、現在職業的な社会参加も果たしています。

引き籠もりの人たちが何らかの活動を始めるには、家族以外の人的資源や新しい環境の提示、或いは文化的資源との出会いに遭遇しますと、心が湧き立つ

のです。引き籠もりの間にそのような心境になるのが準備されていると言ってよいようです。それを配慮するのは親の役割です。

　父親が娘を美術館に連れ出す、これが例外でした。子どもの事情やわが家の環境を深く考慮するとともに、地域の人的資源や社会資源の活用を図ることが引き籠もりの人たちを社会参加に導きます。繰り返します。引き籠もりはわが家の必然の結果です。但し、責任の負い目を感じる必要はありません。きびしい言葉は、偽解決や悪循環を断つヒントとして申し上げました。不登校の予後は苦難をよろこびに変えるように運ぶことが肝要です。

【付言】子のつとめは感謝と報恩です。これらの修得には親子の親密体験（愛着体験）の累積が必要です。子どもの感謝と報恩が実現する子育てこそが不登校を生まない子育てです。親密体験はとても重要で生きる力の根源です。

6　元不登校の本音、不登校を後悔、同じ境遇の人たちに伝える

Q 今春、通信制の大学を卒業します。不登校で高校を中退すると解放された反面、何もすることがなくずっと後悔していました。あのころ、「学校に行かない」と宣言したら、誰も物分かりよく何も言わなくなりました。登校を強く勧められたり、それなりの対応をして貰えたら行く気になったのに、それが本音です。この欄（ふれあい相談）を他人事でなく読んでいました。不登校を後悔しています。同じ境遇の人たちに伝えます。（元不登校女子）

社会への一石に感謝、確かな援助の手だての確立を目指す

A お手紙の趣旨は、そのとき子どもが学校に行きたくないとか行かないと表現しても本音は学校に行った方がよいし、行きたいし、行けるようになりたいと思ってる、でも自分の意志だけではどうにもならない、だから親や先生は不登校の子どもの隠された気持ちを理解してもう一度登校できるように具体的な手だてをとって欲しい、ということでした。また社会の人たちに対して、不登校を好きでやっているのはないということを理解して欲しいとも添え

てありました。不登校の子どもとその親、それから学校の先生方のためになるありがたいお手紙でした。深く感謝します。

　不登校の子どもたちの心の状態や環境は千差万別です。親と家族、学校の先生、専門家といわれる人たちでも子どもそれぞれに的確に適合する手だてを講じたり、指導助言を行うのははなはだ困難です。しかし後悔という不登校の子どもたちの本音を知ろうとしたり、知る努力をするのはとても大切です。よくおっしゃってくださいました。

　いくつかの不登校の予後調査や私の体験では、元不登校であった人たちの半数以上が不登校であったことや真剣に再登校を目指さなかった自分を責め、後悔しています。ですから不登校の子どもの身近にいる人たちは、問題の本質を正しく理解し、目指す目標を共有してこの問題の解決を図り、子どもたちに本来の自己実現を達成できるよう支援する必要があります。あなたのお手紙は、家庭、学校、そして一般社会への貴重な一石でした。

　「物分かりよい」が不登校問題の本質の一つを示しています。身近な人と人とが親密な関係を結ばないという現代社会を象徴しているからです。また困っている人の援助のために周囲が本気で問題が解決するまで力を尽くさないということでもあります。不登校問題は社会の深刻な負（マイナス）の課題です。どうすればその課題の改善解決が図られるのか、残念ながら見通しは余り芳しくありません。私たちには社会への一石の積み重ねが必要のように思います。

　アルバイトをしながら教員を目指すそうですね。実現を祈ります。

【付言】 不登校は時代が生んだ適応の破綻です。適応して生きるには「善き変化」が肝要です。その方向は、Ｓ．フロイトが言う「愛することと働くこと」の意識と実践力の修得です。人間とその社会は崇高であるべきです。

参考文献

福島県教育センター編『不登校の児童生徒に対する指導援助のために：1、2』
　1986・1987 年
福島県教育センター編『学校カウンセラー講座：初級、中級、上級』1986 年
正木正『道徳教育の研究』金子書房、1963 年
正木正『教育的人間』同學社、1953 年
高瀬常男『教育的人間学』金子書房、1979 年
岩下豊彦『社会心理学』川島書店、1985 年
西田天香『懺悔の生活』一燈園出版部、1967 年
エーリッヒ・フロム、日高六郎訳『自由からの逃走』東京創元社、1951 年
ハインリヒ・デュモリン、戸川敬一訳『全き人間』社会思想社、1952 年
M・J・ランゲフェルド、和田修二訳『教育の人間学的考察』未来社、1966 年
ドン・R・リソ、橋村令助他訳『性格タイプの分析』春秋社、1991 年
カレン・ホーナイ、藤沢みほ子他訳『自己実現の闘い』アカデミア出版会、1986
　年
ポール・ワツラウィック、長谷川啓三訳『希望の心理学』法政大学出版局、1993
　年
ジークムント・フロイト『精神分析入門　上・下』新潮文庫、1977 年
アン・ワイザー・コーネル、村瀬孝雄監訳『フォーカシング入門』金剛出版、1996
　年
新渡戸稲造『修養』タチバナ教養文庫、2002 年
海野聡子『ナースのための脳卒中のリハビリの話』学研メディカル秀潤社、2010
　年
佐藤初女『おむすびの祈り』ＰＨＰ研究所、1997 年
山本周五郎『ながい坂』新潮文庫、1971 年
星野道夫『ノーザンライツ』新潮文庫、2000 年
谷川俊太郎・文、和田誠・絵『ともだち』玉川大学出版部、2002 年
いせひでこ『チェロの木』偕成社、2013 年
福島・短期療法を学ぶ会編『学校における認める、ねぎらう、ほめるの言葉集』
　2011 年
長谷川啓三『家族内パラドックス－逆説と構成主義』彩古書房、1987 年
若島孔文、長谷川啓三『短期療法ガイドブック』金剛出版、2000 年

稲垣卓『不登校児とのつきあい方』日本評論社、1994年
矢田部達郎他構成『YG性格検査』日本心理研究所、1957年
新村出編『広辞苑』第3版、岩波書店、1984年
『教育関係者必携』第一法規、2010年
中島義明他編『心理学辞典』有斐閣、2004年
加藤正明他監修『精神科ポケット辞典』弘文堂、1982年
『DSM-Ⅳ　精神疾患の分類と診断の手引き』医学書院、1995年
山下格『精神医学ハンドブック』第7版、日本評論社、2013年
佐藤光源『統合失調症の脆弱性モデルと治療計画　精神保健指定医研修会講義録』、
　　2003年
国谷誠朗『ファミリー・セラピー・セミナー講義録』、1983～1985年
『聖書』日本聖書協会、1994年
関口真大校注『摩訶止観』岩波文庫、1966年
柳田邦男『生きる力　絵本の力』岩波書店、2014年

あとがき

　学校教育に籍を置くかたわら、またそれを退いた後も、子どもの教育相談に携わってきました。一期一会を得た数多くの皆様方から、言葉に尽くし切れない恵みをいただいてまいりました。深く感謝申し上げます。
　ところで、私の教育相談の根拠は主に家族療法と短期療法、そして行動療法です。最近では認知行動療法も活用しています。ある意味、偏りがあるかも知れません。また、コラムの回答には明確にしていませんが、実際の教育相談ではエニアグラム（enneagram）を参考にしています。

　「ふれあい相談」の回答者であった期間、福島民報社の担当の方々に大変お世話になりました。また、ふれあい相談の回答者の依頼は、18年前当時の文化部の部長とさる記者からでありました。改めて福島民報社とこのお二人に厚く御礼申し上げます。

　本書に挿絵（カット）を入れてあります。私と中学校と高校が同じ畏友春山哲郎氏の作品です。本書にいくらか安らぎと憩いの間があればと考え、お願いしました。このことにも深く感謝します。

　本書は、日本評論社遠藤俊夫氏との出会いによって世に出ることになりました。私にとって何よりの幸せです。心からの御礼を申し上げます。

　本書を妻とわが子たちに捧ぐ。

　　　　　　　　　　　　　　　　　　　　　　　　　　　　海　野　和　夫

■著者略歴
海野和夫（うんの　かずお）
　1938年、福島市生まれ。福島大学卒。38年間、福島県公立小・中学校に勤務。その間、福島県教育センター教育相談部、二本松市教育委員会、校長職（4校）。1998年福島市立岳陽中学校長を定年退職。以後、財団法人国民保健会福島支部において教育相談に従事。学校心理士、家族心理士、臨床心理士。

Q＆A不登校問題の理解と解決

2016年6月25日　第1版第1刷発行

著　者――海野和夫
発行者――串崎　浩
発行所――株式会社日本評論社
　　　　〒170-8474 東京都豊島区南大塚3-12-4
　　　　電話 03-3987-8621（販売）　-8598（編集）
印刷所――港北出版印刷株式会社
製本所――株式会社難波製本
装　幀――図工ファイブ
検印省略　© Kazuo Unno 2016
ISBN978-4-535-56353-7　Printed in Japan

JCOPY　〈(社)出版者著作権管理機構　委託出版物〉
本書の無断複写は著作権法上での例外を除き禁じられています。複写される場合は、そのつど事前に、(社)出版者著作権管理機構（電話03-3513-6969、FAX03-3513-6979、e-mail: info@jcopy.or.jp）の許諾を得てください。
また、本書を代行業者等の第三者に依頼してスキャニング等の行為によりデジタル化することは、個人の家庭内の利用であっても、一切認められておりません。